HERMANN GRE

DIE JUDEN

GRUNDZÜGE IHRER GESCHICHTE IM MITTELALTERLICHEN UND NEUZEITLICHEN EUROPA

GRUNDZÜGE

BAND 37

HERMANN GREIVE

DIE JUDEN
GRUNDZÜGE IHRER GESCHICHTE IM MITTELALTERLICHEN UND NEUZEITLICHEN EUROPA

1982
WISSENSCHAFTLICHE BUCHGESELLSCHAFT
DARMSTADT

CIP-Kurztitelaufnahme der Deutschen Bibliothek

Greive, Hermann:
Die Juden: Grundzüge ihrer Geschichte im mittelalterl. u. neuzeitl. Europa / Hermann Greive. — 2., durchges. Aufl. — Darmstadt: Wissenschaftliche Buchgesellschaft, 1982.
(Grundzüge; Bd. 37)
ISBN 3-534-07732-6

NE: GT

1 2 3 4 5

Bestellnummer 7732-6

2., durchges. Aufl.

Satz: Maschinensatz Gutowski, Weiterstadt
Druck und Einband: Wissenschaftliche Buchgesellschaft, Darmstadt
Printed in Germany
Schrift: Linotype Garamond, 9/11

ISBN 3-534-07732-6

INHALT

Vorwort VII

Vorgeschichte 1

Mittelalter 15
Spanien und Südfrankreich 15
Unter islamischer Herrschaft 19
Unter christlicher Herrschaft 31
Italien 48
(Nord-)Frankreich und Deutschland bis zum 1. Kreuzzug 60
England 70
(Nord-)Frankreich und Deutschland nach dem 1. Kreuzzug 82

Frühe Neuzeit 116
Polen 117

Neueste Zeit 130
Aufklärung 136
Emanzipation 149
Zerstörung und Sammlung 161
Neue Zentren 188

Anmerkungen 199

Literatur 203

Personenregister 207

Sachregister 215

VORWORT

Der vorliegende Grundriß der Geschichte des europäischen Judentums ist schwerpunktmäßig nicht kultur- oder literargeschichtlicher, sondern sozial- und politikgeschichtlicher Art. Er gehört also nicht in die Reihe der verhältnismäßig zahlreichen, zum Teil hochverdienstvollen Arbeiten, die den Reichtum der innerjüdischen Kulturszene, ihre Lebendigkeit, Weite und Tiefe, oder die Bedeutung der vielschichtigen jüdischen Tradition und ihrer regional so unterschiedlichen Entfaltung für die Geschichte der europäischen Kultur in ihrer Gesamtheit zum Gegenstand haben. Obwohl dies wie jenes bei der Abfassung mit im Blickfeld stand, wie ja wohl überhaupt jüdische Geschichte schwerlich zu schreiben ist, ohne ihre kultur- und das heißt in gewissem Betracht ja auch religionsgeschichtliche Bedeutung für die europäische Entwicklung angemessen zu berücksichtigen, liegt doch der Akzent nicht hierauf. Wer somit literatur- oder philosophiegeschichtliche Auskünfte sucht, wird – obwohl es auch daran nicht fehlt – zwangsläufig dies oder jenes vermissen, anderes nur allzu beiläufig gestreift finden. Im Mittelpunkt des Interesses steht vielmehr die jüdische Gruppe als Gruppe (womit über den Charakter der Einheit oder Vielheit des Judentums und seiner Erscheinungsformen noch nichts ausgemacht ist), als Subjekt und als Objekt der geschichtlichen Entwicklung, ihr soziales Verhalten nach innen wie – vor allem – nach außen, nach seiner aktiven wie nach seiner passiven Seite hin, d. h. auch und nicht zuletzt ihre politische Aktivität, als Strategie, sei es initiativer Einflußnahme, sei es des nackten Überlebens. Vermag der Versuch zu zeigen, daß dies eine legitime, ja unverzichtbare Dimension der Betrachtung jüdischer Geschichte ist, so hat er sein Ziel erreicht.

VORGESCHICHTE

Salo W. Baron, dessen Kompetenz ganz unstreitig ist, charakterisiert die Juden als ein Volk, dessen Geschichte nachdrücklicher als die Geschichte anderer Völker erkennen lasse, wie – relativ – unabhängig menschliches Sein von den natürlichen Bedingungen des Landes und Klimas sich entfalten könne. In der Tat hat weder der diachrone Wechsel des natürlichen Rahmens noch die synchrone Vielfalt, entscheidende Spezifika der jüdischen Geschichte, die Identität des Juden als Juden, die objektive, in sachlichen Gemeinsamkeiten gründende, und die subjektive, im Denken und Fühlen bewußte Zusammengehörigkeit der jüdischen Gruppe, zu beseitigen vermocht. (Daß hier die theologische Auskunft göttlicher Auserwähltheit in profan- und nicht heilsgeschichtlicher Sicht nicht weiterhilft, versteht sich von selbst.) Das jüdische Volk führt so mit besonderem Nachdruck die Möglichkeit in einem umfassenden Sinne (vergleichsweise „rein“) kulturbedingter, d. h. vom sozialen Gefüge und der kulturellen Tradition getragener geschichtlicher Kontinuität vor Augen – es sei denn, man bringe die menschliche Physis, die „Rasse“, als entscheidenden Faktor ins Spiel.

Eine differenziertere Auseinandersetzung mit der jüdischen Geschichte läßt indessen zweierlei erkennen, das solche Sicht der Dinge entschieden relativiert. Einmal ist das die historische Kontinuität gewährleistende Moment des Sozialgefüges und der kulturellen Tradition nicht ausschließlich als innere, sondern zugleich als äußere Bestimmtheit der jüdischen Geschichte zu sehen. Derart, daß von allem Anfang an nicht schlicht die Konstanz des Judentums, sondern die Konstanz dessen, was vielfach die Umwelt des Judentums heißt, und damit der jüdisch-nichtjüdischen Differenz zur Diskussion steht. Daß (Sub-) Gruppen sich erhalten, erklärt sich, anders gesagt, nicht allein aus der Verfaßtheit dieser Gruppen, sondern ebenso aus der Verfaßtheit der zu- oder übergeordneten (Groß-)Gruppen und den beiderseitigen Beziehungen. Eben hierauf zielt mit dem Blick auf die Juden der christlichen Welt die Auffassung von Judentum und Christentum als *cultural pair*, die die folgende Darstellung mehr oder weniger nachdrücklich bestätigt. Zudem – und dies trifft die eingangs skizzierte These ganz unmittelbar – zeigt der Vergleich der jüdischen Geschichte des Altertums mit der des Mittelalters und der Neuzeit wie auch der verschiedenen Stränge und Phasen der mittelalterlichen und neuzeitlichen jüdischen Geschichte untereinander, daß die Unterschiedlichkeit der natürlichen und (freilich mehr noch) der kulturellen Bedingungen tiefgreifende Veränderungen hervorgebracht hat und demzufolge das, was die Identität des jüdischen Volkes und die Kontinuität seiner Geschichte heißt, eine eher schmale, zuweilen kaum tragende Basis vielfältiger Wandlungen und einschneidender Differenzierungen darstellt.

* * *

Seine erste und in mancher Hinsicht bleibende Prägung hat das jüdische Volk im Vorderen Orient, speziell in Palästina, in der jüdischen Geschichtsschreibung weniger gern mit diesem Namen, der sich von den Philistern herleitet, sondern lieber Erez Israel (Land Israel) genannt, erfahren. Dabei ist mit dem Blick auf die Frühphase, also die Geschichte Altisraels bis zum Babylonischen Exil (597/86 bis 538 v. Chr.), nicht von jüdischer Geschichte im engeren Sinne zu sprechen und hat demgemäß die folgende Periode, die Zeit des Zweiten Tempels bis zu dessen Zerstörung durch die Römer im Jahre 70 n. Chr., nicht – wie es gelegentlich noch geschieht – als die Periode des Spätjudentums, sondern des Frühjudentums zu gelten.

Aus den Perioden des Ersten und des Zweiten Tempels, in denen die Schriften der (hebräischen) Bibel entstanden und sich überdies ein ganzer Komplex verbindlicher Traditionen herausgebildet hat, die später zum Kern der schriftlichen Fixierung jüdischen Rechts in der *Mischna* und seiner umfassenden Diskussion in der *Gemara*, welche zusammen das Corpus des *Talmud* bilden, werden konnten, ist dem gesamten Judentum der Folgezeit ein verbindliches und verbindendes nicht nur literarisches, sondern weitgehend praktiziertes Erbe im modernen Verstande des Wortes keineswegs „rein" religiöser, sondern zugleich sozialer und somit (quasi-)politischer Funktion überkommen; bis schließlich die Umwälzungen der Neuesten Zeit, wie sie sich ideologiegeschichtlich in der Aufklärung und der an sie anknüpfenden Literatur artikuliert haben, diese Klammern gelöst haben.

Das Moment der religiös sanktionierten und als überlegen angesehenen Rechts- und Sozialordnung mußte gerade für eine in Hoffnung auf die messianische Zukunft sich einig wissende Bevölkerung, die schon frühzeitig in regionaler Zerstreuung auftrat, wie dies ja für die spätere, vor allem auch europäische Geschichte des Judentums charakteristisch geblieben ist, besonders belangreich werden.

Bereits im 6./5. Jahrhundert v. Chr. gab es nennenswerte Gruppen außerhalb Palästinas lebender Juden; vorweg in Babylonien – die nach der Tempelzerstörung deportierte Oberschicht kehrte nach dem Kyros-Edikt nicht geschlossen zurück – sowie in Ägypten, wo insbesondere an Militärkolonisten (beispielsweise in Elephantine) zu denken ist.

In persischer Zeit ist die jüdische Bevölkerungsziffer rapide angestiegen. Dies hat nicht nur die Vergrößerung des palästinensischen Siedlungsgebietes (über die Grenzen Judas hinaus) zur Folge gehabt, sondern direkt und indirekt auch zur Ausweitung und Stärkung des Diasporajudentums geführt. Nach dem *Corpus Inscriptionum Iudaicarum* von Jean-Baptiste Frey hat es vom 3. Jahrhundert v. Chr. an auch eine nennenswerte Auswanderung (über Ägypten hinaus) in weiter westlich gelegene Länder Afrikas wie Europas gegeben; ein Prozeß, der sich aufs Ganze gesehen die gesamte hellenistisch-römische Periode hindurch mehr oder weniger anhaltend verstärkt hat. Überdies ist es gerade in der Diaspora zu einem beträchtlichen Zugewinn durch Übertritte zum Judentum gekommen. (Der Allgemeinplatz vom nichtmissionarischen Charakter des Judentums ist jüngeren Datums.) Jedenfalls zählte in der Anfangsphase des Römischen Imperiums die jüdische Weltbevölkerung ca. 8 Millionen. Nach gängigen Schätzungen lebten hiervon etwa 4 Millionen in den Grenzen des Römischen Reiches außerhalb Palästinas.

Da in Palästina selbst kaum wesentlich mehr denn 2,5 Millionen Juden Unterhalt gefunden haben dürften, lassen diese Zahlen zugleich erkennen, daß bereits zu dieser Zeit auch das Judentum Mesopotamiens schon rein quantitativ von beträchtlichem Gewicht gewesen sein muß. Es sollte in der Folgezeit noch an Bedeutung gewinnen und zum ersten außerpalästinensischen jüdischen Zentrum überregionalen Einflusses werden; dies freilich erst zu einer Zeit, da das palästinensische (wie auch das alexandrinische) Judentum durch die aufreibenden Auseinandersetzungen des 1. und 2. nachchristlichen Jahrhunderts mit der römischen Weltmacht entscheidend geschwächt war.

Sieht man von Mesopotamien, Palästina und auch noch Ägypten ab, so war die jüdische Diaspora der römischen Zeit im emphatischen Sinne das, was das Wort besagt. Die jüdischen Siedlungen verteilten sich über nahezu das gesamte Gebiet des Römischen Reiches. In den ersten Jahrhunderten n. Chr. gab es jüdische Kolonien sowohl entlang der nordafrikanischen Mittelmeerküste, insbesondere in der Kyrenaika und in dem Gebiet um Karthago, wie andererseits in verschiedenen Teilen Kleinasiens und Griechenlands, Makedoniens und Thrakiens, ferner in Pannonien und Norikum, in geringerem Umfang bereits auch in Spanien, Gallien und Germanien und nicht zuletzt natürlich in Italien und auf Sizilien.

Die Juden des Römischen Reiches erfreuten sich grundsätzlich einer nicht ungünstigen und relativ gesicherten Rechtsstellung. Mit dem von Julius Caesar gewährten Recht der freien Ausübung des synagogalen Kultus waren sie vom offiziellen Staatskultus ausgenommen. Sie konnten ferner mit Rücksicht auf das Ritualgesetz nicht zum Militärdienst verpflichtet werden und entrichteten die jährliche Tempelsteuer nach Jerusalem (eine von

Augustus getroffene Regelung, die später aufgehoben wurde). Der Status der *religio licita* schloß überdies eine weitgehende Autonomie der jüdischen Gemeinden ein, was zwangsläufig von nicht geringem Einfluß auf die soziale Stellung der jüdischen Gruppen war. Als nationale Minderheit mit eigener Gerichtsbarkeit ausgestattet, ordneten sie, waren beide Parteien Juden, sowohl ihre strafrechtlichen wie ihre privatrechtlichen Angelegenheiten intern. Solche Absonderung war in hohem Maße geeignet, vorhandene Gegensätze etwa mit griechischen Kolonisten oder der einheimischen Bevölkerung zu vertiefen und neue heraufzubeschwören, die besonders in Zeiten belasteter Beziehungen zur römischen (Zentral-)Verwaltung zum Austrag kommen mußten, wie dies insbesondere am Ende der 30er Jahre des 1. Jahrhunderts, mitveranlaßt durch jüdische Bemühungen um das Polisbürgerrecht, in Alexandrien geschehen ist. Trotz zeitweise enormer Spannungen mit der Zentralgewalt ist indessen die Rechtsstellung der Juden längerfristig nicht nennenswert beeinträchtigt worden. Dies gilt zumindest für die Zeit bis zu den kriegerischen Auseinandersetzungen zwischen Juden und Römern in den Jahren 66–70 und 132–135 n. Chr. in Palästina und 115–117 n. Chr. in der Diaspora.

Das wirklich Verheerende dieser Ereignisse für die gesamte jüdische Geschichte ist jedoch auch hier nicht in der Verschlechterung der Rechtsstellung, sondern in der Dezimierung des Judentums zu sehen. Allein für den ersten Krieg wird die Zahl der Toten – ausgehend von den Angaben bei Josephus (Jüdischer Krieg 6, 420) und Tacitus (Historien 5, 13) – auf etwa 600 000 geschätzt. Die Rechtsfolgen waren vergleichsweise unbedeutend. Nach dem ersten Kriege verwandelte Vespasian die an den jüdischen Tempel zu Jerusalem zu entrichtende Steuer in eine Abgabe an den Tempel des Jupiter Capitolinus in Rom *(Fiscus Judaicus)*, eine Maßnahme, die von ihrer finanziellen Bedeutung abgesehen die wahren Abhängigkeitsverhältnisse vor Augen zu führen gedacht und geeignet war. Die Steuer ist bis ins 4. Jahrhundert hinein eingefordert worden und kann als das Vorbild der mittelalterlichen Judenbesteuerung gelten. Einschneidender waren die Maßnahmen Kaiser Hadrians nach dem Bar-Kochba-Kriege (132–135). Daß nunmehr der Übertritt zum Judentum als Kapitalverbrechen galt und auf die Beschneidung von Nichtjuden die Todesstrafe stand, stellte, wo immer und solange nach dieser Verfügung wirklich verfahren wurde, doch eine fühlbare Verschlechterung der rechtlichen wie mittelbar auch der sozialen Lage der Juden dar; gerade angesichts der Bedeutung des Proselytismus für das antike Judentum.

Die jüdische Selbstverwaltung blieb so gut wie unangetastet. Das Patriarchat in Palästina, wie es sich nach der Zerstörung Jerusalems herausgebildet hat, konnte im Laufe der Zeit sogar noch an Bedeutung gewinnen. Die Stellung des Patriarchen, hebräisch *Nasi*, der als Repräsentant eines *ethnos*, der jüdischen Bevölkerung, insbesondere von nichtjüdischer Seite auch Ethnarch genannt wurde und den Vorsitz im großen Gerichtshof, der Nachfolge-Institution des frühjüdischen Jerusalemer Sanhedrins (Synhedriums), führte, hat sich zunehmend gefestigt. Severus Alexander (222–235) hat ihn schließlich als Oberhaupt nicht nur der Juden Palästinas, sondern des gesamten Reiches anerkannt. Rom war ganz offenkundig nicht daran interessiert, die Juden ernsthaften Rechtsbeschränkungen zu unterwerfen. Als mit Caracallas Edikt des Jahres 212 den freien Reichsangehörigen zum Zwecke leichterer und wirksamerer Besteuerung das römische Bürgerrecht zugesprochen wurde, erhielten auch sie es.

Erst mit der Bekehrung Kaiser Constantins im Jahre 312 und dem Mailänder Edikt des darauffolgenden Jahres – Ereignisse, die den endgültigen staatlich-politischen Durchbruch des Christentums bedeuteten und seine Einführung als Reichsreligion durch Theodosius I. vorbereiteten – setzte ein grundlegender Wandel ein. Der Niederschlag, den diese Entwicklung gut hundert Jahre später im *Codex Theodosianus* (438) gefunden hat, läßt hieran keinen Zweifel. Tendenziell handelt es sich um einen Prozeß des Übergangs religiös-kirchlicher Vorstellungen und Verhaltensweisen in die staatliche Gesetzgebung und Praxis. Im engeren religiösen Bereiche reflektiert nicht zuletzt das Verbot des Ausbaus und Neubaus von Synagogen, wie sehr die Verhältnisse im Wandel begriffen waren. Die Restriktionen blieben indes keineswegs auf den engeren religiösen Bereich beschränkt, sondern betrafen mittelbar und unmittelbar auch die soziale und wirtschaftliche Lage der Juden. Der Ausschluß der Juden von bürgerlichen und militärischen Ämtern lag in der Konsequenz der Entwicklung. Ferner erhielt die bereits erwähnte ältere Bestimmung, derzufolge es den Juden untersagt war, Proselyten zu machen, im Rahmen der neuen Situation erst wirklich Gewicht. Zusammen mit dem Verbot, christliche Sklaven zu halten, mußte sie in einer Zeit durchgreifender Christianisierung auf die Verdrängung der Juden vom Landbesitz hinwirken, da die Landwirtschaft ganz weitgehend auf der Sklavenarbeit beruhte.

Im übrigen gehen auf diese frühe Zeit die Anfänge der kirchlich-staatlichen Politik der gesellschaftlichen Absonderung der Juden zurück (die den Juden später christlicherseits zum Vorwurf gemacht werden sollte).

Indessen war die Lage – schon gar in der (Rechts-)Wirklichkeit – nicht überall gleich. Im Westen blieb die Sonderstellung der Juden, wie sie der Begriff der *religio licita* umschreibt, weitgehend erhalten. Der Erlaß des Honorius vom Jahre 404 schloß Juden (und Samaritaner) zwar vom Kriegsdienste aus, beließ ihnen jedoch davon abgesehen so gut wie alle überkommenen Privilegien; einschließlich des Rechtes der Übernahme öffentlicher Ehrenämter und der Haltung christlicher Sklaven, für welche lediglich die ungehinderte Religionsausübung zur Bedingung gemacht wurde. Andererseits ist in Rechnung zu stellen, daß hier die kirchliche Gesetzgebung schon frühzeitig bemüht war, den Handlungsspielraum der Juden einzuschränken. Die Synode von Elvira (um 306) stellte nicht nur die Ehe- und Kultgemeinschaft, sondern auch die Tischgemeinschaft mit Juden unter strenge kirchliche Sanktionen. Zudem hat die Vorurteilsbildung, die an Vorprägungen der heidnischen Antike anknüpfen konnte, durch den Sondercharakter des jüdisch-christlichen Verhältnisses und unterstützt durch die staatliche und kirchliche

Gesetzgebung wie insbesondere auch durch die christliche Predigttätigkeit entschieden zugenommen. Die antijüdischen Unruhen, zu denen es von Zeit zu Zeit kam, sind häufig genug vom Klerus – u. a. selbst von einem Manne wie Ambrosius von Mailand – gutgeheißen worden.

Diese Unterschiedlichkeit der staatlichen und kirchlichen Haltung sollte für den lateinischen Westen lange Zeit charakteristisch bleiben; während das byzantinische Staatskirchentum im griechischen Osten eine derartige Differenzierung nicht zuließ.

Die Rechtslage der Juden entsprach grundsätzlich (mit gewissen zeitlichen Verschiebungen) ihrer Wirtschaftskraft; indessen nicht – in keiner Phase der jüdischen Geschichte – der wirtschaftlichen Situation der jüdischen Gesamtbevölkerung, sondern der prosperierenden Oberschicht. Die Masse der Juden war eher arm, wie nach Bemerkungen antiker Schriftsteller die Mehrheit der Juden Roms. Dabei scheinen anfänglich die Verhältnisse im Westen schwieriger gewesen zu sein als im Osten. Nach den jüdisch-römischen Kriegen in großer Zahl als Sklaven verkauft, gelangten die Juden, auch wenn sie losgekauft wurden, dort vielfach „nur zu der kümmerlichen Existenz von Hausierern, Krämern, Wahrsagern, Schauspielern und Heilkünstlern“ [1]. Nichtsdestoweniger hat es nicht nur vor den Kriegen, wie etwa im Alexandrien der Zeit Philos, wo Juden in den städtischen Branchen des Handels und Handwerks, u. a. als Gold- und Silberschmiede, eine nicht unbedeutende Rolle spielten, sondern auch später, jedenfalls nach einer gewissen Anlaufzeit, eine wirtschaftskräftige Oberschicht gegeben, die auch zahlenmäßig ins Gewicht fiel. Anders wären Bestimmungen wie der Ausschluß von öffentlichen Ämtern und das Verbot des Besitzes christlicher Sklaven ganz unverständlich. Allem Anschein nach bestand diese Oberschicht in der Spätantike zu einem guten Teil aus Landeigentümern. Die im Zusammenhang mit der Existenz einer besitzenden Schicht zu sehende günstige Rechtsstellung der Juden schloß indes eine teilweise massive Vorurteilsbildung in breiten Kreisen der nichtjüdischen Bevölkerung keineswegs aus, sondern hat sie wohl eher mitbedingt und begünstigt. Die zu

Beginn des 4. Jahrhunderts einsetzende kirchliche und staatliche Gesetzgebung, durch die die alte Rechtsstellung zumindest angeschlagen wurde, konnte sich kaum anders denn als Bestätigung der herrschenden Vorurteile auswirken. Die Folge war eine allgemeine, nicht nur rechtliche und wirtschaftliche, sondern auch soziale Verschlechterung der Lage.

So ist es wenig verwunderlich, daß trotz der den Juden günstigen Haltung der Westgoten in Spanien bis zu deren Abkehr vom Arianismus gegen Ende des 6. Jahrhunderts (in der Folgezeit wurde die Lage dafür um so bedrängender) und trotz der vergleichsweise ausgewogenen päpstlichen Politik etwa seitens Gregors des Großen (590–604) in Italien (die freilich mit einer massiven theologischen Vorurteilsbildung einherging) „im 7. Jahrhundert das jüdische Leben in Europa seinem Tiefstpunkt zusteuerte“ [2], eine Entwicklung, die durch zahlreiche Konversionen zum Christentum mitbedingt gewesen sein dürfte.

Indessen war dieser Niedergang nicht allein im engeren Sinne religiös, d. h. durch den christlich-jüdischen Religionsgegensatz bedingt; wirtschaftliche Gründe kamen hinzu. Das Erstarken des Christentums, am wachsenden politischen Einfluß unmittelbar ablesbar, ging – wie nicht anders zu erwarten – Hand in Hand mit einer wenigstens relativen Zunahme der christlichen Wirtschaftstätigkeit, auch im städtischen Bereich. Es sei hier etwa an die Stellung syrischer Christen im Fernhandel erinnert. Damit war ganz zwangsläufig eine relative Schwächung der wirtschaftlichen Möglichkeiten des Judentums gegeben.

Was hier statthat, ist eine sehr eigentümliche Verklammerung religiöser und wirtschaftlicher Momente, wie sic bis in die Gegenwart hinein, und nicht nur im christlich-jüdischen Verhältnis, immer wieder von ausschlaggebender Bedeutung gewesen ist. Die Gruppenbildung, der Gruppenzusammenhalt und vor allem die Abgrenzung der Gruppen nach außen (warum kommt es zur Konstituierung gerade dieser und nicht anderer Gruppierungen?) läßt sich aus wirtschaftlichen Vorgegebenheiten allein nicht restlos ableiten. Nichtsdestoweniger verdanken diese Gruppen ihr geschichtliches Gewicht erst der Entfaltung wirtschaftlicher und politischer Macht, was zugleich wiederum die Stärkung der Gruppen als – im engeren und eigentlichen Sinne – religiöse bedeutet. Dabei ist entscheidend, daß der geschichtlich wirksame Gegensatz nicht der sozialen Schichtung in Besitzende und Besitzlose folgt – sowohl im Judentum wie im Christentum gab es jederzeit Reiche und Arme –, sondern der religiösen Grenzmarkierung (was die interne Schichtung natürlich stabilisiert).

In den allgemeinen Niedergang des innerhalb der Grenzen des römischen Reiches lebenden Judentums der Spätantike wurde auch das palästinensische Judentum hineingerissen, an welchem sich die Diaspora-Gemeinden in religiösen und speziell religionsgesetzlichen Fragen ganz weitgehend orientiert hatten. Seine vorwiegend agrarische Wirtschaft erwies sich als wenig entwicklungsfähig. „In Palästina wurde die jüdische Landwirtschaft im wesentlichen auf kleinen Familienerbteilen betrieben, die ihre Bearbeiter nur mühsam ernährten" [3]. Zwischen 300 und 600, der Blütezeit des internationalen Handels der syrischen Christen, nahm die Wirtschaftskraft des Landes immer mehr ab, insbesondere nachdem vom Ende des 4. Jahrhunderts an die christlich-staatskirchliche Politik von Byzanz sich immer gravierender fühlbar machte. Die Abschaffung des Patriarchats im Jahre 425 durch Theodosius II. lag ganz auf der Linie dieser Entwicklung. Die Maßnahmen des Kaisers Heraklius (610 bis 641), der die Ausübung der jüdischen Religion völlig untersagte und die Juden zur Annahme der Staatsreligion zu zwingen versuchte, stellten lediglich den Höhepunkt staatlicher Repressionen dar: eine Politik, die in einigen Teilen des Westens – so in der Lombardei, in Burgund, selbst im Frankenreich und schließlich im westgotischen Spanien nach dem Übertritt Rekkareds zum Katholizismus – Nachahmung fand.

Im Zuge dieser Entwicklung verlor das Judentum Palästinas seine führende Stellung an das Judentum Babyloniens. Dieses bildete das erste außerpalästinensische Zentrum jüdischen Lebens, das weltweit Beachtung und Anerkennung fand. Seinen religionsgeschichtlich sichtbarsten Ausdruck hat diese Verlagerung des Schwerpunkts jüdischen Lebens darin gefunden, daß von den beiden Corpora religionsgesetzlicher Diskussionen nicht der im 4. Jahrhundert abgeschlossene palästinensische, sondern der im 6. Jahrhundert abgeschlossene babylonische Talmud allgemeine Rechtsverbindlichkeit erlangte. Das babylonische Judentum hat unter den Arsakiden (bis 226 n. Chr.) einen ungewöhnlichen Aufschwung genommen. An seiner Spitze stand (wohl seit dem 2. Jahrhundert n. Chr.) als oberster Richter und erster Verwaltungsbeamter analog zum palästinensischen Patriarchen (oder Ethnarchen) der Exilarch *(Resch Galuta)*, neben dem freilich vom 5. Jahrhundert an in religionsgesetzlicher Hinsicht die Schulhäupter der jeweils leitenden Hochschule(n), besonders in Sura und Pumbedita, eine bedeutsame Rolle spielten. Sie hießen vom 7. Jahrhundert an Gaonen (hebräisch *Gaon*, Plural *Geonim*), wonach ihr Amt auch als Gaonat bezeichnet wird. Die babylonischen Juden betrieben Ackerbau, waren jedoch auch im (städtischen) Handwerk tätig und hatten überdies einigen Anteil am Handel des Landes. Dies gilt insbesondere für den Seidenhandel aus dem Fernen Osten nach Westen, wobei sie nicht zuletzt mit den christlichen Syrern zusammengearbeitet zu haben scheinen. Obwohl unter den Sassaniden das babylonische Judentum eine eher wechselvolle Geschichte durchlebte – Zeiten größerer Bewegungsfreiheit (etwa unter Schapur I., 242–272) wechselten mit solchen staatlicher Intoleranz und Verfolgung (etwa unter Jezdegerd II., 438–457) –, hat es doch aufs Ganze gesehen seine Stellung behaupten können. Die Überlegenheit des babylonischen Talmuds erklärt sich von daher ganz zwanglos. Nicht nur daß die sehr viel günstigere wirtschaftliche und soziale Lage die Einrichtung und den Unterhalt aufwendiger Hochschulen erleichterte, vielmehr waren mit der entwickelteren Stadtkultur und der nicht unerheblichen Beteiligung der Juden an den städtischen Betätigungen (besonders am Außenhandel) erst die entscheidenden Voraussetzungen für bestimmte – in der Folgezeit höchst belangreiche – Gebiete rechtlicher Diskussion gegeben. Der babylonische Talmud ist somit nicht nur aufs Ganze gesehen jünger als der palästinensische, er spiegelt auch durchweg entschieden den – im Sinne städtischer Entwicklung – fortgeschritteneren Diskussionsstand.

Das babylonische Judentum mit seinen rabbinischen Hochschulen vor allem in Sura und Pumbedita hat auf dem Gebiete der religiösen Überlieferung und Lehre noch lange, über die Zeit der arabischen Eroberung hinaus bis weit ins Mittelalter hinein, bedeutenden überregionalen Einfluß ausgeübt und damit nicht nur das im engeren Sinne religiöse Denken und Handeln der Juden, sondern nahezu das gesamte jüdische Sozialverhalten nach innen wie nach außen nachhaltig bestimmt. Abgesehen von der Rezeption des babylonischen Talmud und später auch religionsphilosophischer Schriften vollzog sich diese Einflußnahme nicht zuletzt auf dem Wege der Einholung von Rechtsgutachten, d. h. über die Responsenliteratur (*Sche'elot uTeschuvot* = Fragen und Antworten).

Infolge der krisenhaften Entwicklung von Beginn des 10. Jahrhunderts an, rückläufiger wirtschaftlicher Prosperität und zunehmender politischer Instabilität des Landes, verlor jedoch das babylonische Judentum schließlich mit dem Tode Hai Gaons (von Pumbedita) im Jahre 1038, wonach das Gaonat nicht wieder erneuert wurde, endgültig seine führende Stellung in der jüdischen Welt.

Inzwischen hatte im Gebiet des Römischen Reiches und seiner Nachfolgestaaten – nach der Zeit des Niedergangs vom 4. bis zum 7. Jahrhundert – längst eine Zeit der Erholung und Wiederbelebung des Judentums eingesetzt. Sie leitete die europäische Phase der jüdischen Geschichte ein. Für ein Jahrtausend, (spätestens) vom 11. Jahrhundert bis ins 20. Jahrhundert, sollte das Judentum, zwar nicht ausschließlich, aber doch sehr wesentlich ein europäisches Phänomen, passiv wie aktiv, als Opfer wie als mitbestimmender Faktor, ein Teil der europäischen Geschichte werden.

Unter den Ursachen oder Bedingungen, die das Wiedererstehen des jüdischen Lebens ermöglicht und begünstigt haben, sind vorweg die arabischen Eroberungen zu nennen, die in relativ kurzer Zeit einen mehr oder weniger einheitlichen islamisch geprägten Kulturraum von Innerasien im Osten bis zum äußersten Westen Afrikas und Europas schufen. Dieser weltgeschichtliche Vorgang des frühen Mittelalters, durch den die typische mittelalterliche Dreierkonstellation des christlich-lateinischen („abendländischen"), des christlich-byzantinischen und des islamischen Einflußbereichs hervorgebracht wurde, hat auch die jüdische Geschichte entscheidend verändert. Hierdurch sind räumlich wie gerade auf längere Sicht auch strukturell die Voraussetzungen einer erneuten Ausbreitung der Juden vom Nahen und Mittleren Osten nach Westen geschaffen worden, und zwar nunmehr (in Anknüpfung an entsprechende Voraussetzungen vor allem in Babylonien) nicht zuletzt in den städtischen Wirtschaftszweigen des Handwerks (mit Vorzug im Textilgewerbe) und des Handels: Sie wurden „die typischen internationalen Kaufleute, die in den beiden Kulturwelten, in die der Mittelmeerraum jetzt geteilt war, zu Hause waren, und nun den Platz einnahmen, den die Syrer auf diesem Gebiet wirtschaftlicher Tätigkeit so lange innegehabt hatten" [4]; freilich hatten sie hierin vorweg im islamischen Bereich bald mit andern zu teilen. Es war gerade diese Tätigkeit der Juden als Händler, die sie besonders für die nicht zum mediterranen Raum gehörigen weiter nördlich gelegenen Teil Europas interessant erscheinen lassen mußte, welche ausgesprochen landwirtschaftlich orientiert waren und in denen es an städtischen Zentren mit Handel und Gewerbe mangelte. In diesen strukturell schwachen Gebieten bedurfte es geradezu des „fremden" Händlers, dessen Tätigkeit auszuüben für die (ländlich-)bäuerliche Unterschicht wie für die grundherrliche Oberschicht – wenn auch aus je anderen Gründen – kaum in Frage kam. Tatsächlich haben denn auch die karolingischen Herrscher, besonders Karl der Große und seine Söhne einiges Interesse an der Ansiedlung von Juden gezeigt. Ihre wirtschaftliche Funktion erhellt daraus, daß in Schriftstücken der Zeit die Bezeichnungen „Jude" und „Kaufmann" geradezu als Synonyme gebraucht werden; was kaum schon auf eine ausgeprägte Vorurteilsbildung dieser Art zurückzuführen sein dürfte. Die Konstellation für ein Wiedererstarken des jüdischen Lebens in Europa war somit durchaus günstig, in größerem Umfang im Mittelmeerraum, in kleinerem jedoch schon vom 8. Jahrhundert an auch weiter nördlich.

Wie die obigen Ausführungen bereits erkennen ließen, ist diese Entwicklung nicht allein als ein Wiederaufleben des „bodenständigen", bereits seit längerem ansässigen Judentums, soweit davon noch Reste vorhanden waren, zu deuten (wie sicherlich in Italien und Spanien), sondern hat dazu eine offenbar nicht unbeträchtliche Zuwanderung aus dem Vorderen Orient beigetragen. Sie erfolgte wohl in erster Linie auf zwei Wegen: Einmal über Nordafrika nach Spanien und zum Teil von dort auch weiter nach Frankreich und an den Rhein; ferner von Palästina auf dem Seewege nach Süditalien (vorweg Apulien) und von dort – über Norditalien (vor allem Lucca) – nach Deutschland, (Nord-)Frankreich und England. Daneben auch von Mesopotamien und Persien nach Südrußland, sowie von Byzanz donauaufwärts nach Süddeutschland.

Insgesamt gesehen scheint die Zahl der Juden insbesondere Westeuropas vom 8. Jahrhundert an vor allem durch Zuwanderung erheblich zugenommen zu haben. Im 10./11. Jahrhundert gab es vorweg in Spanien, danach auch in Frankreich und Deutschland blühende jüdische Gemeinden in den meisten halbwegs bedeutenden Städten.

Die Zeit des Niedergangs des babylonischen Judentums brachte somit den entscheidenden Durchbruch in Europa, vor allem und mit weitreichenden geschichtlichen Konsequenzen in Spanien.

MITTELALTER

Spanien und Südfrankreich

In Spanien (im Hebräischen *Ispamja,* später *Sefarad*) hat es aller Wahrscheinlichkeit nach bereits im 1. nachchristlichen Jahrhundert Juden gegeben. Die früheste Grabinschrift stammt indes aus dem 3. Jahrhundert und ist in Adra, dem alten Abdera, gefunden worden. Zu Anfang des 4. Jahrhunderts muß es bereits um nennenswerte Gruppen gegangen sein, da anders die das Zusammenleben von Juden und Christen betreffenden Canones der Synode von Elvira (um 306) kaum verständlich wären. Im großen und ganzen scheint die Situation der Juden auch weiterhin vergleichsweise stabil geblieben zu sein, trotz kirchlich-regionaler Initiativen wie der gerade erwähnten und staatlich-zentraler Verordnungen einschränkender Tendenz nach 312, über deren Durchführung besonders in abgelegeneren Provinzen freilich wenig genug bekannt ist. Das für die Römer unter westgotischer Herrschaft geltende Gesetzbuch, die *Lex Romana Visigothorum,* von Alarich II. im Jahre 506, also ein Jahr vor der Zerstörung des tolosanischen Reiches durch die Franken unter der Führung Chlodwigs, erlassen, stellt im wesentlichen eine Sammlung von Texten aus älteren römischen Rechtsquellen dar und begnügt sich im Hinblick auf die eigene Rechtspraxis zur genaueren Spezifizierung mit Erläuterungen *(interpretationes)* dazu. Wenn es in diesen Erläuterungen rundweg heißt: Die Juden sind Römer (was sich offenbar nicht völlig von selbst verstand), macht dies den Ansatz des hier geübten Rechtsdenkens nachdrücklich deutlich. Wie es mit der Rechtspraxis hinsichtlich von Bestimmungen, die die Übernahme staatlicher Ämter oder den Besitz christlicher Sklaven (so in der Erläuterung zu dem Verbot, Sklaven ins Judentum aufzunehmen) untersagten, bestellt war, ist wenig deutlich. Wenigstens letzteres, christliche Sklaven jüdischer Besitzer *(possessores)*, hat es indes (weiterhin) gegeben. Dies bestätigt nicht nur ein Brief Gregors des Großen, der sich auf die Verhältnisse in Narbonne bezieht, welches zu dem südfranzösischen Gebiet gehörte, das den Westgoten nach ihrer Zurückdrängung durch die Franken verblieb, sondern läßt auch die gesamte Politik der Folgezeit mehr oder weniger deutlich erkennen.

Der Untergang des tolosanischen Reiches im Jahre 507 und die Abwanderung des Hauptteils der arianischen Westgoten über die Pyrenäen nach Spanien, zunächst in das Gebiet um Palencia, Toledo und Calatayud, war wenigstens längerfristig sowohl für die (spanischen) Juden wie auch für die Westgoten selbst einigermaßen folgenreich. Die Verlagerung ihres Herrschaftsbereichs brachte sie in die Zwangslage eines Arrangements mit einer nicht nur mächtigen und anscheinend gut organisierten, sondern auch politisch ambitionierten Kirche. In den ersten Jahrzehnten, einer Zeit der Schwäche des westgotischen Regimes – 531 wurde Amalarich, der Sohn Alarichs II., von dem Frankenkönig Childebert I. bei Narbonne geschlagen –, hat sich indes die jüdische Situation noch kaum verändert. Jedoch machte sich schon bald geltend, von welcher Seite ein tiefergreifender Wandel zu befürchten war. 551 ist die katholische und romanische Opposition des Südens stark genug, in Athanagild einen Gegenkönig auszurufen, der 555 sogar zum Alleinherrscher aufrückt. Unmittelbar nach Leowigild (567–586), der das Eheverbot zwischen Goten und Romanen aufhebt und mit der Einnahme Córdobas, das bis dahin unter byzantinischer Kontrolle stand, und der Eingliederung des Swebenreichs große außenpolitische Erfolge erzielt, kommt es zu Regelungen, die – kaum ein Kompromiß – die wahren Machtverhältnisse nur allzu deutlich machen. Leowigilds Sohn Rekkared (586–601) tritt bereits im zweiten Jahre seines Königtums vom Arianismus zum Katholizismus über und leistet damit einer Entwicklung entscheidenden Vorschub, die zu einer wachsenden Verflechtung kirchlicher und staatlicher Belange und Interessen führt. Dies findet nicht nur in der Durchsetzung der Wahlmonarchie, wodurch sich die Kirche vermittels der an der Wahl beteiligten Bischöfe ein unmittelbares Mitspracherecht sichert, sondern fast mehr noch darin seinen Ausdruck, daß die Reichskonzilien von Toledo zu Reichsversammlungen werden, an deren Beschlüsse der König bei Strafe des Kirchenbannes gebunden ist.

Nach dem Übertritt Rekkareds zum Katholizismus setzte gegenüber den Juden eine Politik der Restriktionen und des Druckes ein, die – immer wieder von Zeiten relativer Ruhe unterbrochen – schließlich zur Anwendung ausgesprochener Zwangsmaßnahmen führte. Sie hatte die religiöse Einheit des Staatsvolkes zum Ziele und erklärt sich wohl daher, daß die Juden im Sinne der einflußreichen Kirche eine relativ unkontrollierte Gruppe bildeten, der möglicherweise gerade dieses Moment der Unkontrolliertheit durch kirchliche Instanzen eine besondere Attraktivität verlieh. (Das 10. Konzil von Toledo mußte den Christen einschärfen, die kirchlich-staatliche Judengesetzgebung zu beachten.) Auf jeden Fall stellten die Juden einen von der Kirche mehr oder weniger unabhängigen Machtfaktor dar, der unbequem werden konnte. Und die Entwicklung zeigt, daß sie keineswegs mit allen einflußreichen christlichen Gruppierungen immer und allenthalben verfeindet waren. Kirchlich-machtpolitisch gesehen war diese Einschätzung der Lage der Dinge wohl nicht völlig unzutreffend. Umfaßte die jüdische Gruppe doch eine nennenswerte Oberschicht von Landeigentümern, wenn auch kaum erster Ordnung.

Rekkared selbst begnügte sich im wesentlichen noch mit der neuerlichen Einschärfung älterer Bestimmungen. Das 3. Konzil von Toledo (589) verbot den Juden christliche Gattinnen und Konkubinen, ferner den Erwerb christlicher Sklaven und die Übernahme von Staatsämtern, die dazu ermächtigten, Christen mit Strafen zu belegen. Söhne von Juden und christlichen Frauen sollten getauft und zum Judentum übergetretene (unfreie) Christen ohne Gegenleistung freigelassen werden.

Rekkared hat später auch noch versucht, den Juden ihre christlichen (Alt-)Sklaven zu entziehen, eine Maßnahme, die entschieden gravierender war als die genannten. Sie ist von seinen unmittelbaren Nachfolgern außer Kraft gesetzt, dann aber von Sisibut (612–621) wieder erneuert worden. In die Zeit dieses Herrschers, dem Erzbischof Isidor von Sevilla (599–633) nahestand, fällt auch die entscheidende Verschärfung der antijüdischen Gesetzgebung. Nach Auskunft zweier zeitnaher Quellen bekehrte Sisibut die Juden zum Christentum. Kaum auf dem Wege der Überredung, durch „Milde und Güte", wie Papst Gregor der Große (590–604) es gewollt hatte – der päpstliche Einfluß auf die spanische Landeskirche war gering –, sondern nach einhelliger Auffassung der Forschung gewaltsam, mag nun die Alternative Taufe oder Tod, wie seitens des Langobardenkönigs Perctarit, oder Taufe oder Landesverweisung gelautet haben. In welchem Maße es zur Auswanderung oder Flucht gekommen ist, ist nicht greifbar. Zumindest die grundbesitzende Oberschicht – von Grund und Boden unabhängige Händler gab es kaum in großer Zahl – dürfte durchweg die Taufe genommen haben – und eben dies war wohl auch intendiert. Indes war damit der Kampf von Kirche und Staat um die Juden des Landes mitnichten entschieden, wohl allerdings ein Rechtstitel kirchlicher Kontrolle geschaffen. Da erkennbar sein mußte und war, daß auf diese Weise lediglich ein jüdisches Zwangschristentum zu erzielen war – die Folgezeit bis zum Untergang des westgotischen Reiches hat dies nachdrücklich bestätigt –, ist anzunehmen, daß es auf die Legitimation verstärkter Kontrolle von vornherein in allererster Linie abgesehen war. Das 4. Konzil von Toledo (633) machte sich die offizielle kirchliche Auffassung, daß Zwangsbekehrungen unzulässig seien, zu eigen, schärfte jedoch nichtsdestoweniger ein, daß die unter Sisibut getauften und unter Swintila zum Judentum zurückgekehrten Juden weiterhin als Christen anzusehen seien.

638 erklärte das 6. Konzil das Prinzip König Kindilas (636 bis 639), daß keine Nichtkatholiken im Reiche zugelassen seien, zur verbindlichen Norm, auf die sich in Zukunft jeder König beim Regierungsantritt zu verpflichten habe. In der unter König Rekkeswind (649–672) kodifizierten *Lex Visigothorum*, die

gemeinsames Recht für Goten und Römer schuf, spielt das Bekenntnis zum Judentum keine Rolle mehr. Trotzdem gab es auch unter König Erwig (680–687) noch Juden, ungetaufte sowohl wie getaufte, die es mit den dadurch eingegangenen Verpflichtungen nicht sonderlich ernst nahmen. Er setzte mit dem 12. Konzil von Toledo fest, „daß Juden, die noch nicht getauft seien, oder die Taufe verschoben und ihre Söhne oder Diener nicht zur Taufe geschickt hätten, binnen Jahresfrist den Akt vollziehen sollten, bei Strafe von hundert Geißelhieben, Scherung des Haupthaares, Verbannung und Güterkonfiskation“ [5]. Schließlich hat Erwigs Nachfolger Egika (687–701) „reinen Tisch gemacht“. Er trat vor dem 17. Konzil von Toledo im Jahre 694 mit massiven Anklagen auf, die u. a. den Vorwurf enthielten, die Juden hätten zum Schaden der Kirche und des Landes mit den Hebräern jenseits des Meeres gemeinsame Sache gemacht, was auf mittelbare Kontakte mit dem in Nordafrika vordringenden Islam gedeutet worden ist. Ob es Kontakte dieser Art gegeben hat, ist zweifelhaft; eher schon innenpolitische Initiativen mit dem Ziele der Ablösung des unbequemen Herrschers. Das Konzil beschloß die Enteignung der Juden und verurteilte sie zur Sklaverei. So konnte der König ihre Güter geeigneten christlichen Sklaven übertragen, die für die staatlichen Abgaben aufzukommen hatten.

Ob und wie konsequent die Beschlüsse durchgeführt worden sind, ist ungewiß. Endpunkt einer fast hundertjährigen Unterdrückungspolitik, mußten sie indessen in jedem Fall, auch im besten, das Verhältnis der spanischen Juden zum katholisch-westgotischen Staate aufs schwerste belasten.

Unter islamischer Herrschaft

Die Geschichte der Juden im westgotischen Spanien ist in keiner Hinsicht das, was in geschichtlichen Darstellungen eine Blütezeit zu heißen pflegt, nicht einmal in dem abgewandelten religiösen Verständnis der Bewährung im Martyrium, geschweige denn im Sinne politischer Machtentfaltung und hervorragender kultureller Leistungen; bemerkenswert – wenn überhaupt – allenfalls hinsichtlich der Taktik des Überlebens, auch des Überlebens der Juden als Gruppe. Freilich ist solche Betrachtungsweise problematisch genug; sie steht immer in der Gefahr, die Erhaltung der Gruppe als solcher und ihre (vielleicht bisweilen umstrittene) wirtschaftliche und politische Bedeutung allzu gedankenlos in den Mittelpunkt zu rücken. Nichtsdestoweniger ist jede Darstellung der Geschichte einer sei es religiösen, sei es ethnischen, sei es staatlich-politischen Einheit vom Ansatz her gehalten, bei der Identität dieser Einheit und ihrer Kontinuität in der Geschichte zu verweilen – so gesehen also vom Ansatz her im allgemeinen wie im politischen Sinne konservativ, d. h. vorweg auf den Erhalt der Gruppe ungeachtet ihrer inneren Schichtung und der damit gegebenen Abhängigkeitsstrukturen ausgerichtet; selbst wenn das Augenmerk nicht ausschließlich der Machtentfaltung der Gruppe, sondern ganz entschieden auch ihrer Funktion im Dienste der Rettung und Entfaltung des Einzelnen gilt.

Die Zeit nach dem Einfall der islamischen Heere unter Tariq ibn Ziyad im Jahre 711 und der Unterwerfung der Halbinsel innerhalb von drei Jahren hat für die spanischen Juden entscheidende Wandlungen mit sich gebracht, auf längere Sicht ihre Lebensbedingungen erheblich verbessert. Dies ist keineswegs so selbstverständlich, wie es nach jenen christlichen Berichterstattern den Anschein hat, denen zufolge die unterdrückten Juden den islamischen Eroberern in die Hände gearbeitet haben. Die Auskunft folgt allzu genau der inneren Logik der Lage und taucht überdies (eine Wanderlegende) auch sonst auf. Immerhin spricht einiges dafür, daß die Juden mehrheitlich den Herrschaftswechsel begrüßt haben. Ein kaum ganz unerheblicher Teil schloß sich den islamischen Eroberern an. Jedenfalls berichten arabische Quellen von jüdischen Garnisonen zur Überwachung eingenommener Städte. Die Eindringlinge waren zahlenmäßig viel zu schwach, um das Land zu besetzen. Dennoch ging es, wenn und wo immer sich jüdische Gruppen für die Eroberer entschieden, nur um die Wahl des kleineren, vielleicht dem Anschein nach kleineren Übels. Eroberung und Unterwerfung sowie die dadurch bedingte Erschütterung des Sozialgefüges mit der Konsequenz weitreichender Umschichtungsprozesse, in denen lokale und regionale Machtkämpfe an der Tagesordnung waren, haben in vielen islamisierten Ländern geradezu traumatische Auswirkungen gehabt – die persische Literatur hat dreihundert Jahre dazu geschwiegen. Doch abgesehen davon konnte auch das Leben nach einer solchen Übergangsphase, unter einer Kriegerkaste, welche die Unterworfenen als gottgegebene Beute ansah, kaum große Anziehungskraft ausüben. Tatsächlich dürften die Juden Spaniens, ob es zu andersartigen Erwartungen Anlaß gab oder nicht, den gängigen Regelungen unterworfen worden sein, wie sie für *Ahl al-dimma* (Leute der Vereinbarung, d. h. mit denen man sich arrangierte) galten. Dies besagte zwar grundsätzlich eine Sonderstellung, die strenggenommen nur *Ahl al-kitab* (Leuten des Buches), insbesondere Juden und Christen aufgrund ihrer schriftlichen Offenbarungsurkunden, zukam, war indes trotzdem kaum verlockend. (In der Praxis hat die Unterscheidung zwischen *Ahl al-kitab* und den Anhängern anderer Religionen, die schlichtweg als Materialisten und Götzendiener eingestuft wurden und zu töten oder zu versklaven waren, eine untergeordnete Rolle gespielt.) In Waffen Gefangene konnten getötet oder versklavt, aber auch freigelassen werden, sei es gegen Lösegeld, sei es im Austausch, sei es unentgeltlich. Die Frauen und Kinder des bewaffneten Feindes waren in jedem Fall zu versklaven. Die übrigen hatten beträchtliche Abgaben – insbesondere in Form einer Kopfsteuer – zu leisten und genossen dafür einen gewissen Schutz, auch in der Ausübung ihrer Religion; waren aber als Nicht-Muslime keine Staatsbürger und regelten einen Großteil ihrer Angelegenheiten intern.

Wie immer die Praxis in Spanien im einzelnen ausgesehen haben mag – die referierten Regelungen sind nicht allenthalben mit derselben Strenge zur Anwendung gekommen, und die Quellen fließen für diese frühe Zeit nur sehr spärlich –, ist doch zumindest für die ersten Jahrzehnte eine eher schwierige Lage der Juden (wie auch der Christen) vorauszusetzen, soweit sie bei ihrem Bekenntnis blieben. Immerhin gab es Ansätze zu einer glücklicheren Entwicklung der Dinge: Einmal in der Möglichkeit des offenen Bekenntnisses zum Judentum, ein Moment von keineswegs nur individuellem, sondern entschieden sozialem Belang, sofern aufgrund dessen die Reorganisation des Gemeindelebens in Angriff genommen werden konnte. (Von daher ergab sich auch eine gewisse Tendenz des Zusammenwohnens; eigentliche Ghettos hat es im islamischen Spanien nicht gegeben.) Sodann scheint sich zumindest für eine privilegierte Minderheit die Möglichkeit einer Verbesserung der wirtschaftlichen Ausgangslage geboten zu haben, und zwar durch die Übernahme von Ländereien, die der geflohene westgotische Adel verlassen hatte.

Eine wirkliche Wirtschaftsblüte, an der auch die Juden teilhatten, brachte indes erst die Zeit der Umayyaden-Herrschaft. Abd al-Rahman I. (755–788) gelang es im Jahre 755, das islamische Spanien zum Emirat Córdoba zusammenzufassen. Die beiden folgenden Jahrhunderte waren aufs Ganze gesehen eine Zeit nachhaltig expandierender Wirtschaftstätigkeit, wie – bei aller Reserve gegenüber dem Aussagewert derartiger Ziffern – die ansteigenden Staatseinkünfte, von 300 000 Goldstücken unter Abd al-Rahman I. über 1 000 000 unter Abd al-Rahman II. (822–852) auf 5 408 000 unter Abd al-Rahman III. (912–961), anzeigen, wobei angenommen werden kann, daß die Zunahme in allererster Linie auf den wachsenden Warenumsatz zurückzuführen ist.

Von der expandierenden Wirtschaft und den vergleichsweise günstigen Lebensbedingungen profitierten auch die Minoritäten. Die jüdische Gemeinschaft nahm – auch durch Einwanderung – wieder zu. Allerdings dürfte ihre Zahl kaum jemals wesentlich mehr als 1 % der Gesamtbevölkerung betragen haben. Dabei ist freilich in Rechnung zu stellen, daß in den Städten der Anteil erheblich höher lag. Einzelne städtische Ansiedlungen galten schlichtweg als Judenstädte und waren in erster Linie von Juden bewohnt wie z. B. Lucena. Damit ist bereits angedeutet, daß in dieser Zeit im islamischen Bereich eine Entwicklung ihren vorläufigen Abschluß fand, von der bereits einleitend die Rede war und deren Anfänge im Judentum des sassanidischen Mesopotamien zu suchen sind, nämlich die Transformation der jüdischen Bevölkerungsgruppe in ein vorwiegend städtisches Element – ein Vorgang, der zwar in keiner Weise als „typisch jüdisch" bezeichnet werden kann, sondern eher ein Nebenprodukt des herrschenden Trends in der islamischen Welt, aber deshalb nicht minder belangreich war. Selbst wenn man berücksichtigt, daß die städtischen Siedlungen hier nicht ganz denselben Charakter hatten wie die vom Stadt-Land-Gegensatz geprägten hoch- und spätmittelalterlichen Städte Mitteleuropas, sondern im Unterschied dazu ein Großteil der Stadtbewohner agrarischen Betätigungen nachging und daraus seinen Unterhalt zog, indiziert dies doch eine bemerkenswerte berufliche Umschichtung. Denn natürlich waren auch hier die Städte die Märkte und der Sitz von Handel und Gewerbe und somit der Ort der Entfaltung eines freien Mittelstandes und des sozialen Aufstiegs. Es ist für das richtige Verständnis der Geschichte der Juden in Spanien festzuhalten, daß die jüdische Bevölkerung dort sehr anders als in Nordwest- und Mitteleuropa nicht auf bestimmte Berufszweige festgelegt war, sondern an so gut wie allen Branchen vor allem städtischer Betätigungen Anteil hatte. Freilich nicht ganz in derselben Verteilung wie die übrige Bevölkerung. Es gab Bereiche, in denen die Juden prozentual stärker als andere Gruppen vertreten waren: so insbesondere im Textilgewerbe, vor allem in der Färberei, auch in der Arzneimittelherstellung; ähnlich in verschiedenen Handelsbranchen, auch hier zunächst auf dem Gebiet der Textilien und Bekleidung (Leinen, Seide, Leder) sowie im Arzneimittelsektor, ferner im Handel mit Gewürzen und Parfums, auch mit Metallen (etwa zur Vermünzung); im Geldwesen noch am ehesten in Staatsdiensten, u. a. als Steuereinnehmer, in Grenzen auch auf dem Gebiet des Geldwechsels und Bankwesens. Hierbei handelte es sich aber lediglich um eine zuweilen mehr, meistens weniger starke Überrepräsentation – am auffälligsten noch im Textilbereich –, in keinem Falle um eine Monopolstellung.

Obwohl die jüdische Gruppe nicht anders als die übrigen Bevölkerungsteile (einschließlich des islamischen) mehrheitlich weniger gut gestellt war und überdies eine beträchtliche Anzahl Armer umfaßte – es gab übrigens schon frühzeitig ein ausgebildetes jüdisches Armenwesen in der Obhut der religiösen Gemeinde –, festigte sich doch ihre durchschnittliche wirtschaftliche Stellung unter umayyadischer Herrschaft bis zu dem Punkte, daß eine hinreichende Basis für die politische Wirksamkeit einzelner Juden über den engeren religiös-sozialen Selbstverwaltungsbereich hinaus, also in gesamtstaatlicher Verantwortung, gegeben war. In wirklich aufsehenerregender Weise war dies indes erst im 10. Jahrhundert der Fall. Am Hofe Abd al-Raḥmans III., der 929 den Kalifen-Titel annahm – ab ca. 940 war das abbassidische Kalifat ohne politische Bedeutung –, wirkte Ḥasdaj ibn Schaprut (ca. 940–975) nicht nur als fähiger Arzt, sondern zugleich als einflußreicher Staatsmann, dem in erster Linie Zoll und Außenhandel unterstanden und der zu wichtigen diplomatischen Aktionen, so zu Verhandlungen mit den christlichen Fürsten Nordspaniens, ferner mit Byzanz und dem Kaiser des lateinischen Westens, wie beispielsweise mit dem Gesandten Ottos I., Abt Johann von Gorze, herangezogen wurde. Zugleich hat Ḥasdaj ibn Schaprut dem (inner)jüdischen Leben in Spanien entscheidende Impulse gegeben. Als Haupt der spanischen Judenheit bestellte er den aus Italien stammenden talmudischen Gelehrten Mose ben Ḥanoch zum Leiter der *Jeschiva* (Talmud-Hochschule oder Akademie) von Córdoba und tat damit einen wichtigen Schritt auf dem Wege zur religionsgesetzlichen Unabhängigkeit der jüdischen Gemeinde Spaniens von den babylonischen Geonim. Überdies erlebte mit Dunasch ben Labrat und Menaḥem ben Saruk, deren Mäzen er war, die hebräische Sprachwissenschaft eine erste Blüte. Von Ḥasdajs weitgespannten Interessen gerade auch in jüdischen Angelegenheiten zeugt nicht zuletzt sein Sendschreiben an den Chaqan der südrussischen Chasaren, deren Oberschicht sich im 8. Jahrhundert dem Judentum zugewandt hatte. So trat mit dem wachsenden Gewicht Spaniens in der islamischen Welt zugleich die spanische Judenheit immer deutlicher in eine führende Stellung in der jüdischen Welt der islamischen wie der christlichen Länder ein.

Durch den Niedergang der umayyadischen Herrschaft nach dem Tode Al-Manṣurs, die Eroberung Córdobas durch die Berber im Jahre 1013 und das Ende der Dynastie in den 30er Jahren des 11. Jahrhunderts ist die jüdische Situation längerfristig nicht beeinträchtigt worden. Sie hat sich im Gegenteil eher gefestigt; und insbesondere kulturell erlebte die spanische Judenheit eigentlich erst jetzt – und ganz parallel mit der innerislamischen Entwicklung – ihre wahre Blütezeit. Es entstanden eine Reihe von Teil- oder Kleinreichen mit eigenen Verwaltungs- und Handelszentren (Sevilla, Granada, Málaga, Saragossa u. a.), was der Entfaltung kulturellen Lebens offenbar besonders günstig war. An den Höfen befanden sich vielfach Juden in angesehenen und führenden Positionen, sei es als Zoll- und Steuereinnehmer, Finanzberater, Ärzte oder Wissenschaftler. In Samuel ha-Nagid, auch Samuel ibn Nagrela genannt (993–1055/56), hat das spanische Judentum den geradezu typischen Repräsentanten des jüdischen Großen dieser Zeit, freilich von einmaligem Zuschnitt hervorgebracht. Samuel, nicht nur talmudisch gebildet, sondern auch Dichter, war sowohl das Haupt der spanischen Judenheit wie auch Wesir und Heerführer der in Granada herrschenden Berber Habbus und (seines Sohnes) Badis. In Lucena erreichte zur gleichen Zeit die talmudische Gelehrsamkeit mit dem Leiter der dortigen Hochschule Isaak Alfasi (1013–1103) einen ersten Höhepunkt. Aufbauend auf den Vorarbeiten insbesondere des Jehuda ibn Ḥayyuǧ (um 1000) gelangte überdies mit Jona ibn Ǧanaḥ (um 990–1050) auch die hebräische Sprachwissenschaft in Anknüpfung an die arabische zu höchster, das ganze Mittelalter nicht übertroffener Ausbildung. Ebenfalls angeregt durch arabische Vorbilder entfaltete sich ferner eine hochstehende religiöse wie auch profane Poesie, die ihre hervorragendsten Vertreter in Salomo ibn Gabirol (1020/21–1053/58) und Mose ibn Esra (um 1055 bis 1135/40) hatte. Und schließlich entwickelte sich eine Form intellektualistischer Mystik und rationalistischer Philosophie, die die nun nicht mehr nur auf wirtschaftlichem Gebiete, wo es dies jederzeit und allerorten gegeben hat (und geben mußte), sondern auch gesellschaftlich und politisch entschränkten interreligiösen Verhältnisse widerspiegelt. Die Mystik der „Herzenspflichten" Baḥja ibn Paqudas (um 1100, also am Ende der hier behandelten Periode) ist einerseits neuplatonisierenden islamischen Traditionen so nah, daß man sie gut und gern islamisch nennen kann, aber andererseits wieder so konsequent jüdisch-hebräischen Traditionen anverwandelt, daß sie nicht minder jüdisch heißen darf. Zweifellos auch aufgrund dessen und kaum allein, weil für das Volk konzipiert, ist dieses Buch wirklich zum Volksbuch geworden. Sehr im Unterschied zur „Lebensquelle" Salomo ibn Gabirols, dem bis (und mit) Jehuda Halevi begabtesten jüdischen Dichter des Mittelalters, welche den Geist der im praktischen Lebensvollzug ja schon so weitgehend hergestellten Einheit der Religionen mit solcher Folgerichtigkeit beschwört, daß keinerlei Berufung auf die traditionellen Quellen jüdischer Religiosität mehr übrigbleibt. Für dies Buch ist wohlgemerkt diese Einheit nicht das Problem – es spiegelt sie wider; thematisch kreist es um das Verhältnis von Gott, Welt und Mensch (nicht Gott, Land und Volk), im Problemhorizont der Lehre von Materie und Form. Unjüdisch wie es ist, hat es innerhalb des Judentums wenig Aufsehen erregt (es sei denn Kritik), dafür aber in der lateinischen Scholastik eine Wirkungsgeschichte gehabt wie keine philosophische Schrift jüdischer Provenienz bis zum „Führer der Verwirrten" des Maimonides.

Zeiten wie die der islamisch-jüdischen Kulturblüte des 11. Jahrhunderts sind zumeist beides zugleich, Zeiten relativer Ruhe, ohne die es an Muße fehlt, und Zeiten einer gewissen Gärung, einer ereignisgeschichtlichen Kreativität, die die psychische Kreativität des kulturschaffenden Einzelnen erst freisetzt. Im Innern wie nach außen hat es im Spanien der *Reyes de Taifas*, wie die Kleinkönige hießen, an Spannungen nicht gefehlt. Nach außen, im Verhältnis zu den christlichen Nordreichen, brachte das Ende des 11. Jahrhunderts Entscheidungen, die – jedenfalls in der Rückschau – bereits eine irreversible Wende anzeigen. Dies war nicht ohne Rückwirkungen auf die inneren Spannungen, ob sie nun aus der sozialen Schichtung oder aus dem Verhältnis der religiösen Gruppen untereinander herrührten, von denen die islamische nun nicht mehr nur die politisch und rechtlich dominierende, sondern längst auch die zahlenmäßig majoritäre war. Wie leicht sich der Haß der gesellschaftlich Benachteiligten irregeleitet gegen die religiöse (auch ethnische) Fremdgruppe richtet – nehmen die Spannungen allgemein zu und tritt zum rechten Zeitpunkt das auslösende Ereignis ein – zeigte sich, als Josef, der Sohn Samuel ha-Nagids, in Granada die Nachfolge seines Vaters antrat. Daß er (1066) umgebracht wurde, war nicht weniger, aber auch nicht mehr als ein politischer Mord; was folgte, ganz anderer Art. Die aufgebrachte islamische Bevölkerung fiel über die 1500 jüdischen Familien her und richtete ein Blutbad an. Die Überlebenden flohen, nicht zuletzt nach Lucena. Dies war die erste wirkliche Judenverfolgung im islamischen Spanien. Es ist wichtig, dies Ereignis nicht als einen vereinzelten Vorgang, sondern als Symptom zu begreifen, auch für die christlich-islamischen Spannungen: die Gruppengegensätze verschärften sich.

Im Verhältnis des christlichen Nordens zum islamischen Süden des Landes bringt die Regierungszeit Alfons' VI. von Kastilien (1065/72–1109), der mit Berufung auf die Gotenkönige der vorislamischen Zeit Kastilien die Stellung einer Hegemonialmacht zu verschaffen sucht, bedeutsame Veränderungen. Es gelingt ihm, eine Reihe islamischer Kleinstaaten tributpflichtig zu machen. Ab 1080 belagern seine Truppen Toledo, das 1085 fällt. Inzwischen ist die politische und militärische Schwäche der islamischen Teilreiche so offenkundig geworden, daß nur mehr der Ausweg des Entsatzes durch eine auswärtige Macht gegeben zu sein scheint. König Al-Mu'tamid ibn Abbad von Sevilla, der 1082 den Gesandten König Alfons' VI., nämlich den Steuerbevollmächtigten Amram ibn Schalib – auch hier ist es ein Jude – umbringen läßt, ruft die fanatische Sekte der nordafrikanischen Almoraviden unter Yusuf ibn Taschufin ins Land. Sie vermögen in der Schlacht von Zallaqa bei Badajoz im Jahre 1086, an der auf beiden Seiten zahlreiche Juden teilnehmen, den kastilischen Vormarsch zum Stillstand zu bringen. Indessen ist nunmehr im Innern dahin, was man mit gewissen Einschränkungen die islamische Toleranz der klassischen Zeit nennen kann. Die Almoraviden setzen sich in Spanien fest (1091 entmachten sie Al-Mu'tamid) und üben zum Zwecke der religiösen Unifizierung des Landes enormen Druck auf die christliche und jüdische Minderheit aus. Die Parallelität der Ereignisse ist verblüffend: Die Unduldsamkeit und Feindseligkeit zwischen den religiösen Gemeinschaften nimmt weltweit zu; 1066 erlebt das islamische Spanien seinen ersten „Pogrom", 1080 steht Alfons VI. vor den Toren Toledos, die Folgezeit sieht die Schreckensherrschaft der nordafrikanischen Almoraviden in Spanien – und 1096 finden am Rhein im Zusammenhang mit dem ersten Kreuzzug die ersten großen Judenverfolgungen im christlichen Mitteleuropa statt. Kaum zufällig geht diese allgemeine Verschärfung der religiösen Gegensätze, die im Falle von Islam und Christentum mit dem politisch-militärischen Gegensatz zweier Macht- bzw. Einflußbereiche zusammenfallen, Hand in Hand mit einer weltweiten Verschlechterung der ökonomischen Lage.

Immerhin tritt im nunmehr von den Almoraviden kontrollierten islamischen Spanien nach der unruhigen Anfangsphase eine gewisse Normalisierung ein; wie so oft waren auch hier die Verhältnisse stärker als die militärische Minderheit, die sie militant zu ändern versuchte. Auch das jüdische Leben erhielt neuen Auftrieb. Es ist die Zeit so bedeutender Dichter wie Abraham ibn Esras (1089–1164) und Jehuda Halevis (ca. 1075 bis 1141), die beide als Repräsentanten einer Übergangszeit gelten müssen; ähnlich wie der im christlichen Barcelona tätige Astronom, Astrologe und Religionsphilosoph Abraham bar Ḥijja (1065–1136), der ebenfalls der islamisch-arabischen Wissenschaftstradition verpflichtet und zusammen mit Plato von Tivoli an ihrer Weitervermittlung an das lateinische Mittelalter beteiligt war. Eine Vermittlungsfunktion dieser Art haben Astrologie und Mathematik betreffend auch eine Reihe von Schriften Abraham ibn Esras erfüllt, der indes innerjüdisch vor allem als Exeget wirksam geworden ist. Seine Bibelkommentare, die eine Fülle philosophischer Passagen enthalten, weisen ihren Autor zugleich als wichtigen Repräsentanten dessen aus, was man die avicennische „Aufklärung" des spanischen Judentums nennen kann; eine Art „Zeitgeist" der islamischen Spätphase der Geschichte der Juden in Spanien, der vor allem auch in der Kritik, die er im *Kusari,* dem religionsphilosophischen Vermächtnis Jehuda Halevis, findet, greifbar ist und Ausgangs- und Anknüpfungspunkt des jüdischen Averroismus der christlichen Spätphase des spanischen Judentums werden sollte.

Abraham ibn Esra sowohl wie Jehuda Halevi haben um 1140 ihre spanische Heimat verlassen – warfen die künftigen Ereignisse ihre Schatten voraus? Ibn Esra lebte fortan in verschiedenen Ländern des christlichen Europa, Jehuda Halevi machte sich auf den Weg zum „Heiligen Land", ohne es zu erreichen; er ist wahrscheinlich in Ägypten gestorben. Um eben diese Zeit überrannten die Almohaden, eine berberische Sekte, die die Almoraviden an Fanatismus noch übertraf, Nordafrika, um bereits wenig später, nämlich 1146, unter Abd al-Mu'min nach Spanien überzusetzen. Mit ihrer Herrschaft, die ein Jahrhundert währen sollte, fand das immer noch blühende jüdische Leben Südspaniens ein Ende. Jeglichem auch noch so pragmatischen religiösen Pluralismus gegenüber ohne Verständnis, setzten sie ein kompromißloses (auch die Christen betreffendes) Islamisierungsprogramm durch, das einerseits zu zahlreichen Scheinübertritten und andererseits zu Massenauswanderungen führte. Nicht wenige fanden in dieser Zeit im christlichen Spanien Zuflucht, das einstweilen eine der älteren islamischen Praxis der Duldung vergleichbare Politik verfolgte. Unter den Auswanderern befand sich auch Moses Maimonides (Mose ben Maimon, 1135–1204), der Autor des „Führers der Verwirrten" (hebräisch: *More Nevuchim*), der bedeutendsten religionsphilosophischen Schrift des jüdischen Mittelalters, die in der lateinischen Scholastik unter dem Titel *Dux neutrorum* bekannt war, sowie einer Reihe wichtiger religionsgesetzlicher Schriften. Durch die kulturelle Tradition des islamischen Spanien geprägt, lebte er jedoch zur Zeit seiner Hauptwirksamkeit bereits in Fostat bei Kairo. Sein philosophisches Denken, das einerseits an Al-Farabi und Avicenna anknüpft und so in der jüdischerseits nicht zuletzt durch Abraham ibn Esra repräsentierten Tradition steht, ist in seinem konsequenteren Aristotelismus doch auch mit den Vorstellungen des Averroes (Ibn Ruschd), seines Zeitgenossen am almohadischen Hofe in Spanien, verwandt, von dessen Schriften er allerdings bei der Abfassung seines „Führers" kaum wesentliche gekannt zu haben scheint. Zwei der nach Maimonides prominentesten jüdischen Flüchtlinge wandten sich nach Norden und ließen sich jenseits der Pyrenäen in Südfrankreich nieder: Josef Kimchi in Narbonne und Jehuda ibn Tibbon in Lunel. Sie haben zusammen mit ihren Söhnen wesentlichen Anteil daran gehabt, daß die jüdisch-islamische Kultur Andalusiens an die Judenheit der christlichen Welt weitergegeben wurde. Die durch die almohadische Invasion und Eroberung gekennzeichnete Entwicklung indiziert eine bemerkenswerte Schwäche der Städte – die südspanische Stadtkultur schien am Ende. Während umgekehrt die Entwicklung im christlichen Norden, die städtische besonders in Aragon-Katalonien, sowohl ökonomisch wie auch militärisch-politisch aufsteigend war. Nach den entscheidenden Niederlagen der Almohaden im 13. Jahrhundert, insbesondere in der Schlacht von Navas de Tolosa im Jahre 1212, sowie mit dem Fall Córdobas im Jahre 1236, Murcias im Jahre 1241 und schließlich Sevillas im Jahre 1248 ist es in einigen Städten des islamischen (Rest-)Staates um Granada, vor allem in Granada selbst, auch in Málaga und Almeria, nochmals zu einer Reorganisation des jüdischen Lebens gekommen. Doch haben diese Gemeinden, die allerdings nach der Verschlechterung der Lage in den christlichen Staaten noch einigen Zuzug von Norden erhielten, keine größere Rolle mehr gespielt.

Unter christlicher Herrschaft

Über das jüdische Leben im christlichen Spanien in den ersten Jahrhunderten nach der islamischen Eroberung geben die Quellen so gut wie keine Auskunft. Soweit es noch Juden gab, war ihre Lage kaum beneidenswert. Der sogenannte jüdische Verrat stellte zweifellos für die verbliebenen Juden eine schwere Belastung dar. Überdies stand der in Oviedo neugegründete christliche Staat, aus dem sich das Königreich Asturien-León entwickeln sollte, in der Tradition der Westgoten. Doch mag sich im Laufe der Zeit auch fränkisch-karolingischer Einfluß geltend gemacht haben. Im Nordosten der Halbinsel gab es keinen geschichtlich bedeutsamen Zusammenhang mit der Gotenherrschaft.

Entscheidende Veränderungen setzten erst im Zuge des fortschreitenden Rückgewinns islamisch kontrollierter Territorien ein. Für die Anfänge dieser Entwicklung dürfte dies allerdings noch kaum gelten. Die Reconquista begann mit Vernichtungskampagnen gegen Muslime und Juden. Eine Chronik berichtet:

> Alle Synagogen, die sie fanden, wurden zerstört. Was auch immer sie an Priestern und Rechtsgelehrten fanden, wurde dem Schwert überantwortet; und die Bücher ihres Gesetzes wurden im Feuer der Synagoge verbrannt.[6]

Eine erfolgreiche Kolonisationspolitik ließ sich auf diesem Wege nicht durchführen. Der Menschenmangel, das Fehlen geeigneter Siedler zwang zur Umorientierung. Vom Beginn des 10. Jahrhunderts an ist die veränderte Situation gut greifbar. Von nun an gibt es organisierte jüdische Gemeinden, die nicht zuletzt vom Handel, auch vom Handwerk leben. In León, wohin nach dem Tode Alfons' III. (866–910) die Hauptstadt verlegt wurde, soll der Handel, insbesondere der Import von Kleidung, Juwelen und Paramenten, ganz weitgehend von Juden kontrolliert worden sein. Ferner traten die Juden gerade hier schon frühzeitig als Eigentümer von Ländereien auf. Es finden sich Mühlen, Obstgärten und vor allem Weinberge in ihrem Besitz. Auch in der gegen Ende des 10. Jahrhunderts neu entstandenen Grafschaft Kastilien sind Juden als Landeigentümer anzutreffen; nicht anders in den übrigen christlichen Staaten. Allenthalben ist in erster Linie von jüdischen Weinbergen die Rede.

Der jüdische Landbesitz hat mit der fortschreitenden Reconquista ganz zweifellos beträchtlich zugenommen. Wirklich nennenswert war er indessen wohl nur stellenweise, wie etwa im Barcelona des 11. und 12. Jahrhunderts, wo er schätzungsweise $^1/_3$ des städtischen Territoriums ausgemacht haben soll.

Das christlich-jüdische Zusammenleben war in dieser Phase der Expansion vergleichsweise krisenlos. Die friedliche Interaktion überwog und die Rechtsstellung der Juden verbesserte sich. Als Alfons V. von León (999–1028), Zeitgenosse des Grafen Sancho Garcia von Navarra, Neusiedler zu gewinnen versuchte, gestand er im *Fuero* (Stadtrecht) von León Christen und Juden im wesentlichen die gleichen Rechte zu. Da auch in Kastilien die Juden nahezu die gleichen Rechte wie die Christen genossen, übte das christliche Nordspanien auf die Juden Frankreichs sowohl wie auch Südspaniens eine gewisse Anziehungskraft aus. Nach den Massakern in Granada (1066) und insbesondere nach Etablierung der almoravidischen Herrschaft gegen Ende des 11. Jahrhunderts hat es einen stärkeren Zuzug aus dem Süden gegeben.

Aller Wahrscheinlichkeit nach sind um diese Zeit auch die Vorfahren Jehuda ibn Esras immigriert, der später als *Almoxarife* (Schatzmeister) Alfons' VII. von Kastilien eine wichtige Rolle spielen sollte.

Der rechtliche Status der Juden schloß ein Dienst-Schutzverhältnis (unmittelbar) zum König ein; es wird im *Libro de los Fueros de Castilla* (§ 107) in aller Deutlichkeit umschrieben:

> Die Juden gehören dem König; selbst wenn sie auf dem Territorium Adliger des Reiches oder ihrer Ritter oder anderer oder auf klösterlichem Territorium leben; sie haben immer dem König zu unterstehen, in seinem Schutz und in seinem Dienst.[7]

Dies mag eine Entwicklung begünstigt haben, die sich auch aufgrund der Stellung der Juden im städtischen Wirtschaftsleben und als Außenseiter der christlichen Gesellschaft nahelegte und unter verwandten Voraussetzungen im islamischen Süden des Landes vorweggenommen worden ist: nämlich die zunehmende Verwendung von Juden im politischen und administrativen Bereich, besonders in Diensten des Königs. Nicht nur Rodrigo Díaz de Vivar, der unter dem Namen Cid berühmt gewordene spanische Nationalheld, bediente sich jüdischer Schatzmeister und Finanzagenten. Als Alfons VI. von Kastilien 1082 gegenüber dem König von Sevilla und dem Ex-König von Toledo in Valencia Tributforderungen geltend machte, nahm er ebenfalls jüdische Dienste in Anspruch. Sehr viel einflußreicher war indes die Stellung, die der jüdische Arzt und (Finanz-) Berater Joseph Ferrizuel, auch Cidello genannt, am Hofe einnahm. Mit ihm beginnt jene Reihe mehr oder weniger mächtiger jüdischer Höflinge, die erst mit der Vertreibung der Juden aus Spanien im Jahr 1492 abreißt. Insbesondere im Zusammenhang mit den Religionsverfolgungen der Almoraviden, die zahlreiche Juden zur Flucht veranlaßten, hat er seinen Einfluß auch zugunsten seiner eigenen religiösen Gruppe geltend gemacht. Sein Name blieb in gutem Gedächtnis. Eines der Gedichte, ein Vierzeiler, der ihm zu Ehren verfaßt worden ist, hat Jehuda Halevi als Refrain für eines seiner hebräischen Lieder auf diesen Wohltäter seines Volkes verwandt. Die Zeilen lauten:

Des cuand mieu Cidelo vénid
¡ tan buona albixara !
com' rayo de sol exid
en Wad-al-Hichyara.

Sobald mein Cidello kommt
– welch' gute Nachricht! –,
ist's, als ginge die Sonne auf
über Guadelajara.[8]

Daß Papst Gregor VII. 1081 die spanische Praxis, Juden mit Autorität über Christen auszustatten, moniert, indiziert eine neue Entwicklung. Die französischen Ritter, die 1063 ins Land gekommen waren, um sich am Kampf gegen den Islam zu beteiligen, und sich – in zweifelhaftem Glaubenseifer – (wie zuvor erfolglos in Narbonne) zunächst einmal gegen die einheimischen Juden zu wenden geneigt waren, hatten Reformmönche in ihrem Gefolge, die sich die Stärkung der päpstlichen Zentralmacht angelegen sein ließen. Tatsächlich ist es der römischen Kirche erst in diesem Jahrhundert unter dem Pontifikat Gregors VII. mit Hilfe der Cluniazenser gelungen, den herrschenden mozarabischen Ritus durch den römischen zu verdrängen und die bis dahin ganz weitgehend selbständige spanische Kirche stärker an Rom zu binden – ein Vorgang, der entschieden dazu beigetragen hat, den Status der nichtchristlichen Minoritäten zu verschlechtern.

Den Anlaß zum Ausbruch der antijüdischen Feindseligkeit, die sich vor allem in den abhängigen Bevölkerungsschichten angesammelt hatte, bot die Niederlage der Truppen Alfons' VI. in der Schlacht von Zallaqa ein Jahr nach der Eroberung Toledos. Man warf den beteiligten Juden vor, nicht standgehalten zu haben. Die Ereignisse beendeten eine Periode relativ friedlicher Koexistenz, ohne jedoch die christlich-jüdisch(-islamisch)e Interaktion fürs erste ernsthaft gefährden zu können.

Über die innerjüdische Situation zu dieser Zeit ist wenig bekannt. Gegen Spaltungstendenzen, wie sie sich im wachsenden Einfluß karäischer Gruppen, die im Gegensatz zum rabbinischen Judentum dem talmudischen Schrifttum jede Rechtsverbindlichkeit absprachen, geltend machten, hat die herrschende Mehrheit sich von Anfang an – in den Mitteln wenig wählerisch – zur Wehr gesetzt; freilich ohne durchschlagenden Erfolg. In einer Zeit intensiver Verklammerung christlicher und jüdischer Interessen und weitgehender Zusammenarbeit, angefangen vom Aufbau städtischen Lebens bis hin zur Rezeption islamischer Wissenschaft, entsprachen antitalmudische und antirabbinische Bestrebungen wie die der Karäer wohl einer gewissen strukturellen Zwangsläufigkeit.

Ein besonders blühendes jüdisches Leben entfaltete sich – kaum zufällig – in der Hafenstadt Barcelona, die notwendig sehr viel stärker durch Handel und Handwerk geprägt war als viele

Städte des Landesinnern. Außer von jüdischen Kaufleuten und Landeigentümern wissen die Quellen nunmehr in wachsendem Maße von jüdischen Schneidern, Schustern, Gold- und Silberschmieden (wie im Handel stehen auch im Gewerbe Bekleidung und Schmuck im Vordergrund); auch tauchen gelegentlich Hinweise auf die Geldleihe auf. Der Funktion im städtischen Leben entsprechend wohnten die Juden in Barcelona in der Nähe der Kathedrale und der gräflichen Burg. Nichtsdestoweniger war die jüdische Bevölkerung nicht ausschließlich städtisch. Ortsnamen wie Mons Judaeorum und Villa Judaica, die in Katalonien nicht selten sind, weisen vermutlich darauf hin, daß es nicht nur städtischen und stadtnahen jüdischen Landbesitz, sondern auch ausgesprochen ländliche jüdische Siedlungen gab. Allerdings mögen diese nicht selten im Besitz wohlhabender städtischer Kaufleute gewesen sein; mit der Ausübung quasifeudaler Rechte durch jüdische Notabeln ist durchaus zu rechnen.

Das jüdische Barcelona brachte die erste kulturelle Blüte des christlichen Spanien hervor, und zwar mit dem philosophisch gebildeten talmudischen Gelehrten Jehuda ben Barsillaj al-Bargeloni (d. h. aus Barcelona), um 1070 in Barcelona geboren, und dem etwa gleichaltrigen Astronomen, Mathematiker und Religionsphilosophen Abraham bar Ḥijja. Sowohl Jehudas *Jezira*-Kommentar wie auch Bar Ḥijjas messianologische Schrift *Megillat ha-Megalle* (Rolle des Enthüllers) spiegeln die christlich-jüdische Polemik der Zeit, die der Converso, vom Judentum zum Christentum übergetretene Petrus Alfonsi (mit hebräischem Namen Mose ha-Sefardi), der Autor der *Disciplina clericalis,* durch seine *Dialogi* (mit dem Juden Mose) hervorgerufen hatte: Petrus war – ein gelehriger Schüler der französischen Benediktiner – von diesen in Gegenwart Alfons' I. von Aragon getauft worden.

Die Zeit des aufsteigenden christlichen Spanien war den Juden günstig, und die jüdischen Gemeinschaften Kastiliens, Aragons und Kataloniens, das seit der Heirat der Tochter Alfons' I. von Aragon mit Graf Raimund Berengar IV. von Barcelona (1131 bis 1162) mit Aragon vereint war, vermochten sich trotz vereinzelter Rückschläge wie nach der verlorenen Schlacht von Zallaqa und nach dem Tod Alfons' VI. von Kastilien, als der latente Judenhaß zu offenen Verfolgungen ausschlug, weiterzuentfalten.

Mit der Einnahme Toledos im Jahre 1085 durch die kastilische, und der Eroberung Tudelas und Saragossas in den Jahren 1115 und 1118 durch die aragonesische Reconquista war die Judenheit der christlichen Staaten der Iberischen Halbinsel auf dem besten Wege, das Übergewicht über die jüdischen Gemeinden des islamischen Südens zu gewinnen. Die Almohaden-Invasion der ausgehenden 40er Jahre des 12. Jahrhunderts, die eine Massenflucht nicht zuletzt nach Norden zur Folge hatte, hat diese Entwicklung besiegelt.

Die Lage schien besser denn je. Die jüdische Einwohnerschaft der hinzugewonnenen Städte war gegenüber der islamischen durchweg zumindest faktisch, vielfach auch rechtlich begünstigt. Während der Großteil der islamischen Einwohner Toledos 1085 floh, scheint die jüdische Gemeinde so gut wie intakt geblieben zu sein. In den von Aragon eroberten Städten – Tudela, Saragossa, Tortosa, Lérida – wurde eine derartige Differenzierung geradezu zum Prinzip gemacht; während die Muslime die Städte zu verlassen hatten, konnten (und sollten) die Juden bleiben. Womit christlicherseits gleich zweierlei erreicht wurde: die Aufrechterhaltung des städtischen Lebens und die Schwächung der nichtchristlichen Mehrheit. Eine solche Bevorzugung der Juden war einerseits geeignet, Vorurteile abzubauen, die jüdische Gruppe als weniger fremd und feindselig erscheinen zu lassen, mußte jedoch andererseits als Privilegierung durch die herrschende Schicht – König, Kirche und Adel – zum Ausgangspunkt zusätzlicher Spannungen mit den unterprivilegierten Bevölkerungsschichten werden.

In der Folgezeit gewann insbesondere das enge Verhältnis der jüdischen Gruppe zum König vor allem dadurch nach innen und außen in wachsendem Maße Bedeutung, daß die Verwendung von Juden in der staatlichen Administration, zum Teil in höchsten Staatsämtern, zur allgemeinen Praxis wurde. Diese Funktion, die nichts mit einer „typisch jüdischen“ Befähigung zur Politik, insbesondere Finanzpolitik, zu tun hat, sondern (soziokulturell bedingt) in allererster Linie mit der Außenseiterstellung der Juden in Zusammenhang steht, mußte die jüdischen Interessen in einem solchen Maße mit denen der Krone verquickt erscheinen lassen und eine derartige Interessenverflechtung im Laufe der Zeit auch wirklich herbeiführen, daß die Juden fast zwangsläufig mit allen Gruppen in Konflikt gerieten, die im Gegensatz zur Krone standen. Daß es immer nur Einzelne waren, die derartige Funktionen, wenn auch in höchstverantwortlichen Positionen, ausübten, konnte leicht übersehen werden; besonders dann, wenn die jüdischen Höflinge auch in der jüdischen Gemeinde eine führende Stellung einnahmen, was nicht selten der Fall war. Der Umstand, daß auch die Kirche und vor allem der Adel sich jüdischer Agenten bediente, hat den Eindruck der Zusammengehörigkeit von Juden und König (-tum) nicht verwischen können. Die verhängnisvolle Neigung zur gedankenlosen Subsumtion der vielen Unbekannten unter den einzelnen allzu Bekannten, ist ihnen nur der gleiche Name des Fremden und vermeintlichen Feindes gemeinsam, ist hier bereits deutlich wirksam.

Im übrigen wog die allgemeine Abhängigkeit der Juden vom König schwer genug. Daß sie normalerweise nur in der Verpflichtung zur Steuerzahlung zum Ausdruck kam, hat das Problem nicht entschärft. Denn gerade dies mußte, sei es auch nur insofern, als damit eine Stärkung der Kronmacht gegeben war, sowohl den Interessen des aufkommenden christlichen Bürgertums der Städte wie auch des Adels und nicht minder der Kirche zuwiderlaufen. Für das einfache Volk kam zu allem das kirchlicherseits immer wachgehaltene Gefühl der Fremdheit des Juden und vor allem die rätselhafte Bereitschaft des Unterdrückten, statt des Unterdrückers den Außenseiter haftbar zu machen und sich an diesem für die von jenem zugefügte Unbill zu rächen.

Das positive Pendant der Verpflichtung zur Steuerzahlung an den König war ein geschütztes und weitgehend autonomes Gemeindeleben, in das der König nicht eingriff. Die jüdische

Gemeinde oder *Aljama* (der arabische Terminus wurde beibehalten) hatte weitreichende administrative und jurisdiktionelle Befugnisse. Die Leitung lag in der Hand der *Secretarii*, auch *Muqqadamin* oder *Adelantados* (Vorsteher), neben denen die Rabbiner und Richter eine zentrale Rolle spielten. Dabei gründete sich die Autorität der Rabbiner mehr auf das Ansehen, das sie aufgrund ihrer Gelehrsamkeit genossen, als auf ihre amtliche Funktion. Die Vielfalt der Aufgaben erforderte eine Fülle weiterer Gemeindeämter wie u. a. die der Schatzmeister, Schreiber und Wohlfahrtsbeauftragten. Die Anstellung erfolgte durch die Ältesten(schaft) oder – wo es diese Einrichtung gab – durch den Rat der Dreißig, in dem auch die Mittel- und Unterschicht vertreten war.

Seit der Mitte des 13. Jahrhunderts wurde die königliche Oberaufsicht in Navarra und Kastilien durch einen eigens hierfür ernannten *Rab de la Corte* wahrgenommen; in Portugal erfüllte diese Funktion der *Arabi Mor*. Der Auf- und Ausbau innerjüdischer Autoritätsstrukturen wie der oben genannten mußte Anlaß zu Konflikten mit den jüdischen Notabeln bei Hofe geben, wenn diese statt des Arrangements den unmittelbaren Zugriff auf die Gemeinden suchten. Die Regel war indessen wohl das Arrangement, das um so zwangloser erfolgen konnte, als es sich zumeist um Personen handelte, die auch innerjüdisch einiges Ansehen genossen, und überdies der Sturz der exponierten Glaubensgenossen für die Gemeinde die schwerwiegendsten Folgen haben konnte.

Die entscheidenden Herrscher des 12. und 13. Jahrhunderts, Alfons VII. (1126–1157), dessen militärische Erfolge in der Auseinandersetzung mit dem Islam freilich durch das Auftreten der Almohaden zunichte gemacht wurden, Alfons VIII. (1158 bis 1214), der trotz der vernichtenden Niederlage bei Alarcos im Jahre 1195 in der Schlacht von Navas de Tolosa im Jahre 1212 die endgültige Entscheidung zugunsten der christlichen Staaten herbeiführen konnte, auch Ferdinand III. (1217–1252), der 1236 Córdoba, 1241 Murcia, 1248 Sevilla eroberte, und schließlich Alfons X. (1252–1284) in Kastilien und insbesondere

Jakob (Jayme) I. (1213–1276) in Aragon, der Eroberer der Balearen (1229–1235) und Valencias (1238), sie alle haben zur Durchsetzung ihrer Interessen einflußreiche Juden in Dienst genommen und zum Teil mit der Wahrnehmung höchster staatlicher Funktionen betraut.

Dies konnte die ohnedies schon vorhandene Unbeliebtheit der jüdischen Gruppe bei der breiteren Bevölkerung nur vertiefen und mußte vor allem auch den Adel, der nicht minder als die Krone eifersüchtig auf die Konsolidierung seiner Machtstellung bedacht war, mehr und mehr zu den Juden in Gegensatz bringen (was freilich die eigene Indienstnahme von Juden nicht behindert, eher begünstigt hat). Daß nach dem vorläufigen Ende der Reconquista mit dem Tode Ferdinands III. die Aristokratie in Kastilien das Übergewicht gewann, hat zumindest längerfristig gesehen für die jüdische Minorität die ungünstigsten Auswirkungen gehabt. Im Kodex *Las Siete Partidas* Alfons' X. tritt denn auch die ganze Zwiespältigkeit ihrer Lage deutlich genug hervor. Zwar wurde das fundamentale Recht der Religionsfreiheit, das ein gewisses Maß von Selbstverwaltung einschloß, bestätigt. Doch war es inzwischen notwendig geworden, Maßnahmen zu treffen, um eventuellen Blut- oder Ritualmordbeschuldigungen zuvorzukommen; so durften die Juden während der Ostertage ihr Haus nicht verlassen. Ferner wurde nunmehr der Synagogenbau erschwert, in Anlehnung an die kirchliche Gesetzgebung untersagt, Juden mit obrigkeitlichen Funktionen zu betrauen, und schließlich das Tragen eines (meist gelben) Flecks auf der Kleidung zur Vorschrift gemacht. Auch wenn die Praxis vielfach anders aussah, lassen diese Bestimmungen doch erkennen, wie problematisch die Situation der Juden inzwischen geworden war.

Die Kultur der Juden des christlichen Spanien stand indessen in vollster Blüte, und zwar eine Kultur, die von ihren Anfängen an einerseits der islamischen Tradition verpflichtet war und andererseits auf der Auseinandersetzung und Zusammenarbeit mit der christlichen Umgebung beruhte, also durch eine große Offenheit gekennzeichnet war, wie sie sich noch lange erhalten sollte. Erst die ernsthafteren Schwierigkeiten des 14. und 15. Jahrhunderts haben die Gegensätze radikaler Abschließung auf der einen und ebenso radikaler Identifikation mit der nichtjüdischen Umwelt (bis zur Selbstaufgabe als Juden) auf der anderen Seite hervorgetrieben.

Zu den außerhalb des Judentums bekanntesten Juden der Zeit gehört zweifellos der gelehrte Reisende Benjamin von Tudela, der zwischen 1160 und 1173 verschiedene Länder Südeuropas, Asiens und Afrikas besucht und seine meist detaillierten Beobachtungen in einem hebräischen *Itinerarium* festgehalten hat, das eine hochbedeutsame historisch-geographische Quellenschrift darstellt und auch ins Lateinische übersetzt worden ist.

In Toledo, das zur Zeit Alfons' VII. auch Jehuda Halevi zum Aufenthaltsort gewählt hatte, um jedoch nach wenigen Jahren in den islamischen Süden (nach Córdoba) zurückzukehren, wirkte um die Mitte des 12. Jahrhunderts der jüdische Historiograph und Philosoph Abraham ibn Daud, der vor allem mit seinem *Sefär ha-Qabbala* (Buch der Überlieferung) wirksam geworden ist, während seine philosophische Schrift *Ämuna Rama* (Der erhabene Glaube), ein frühes Zeugnis der Ablösung des bis dahin herrschenden Neuplatonimus durch einen konsequenteren Aristotelismus, wenig Beachtung gefunden hat. Seine kulturgeschichtlich übergreifende Bedeutung liegt darin, daß er zusammen mit Dominicus Gundissalinus die Latinisierung von Werken so wichtiger arabisch schreibender Autoren wie Al-Farabi, Al-Gazali und Avicenna in Angriff genommen hat; im lateinischen Schrifttum und der einschlägigen Sekundärliteratur begegnet er unter dem Namen Avendauth und auch (fälschlich!) Johannes Hispanus.

In der zweiten Hälfte des 13. Jahrhunderts, einer Zeit außenpolitischer Erfolglosigkeit und innenpolitischer Schwäche des Königtums, unter Alfons X., der auch *el Sabio* (der Weise) heißt, hat der Prozeß der Aneignung jüdisch-arabischen Wissens, den gerade auch unter Alfons Juden maßgeblich gefördert haben, einen seiner Höhepunkte erreicht. Die nach dem König benannten „Alfonsinischen [astronomischen] Tafeln" sind nur das bekannteste Ergebnis dieser Bemühungen. Man hat die im Toledo Alfons' X. entfaltete Übersetzertätigkeit (nun freilich mit Vorzug ins kastilische Idiom) gelegentlich als „den Kulminationspunkt des gesamten Vermittlungsprozesses des wissenschaftlichen Kulturgutes der arabischen Welt an den Okzident“ [9] bezeichnet.

Auf religiös-traditionalistischer Seite haben die die überlieferte Lehre und Lebenspraxis in Frage stellende Verquickung jüdischer und nichtjüdischer Interessen und die ideologische Orientierung an der griechisch-arabischen wissenschaftlichen und philosophischen Tradition, wie sie für die Besitz- und Bildungsschicht charakteristisch war und als deren bedeutendster Repräsentant nach Maimonides der Averroist Levi ben Gerschom, vielfach einfach Gersonides (1288–1344), gelten darf, zusammen mit der wachsenden Feindseligkeit in der christlichen Bevölkerung, zu entschiedenen und langfristig folgenreichen Reaktionen geführt. Parallel mit Bestrebungen, das Gemeindeleben dem beherrschenden Einfluß der „aufgeklärten“ Oberschicht wenigstens teilweise zu entziehen, entfaltete sich in der Kabbala, deren Hauptschrift der gegen Ende des 13. Jahrhunderts entstandene *Sohar* des Mose de León ist, eine jüdische Mystik, die Allgemeingut gewordenes religiös-philosophisches Gedankengut in die Welt der Begriffe und Bilder der biblisch-rabbinischen Tradition einzuschmelzen oder umgekehrt die Sprache und Bildwelt der Tradition im Sinne dieser philosophischen Geistigkeit neu zu durchdenken und umzudeuten versuchte und sich – durchaus einem allgemeinen Zug der Zeit folgend – in den Dienst einer stärker emotional bestimmten Frömmigkeit stellte. So bedeutende und anerkannte Bibelkommentatoren wie Mose ben Naḥman, auch Nachmanides genannt (um 1195–1270), und später Baḥja ben Ascher (um 1260–1340), ein Schüler Salomo ben Abraham Adrets (um 1235–1310), des einflußreichsten rabbinischen Gelehrten seiner Zeit, haben in diesem Sinne gewirkt und kabbalistische Vorstellungen verbreitet.

Im Streit um die philosophischen Schriften des Maimonides, zunächst in den 30er Jahren, dann erneut gegen Ende des

13. Jahrhunderts, traten die Gegensätze offen zutage; 1232 führten die Auseinandersetzungen nach Einschaltung der christlichen Inquisition in Montpellier (vielleicht auch in Paris) zur Verbrennung maimonidischer Schriften.

Die talmudische Gelehrsamkeit, in dieser Zeit zunehmender Schwierigkeiten mit der christlichen Umwelt (gerade im alltäglichen Leben des einfachen Juden) und wachsender Rückbesinnung auf die eigene Gruppe besonders sorgsam gepflegt, erhielt überdies durch den Leiter des Kölner Lehrhauses Ascher ben Jechiel, der Anfang des 14. Jahrhunderts aus dem „Land der Verfolgung" nach Spanien eingewandert war, neue Impulse. Das religionsgesetzliche Werk *Arba'a Turim* (Vier Reihen [von Edelsteinen]) seines Sohnes Jakob ben Ascher (um 1269–1343) hat über den von Josef Karo (1488–1577) verfaßten *Schulḥan Aruch* (Gedeckter Tisch), dem es zugrunde liegt, die gesamte religionsgesetzliche Diskussion und Praxis der Folgezeit in entscheidender Weise mitbestimmt und ist neben Maimonides' *Mischne Tora* (Wiederholung der Lehre) als die wichtigste mittelalterliche Schrift dieser Art anzusehen.

Den jüdischen Bemühungen um Konsolidierung des Gemeindelebens wirkten im weiteren nur um so stärkere Belastungen durch die christliche Kirche entgegen. Die öffentliche Religionsdisputation des Jahres 1263 von Barcelona, deren Hauptkontrahenten der Converso Pablo Christiani und Nachmanides waren, indiziert die verschärfte Lage und hat sie zugleich weiter zugespitzt. In dieser Zeit entstand auch die judenfeindliche Schrift *Pugio fidei* (Dolch des Glaubens) des Dominikaners Raimund Martini, Mitglied der 1264 gegründeten königlichen Kommission zur Überprüfung des Talmud.

Die zunehmende Einmischung der spanischen Könige in die europäische Politik, angefangen von Alfons X., und insbesondere die Thronstreitigkeiten der zweiten Hälfte des 14. Jahrhunderts, in welche auch Frankreich und England (u. a. aus handelspolitischen Gründen) verquickt waren, haben die politische Ordnung des Innern nach und nach untergraben. Die partikulären Interessen der Aristokratie und (besonders in Aragon) auch des städtischen Bürgertums gewannen die Oberhand; die Stände trotzten der Krone mehr und mehr Privilegien ab. Obwohl der Adel mit jüdischen Steuerpächtern und Financiers arbeitete, hat der ständische Machtgewinn die Stellung der Juden doch fundamental erschüttert. Entscheidender als die Stellung und die Einflußmöglichkeiten (selbst mächtiger) Einzelner war hierbei zweifellos der „Ort" der Juden als Gruppe im Spannungsfeld der sozialen und politischen Gegensätze, sei es in der gesellschaftlichen Wirklichkeit, sei es in der ideologischen Verfestigung fraglos hingenommener Vorurteile.

Gegen Ende des Jahrhunderts, ein Jahr nach dem Regierungsantritt Heinrichs III. (1390–1406), der dem aufsässigen Adel mit harten Maßnahmen beizukommen versuchte, kam es zu Judenverfolgungen bis dahin kaum gekannten Ausmaßes. Sie sind durch Hetzkampagnen des Erzdiakons von Écija, Ferrant Martínez, vorbereitet und ausgelöst worden. Martínez forderte offen die Zerstörung der Synagogen und Tod oder Taufe der Juden. Die Ausschreitungen nahmen ihren Ausgang von Sevilla, wo Martínez 1390, nach dem Tode des Erzbischofs, nahezu freie Hand erhielt, und breiteten sich sowohl in Kastilien wie in Aragon aus, bis hinauf nach Barcelona und Gerona. Es gab eine große Anzahl von Toten, sowohl in Sevilla selbst wie in anderen Städten. Überlebende verkaufte man vielfach als Sklaven; andere ließen sich taufen. Synagogen wurden in Kirchen verwandelt und die jüdischen Viertel okkupiert.

Den Hintergrund dieser katastrophalen Ereignisse, von denen sich das spanische Judentum nicht wieder wirklich erholt hat, bildeten nicht nur die Rivalitäten zwischen der (weltlichen und geistlichen) Aristokratie und dem Königtum, sondern mehr noch die sozialen Spannungen zwischen den Bauern und Handwerkern (mit ihren Zünften) und dem Adel und Patriziat. Der u. a. durch Kriege und Seuchen – die Pest hatte wie andernorts auch in Spanien, besonders in Aragon, bereits Judenverfolgungen hervorgerufen – verursachte Rückgang der Wirtschaft im Spätmittelalter, der schon im 14. Jahrhundert, im mehr landwirtschaftlich orientierten Kastilien früher, im mehr städtischen, durch Handel und Handwerk geprägten Aragon (speziell Katalonien) später einsetzte, hatte in den wirtschaftlich schwachen Bevölkerungsschichten, zu denen auch die Majorität der Juden zählte, nahezu unerträgliche Verhältnisse und damit eine extreme Verschärfung der sozialen Gegensätze herbeigeführt. Es gehört zur Mechanik des Ausbruchs und Ablaufs von Judenverfolgungen und Pogromen bis zum Genozid des 20. Jahrhunderts, daß es in einer solchen Situation nur eines geringen Anstoßes bedarf, um den aus der Not geborenen Haß – irritierbar bis zur Bewußtlosigkeit – gegen Fremdgruppen umschlagen zu lassen, die als solche unschuldig sind. Dieses Moment der Verblendung oder Täuschung, in dessen Dienst im Spanien des ausgehenden 14. Jahrhunderts bewußt oder unbewußt Ferrant Martínez stand, gehört zum Wesen des Judenhasses; er ist ohne dieses Moment nicht zu denken.

Daß die christliche Oberschicht erst vergleichsweise spät eingriff, als die Kraft des Hasses erlahmte, entsprach der langfristigen Interessenlage sowohl des kastilischen Adels wie auch der Großbürger Aragons – weniger des Königtums –, war aber wohl noch mehr eine Folge der für die Oberschicht selbst bedrohlichen Situation des Augenblicks.

Die Bilanz war erschreckend. In einer Reihe von Städten zählten die Toten nach mehreren Hunderten; Gesamtschätzungen sind schwierig. Ferner sollen gegen 20 000 Juden sich dem Christentum zugewandt haben. Von dieser Zeit an datiert das Converso-Problem.

Die Reorganisation der jüdischen Gemeinden, um die sich in Aragon besonders Ḥasdaj Crescas (1340–1410), der nicht nur innerhalb des Judentums, sondern – seiner Beziehung zum Hofe zufolge – auch in nichtjüdischen Kreisen einiges Ansehen genoß, bemüht hat, konnte unter den gewandelten Bedingungen nur Stückwerk bleiben; um so mehr, als längerfristig gesehen der Druck nicht wirklich nachließ. Ḥasdaj Crescas war einer der führenden Vertreter des streng gesetzestreuen Judentums der Zeit. Zugleich philosophisch hochgebildet, versuchte er in kritischer Auseinandersetzung mit der aristotelisch-maimonidischen Philosophie den Auflösungserscheinungen innerhalb des traditionellen Judentums entgegenzutreten. Nach ihm hat insbesondere sein Schüler Josef Albo in ähnlichem Sinne zu wirken versucht. Die Zeit arbeitete gegen sie. Besonders in der Oberschicht war der Wille zur kompromißlosen Identifikation mit der jüdischen Tradition längst gebrochen. Dem christlichen Bekehrungseifer entsprach auf jüdischer Seite eine wachsende Bekehrungsbereitschaft, der freilich weniger die Überzeugung von der Wahrheit der christlichen Lehre als von der Belanglosigkeit des religiösen Bekenntnisses zugrunde gelegen haben mag. Die Geistigkeit weiter, vor allem besitzender und gebildeter jüdischer Kreise scheint durch quasi-aufklärerische Positionen der aristotelisch-maimonidisch-averroistischen Philosophie bestimmt gewesen zu sein. Vor allem in der zweiten Hälfte des 15. Jahrhunderts beklagten und bekämpften Repräsentanten des traditionell-religiösen Judentums immer häufiger den grassierenden Averroismus.

Der äußere Druck tat das übrige. In den Jahren 1411/12 predigte Vicente Ferrer, von missionarischem Eifer besessen, zunächst in Kastilien, dann auch in Aragon die Bekehrung der Juden. 1413 lud der Gegenpapst Benedikt XIII. die Juden Aragons zum Religionsgespräch nach Tortosa ein; es fand in den Jahren 1413/14 statt. Die Hauptgesprächspartner waren der Converso Geronimo de Santa Fé (früher Josua Lorki) und auf jüdischer Seite Serahja ben Isaak Halevi und Josef Albo. Den missionarischen Aktivitäten folgten, in Kastilien bereits 1412 im Zusammenhang mit der Tätigkeit Ferrers, in Aragon erst 1415 nach der Disputation, neue gesetzliche Restriktionen. Eine Welle von Konversionen überschwemmte das Land. Schätzungen belaufen sich auf 50 000, also noch eine weit höhere Zahl als zum Ausgang des 14. Jahrhunderts. Das Converso-Problem mußte sich dadurch entschieden verschärfen, da die christliche Bevölkerung – zu Recht oder Unrecht – nicht gewillt war, die Neubekehrten in vollem Sinne als Christen zu akzeptieren und somit zwischen Altchristen und Neuchristen, die auch mit dem Schimpfwort Marranen belegt wurden, unterschied; ein hochproblematisches Abstammungsdenken, der Gedanke der Reinheit des Blutes, spielte eine ständig wachsende Rolle.

Die Erneuerung der Inquisition im Jahre 1481 und die Berufung Torquemadas zum Großinquisitor im Jahre 1483 sollten der Entwicklung im Sinne kirchlicher und königlicher Kontrolle steuern. Schon 1481 wurden in Sevilla die ersten jüdischen Christen, des „Judaisierens" beschuldigt, verbrannt – es begann die Zeit der *Autos da Fé* (*actus fidei* – Glaubensakte).

Unterdessen war es zur Beendigung des kastilischen Bürgerkrieges, in dem sich Isabella von Kastilien (1474–1504), bereits seit 1469 mit Ferdinand von Aragon (1479–1516) verheiratet, endgültig durchsetzen konnte, und zur Vereinigung der beiden Königreiche gekommen. Die Konsolidierung der königlichen Macht hat allerdings den Untergang des spanischen Judentums nicht mehr aufhalten können. Nach Wiederaufnahme der Reconquista im Jahre 1481 und ihrem erfolgreichen Abschluß durch die Eroberung des Königreichs Granada im Jahre 1492 fiel die Entscheidung zur Vertreibung durch Edikt unter dem Druck einflußreicher städtischer, adeliger und kirchlicher Kreise, auch im Sinne eines Kompromisses zur Verständigung der Krone mit dem adeligen und kirchlichen Großgrundbesitz (97 % der Halbinsel gehörte adligen Familien und dem Erzbischof von Toledo) und schließlich im Wissen um den elementaren Judenhaß der einfachen Bevölkerung Spaniens, das – einst ein Land religiöser Toleranz, soweit dies unter mittelalterlichen Bedingungen möglich war – längst ein Land des Glaubensfanatismus geworden war. Die Krone konnte sich dazu um so leichter verstehen, als die früher vornehmlich von Juden ausgeübten volkswirtschaftlich wichtigen Funktionen inzwischen vielfach von Christen, zu einem großen Teil von Neuchristen, wahrgenommen wurden und überdies die durch das Vertreibungsedikt geschaffene Notlage den Übertritt weiterer Juden, die dadurch zugleich der manipulierbaren Kontrolle der Inquisition unterworfen wurden, erwarten ließ. Zum Teil ging die Rechnung auf. Dennoch war der wirtschaftliche Schaden noch immer belangreich genug.

Die zahlenmäßigen Schätzungen gehen weit auseinander. Es ist nicht ganz unrealistisch anzunehmen, daß von den ca. 9 Millionen Einwohnern des Landes (gut) 2 % Juden waren. Dies würde bedeuten, daß gegen 200 000 Personen von dem Erlaß betroffen waren. Davon mögen sich etwa 50 000 angesichts der Alternative Emigration oder Taufe dem Christentum zugewandt haben. Geht man davon aus, daß es zu diesem Zeitpunkt schon mehr als 70 000, vielleicht gegen 100 000 Conversos gab, so sind etwa 150 000 jüdische Christen in Spanien verblieben und waren andererseits etwa 150 000 ihrem Glauben treue Juden zur Emigration bereit. Eine große Zahl, schätzungsweise bis zu 20 000, fand in den Wirren der Vertreibung den Tod.

Unter denen, die ins Exil gingen, befand sich Isaak Abravanel (1437–1508), Bibelkommentator und Religionsphilosoph von hohem Rang, zweifellos die leitende Gestalt der Generation der Vertreibung; unter denen, die die Taufe der Auswanderung vorzogen, war der achtzigjährige Abraham Seneor, Großrabbiner und Oberrichter der Juden Kastiliens. Beide haben sich bis zuletzt für die Revision des Ediktes eingesetzt.

Eine größere Gruppe der Flüchtlinge wandte sich nach Portugal, wo die Juden indessen bereits 1496/97 ebenfalls vertrieben wurden. Die Mehrzahl floh nach Nordafrika und ins Osmanische Reich, das einzige größere Land, das Zuflucht gewährte.

Die Verfolgung und Vertreibung des spanischen Judentums, der in dieser Zeit nach Zahl und Gewicht bedeutendsten jüdischen Gemeinde nicht nur Europas, sondern überhaupt, einschneidende Ereignisse, durch die schließlich auch das süditalienische Judentum mitbetroffen war und welche andernorts (etwa in Deutschland, dann auch in Norditalien) von ähnlichen Vorgängen geringeren Ausmaßes begleitet oder gefolgt waren, mußten in dieser Zeit allgemeinen Umbruchs und Aufbruchs, eschatologischer Träume und Visionen dem messianischen Gedanken im Judentum mächtigen Auftrieb geben. Man denke etwa daran, daß gegen Ende des 15. Jahrhunderts Dürer seine Apokalypse schuf und Pico della Mirandola sich in einer seiner christlich-kabbalistischen Thesen auf Spekulationen über den Eintritt der Endzeit einließ. So verwundert es nicht, daß der aus Arabien stammende und als jüdischer Prinz auftretende David Reubeni, der so etwas wie einen jüdischen Kreuzzug gegen die Türken predigte, zunächst Erfolg hatte – fand er doch auch bei Papst Clemens VII. (1523–1543) und Johann III. von Portugal (1521 bis 1557) einiges Interesse; und es ist noch weniger überraschend, daß er mit Salomo Molcho gerade von einem portugiesischen Marranen, der – zum Judentum zurückgekehrt – sich zunächst intensiv mit der Kabbala befaßt hatte, unterstützt wurde. Das Unternehmen war trotz anfänglichen Echos und einer gewissen Anhängerschaft nicht zuletzt in Marranenkreisen zum Scheitern verurteilt. Als David und Salomo 1532, der Überlieferung nach mit einer Fahne, auf der in hebräischen Lettern die Aufschrift *Machbi*, die Anfangsbuchstaben der Worte des Bibelverses „Wer ist Dir gleich unter den Mächtigen, Herr" (Ex 15, 11) zu lesen war, zum Reichstag in Regensburg erschienen, um Karl V. (1519 bis 1556) für ihre Pläne zu gewinnen, wurden sie festgesetzt. Sie starben schließlich als Märtyrer ihrer Idee (die freilich abstrus genug war) und als Opfer religiöser Intoleranz: Salomo Molcho in Mantua auf dem Scheiterhaufen, David Reubeni in einem spanischen Kerker, vielleicht durch Gift.

Italien

Das Judentum Italiens ist (neben dem griechischen) das älteste Europas und sieht stellenweise – zum Beispiel in Rom – auf eine kontinuierliche Geschichte von der Antike bis zur Gegenwart zurück; wie es überhaupt trotz zahlreicher, auch schwerer lokaler und regionaler Verfolgungen aufs Ganze gesehen eine weniger leidvolle Entwicklung durchgemacht hat als die Juden der anderen europäischen Länder. Nichtsdestoweniger war seine Geschichte wechselvoll genug.

In der Antike brachte gerade auch hier die Zeit nach der

öffentlichen Anerkennung des Christentums durch Constantin merkliche Verschlechterungen. Dies war nicht nur der staatlichen Gesetzgebung, sondern ebensosehr der Haltung des Kirchenvolkes und kirchlicher Autoritäten zuzuschreiben. Es kennzeichnet die Lage, daß Bischof Ambrosius von Mailand es nach dem Synagogenbrand von Callinicum (am Euphrat) bedauerte, nicht seinerseits die inzwischen durch einen Blitz zerstörte Synagoge von Mailand in Brand gesteckt zu haben.

Die Spannungen zwischen den Ostgoten und Byzanz wirkten sich für die italienischen Juden positiv aus; man suchte das Arrangement. Und als der byzantinische General Belisar im Jahre 536 Neapel belagerte, wurden die Goten von den Juden der Stadt tatkräftig unterstützt. Doch weder die ostgotische Protektion noch die Bemühungen Gregors I., die Juden vor lokalen Übergriffen der Bischöfe zu schützen, hat den Niedergang des italienischen Judentums aufhalten können. Nach den Rückschlägen in der Phase der Zwangstaufen im 7. Jahrhundert, durch die nicht nur das westgotische Spanien und das merowingische Gallien, sondern auch das langobardische Italien betroffen war, gab es von den vielfach blühenden jüdischen Gemeinden der Antike eigentlich nur mehr in Süd- und Mittelitalien nennenswerte Reste, die einer gewissen Zeit der Regeneration bedurften. Vom 9. Jahrhundert an scheint sich die Lage der Juden wieder gebessert zu haben; nicht zuletzt in Sizilien, das von 827 bis 1061 unter islamischer Herrschaft stand, was – ähnlich wie in Spanien – die günstigsten Auswirkungen hatte. Sie siedelten besonders in den Städten und nahmen an der städtischen Entwicklung regen Anteil. Vorweg in Handel und Handwerk tätig, nicht zuletzt als Färber und (Seiden-)Weber, betrieb ein Teil jedoch auch Landwirtschaft, wie ja die mediterranen Städte überhaupt – in der Tradition der Antike – stärker agrarisch orientiert blieben.

Über die Einzelheiten der politischen und gesellschaftlichen Entwicklung des Judentums im frühmittelalterlichen Italien ist vergleichsweise wenig bekannt. Immerhin boten der rechtliche Status und die wirtschaftlichen Bedingungen eine hinreichende

Basis für die Entfaltung eines regen kulturellen Lebens hebräischer Prägung. Die Grabsteine wurden nun nicht mehr wie früher mit lateinischen oder griechischen, sondern mit hebräischen Inschriften versehen. Offenbar erfolgte mit Erstarken des Christentums (und des Islams) auch auf jüdischer Seite eine stärkere Hinwendung und Konzentration auf die eigene religiöse Gruppe und ihre Überlieferung. Zugleich stand diese Entwicklung im Zeichen des Austausches mit dem palästinensischen Judentum. Im Süden (Venosa, Bari, Otranto, Oria), vereinzelt auch im Norden (Lucca), blühten talmudische Akademien. Zumindest Apulien scheint schon frühzeitig auf dem Gebiet des Religionsgesetzes über die Grenzen Italiens hinaus einiges Ansehen genossen zu haben. Die liturgische Dichtung fand in Schefatja ben Amittaj von Oria (9. Jahrhundert) einen namhaften Vertreter, und der Astrologe und Arzt Sabbataj Donnolo (10. Jahrhundert) verfaßte die erste (erhaltene) hebräische Schrift medizinischen Inhalts. Auch das *Sefär Josippon* (Buch Josippons), ein hebräisches Geschichtswerk, das im wesentlichen auf lateinischen Versionen der „Jüdischen Altertümer" *(Antiquitates)* und des „Jüdischen Krieges" (dem sogenannten *Hegesippus*) von Josephus Flavius basiert, entstand im Italien des 10. Jahrhunderts. Schließlich ist als herausragende Leistung noch das talmudische Wörterbuch *(Hä-) Aruch* ([Das] Geordnete) des römischen Lexikographen Natan ben Jechiel (11. Jahrhundert) zu nennen, das weiteste Verbreitung finden und lange das wichtigste Hilfsmittel der wissenschaftlichen Beschäftigung mit dem Talmud bleiben sollte.

Auf die engen Beziehungen vor allem des apulischen Judentums zu Palästina ist es zurückzuführen, daß sich durch Vermittlung des italienischen Judentums der zur palästinensischen Gruppe gehörige aschkenasische Ritus der jüdischen Liturgie ausbildete, dem das mitteleuropäische und das osteuropäische Judentum gefolgt sind, während das spanische Judentum im sefardischen Ritus die babylonische Tradition fortgesetzt hat. Das (bodenständige) italienische Judentum hat selbst indes einen eigenen, sowohl vom sefardischen wie vom aschkenasischen unterschiedenen Ritus entwickelt, der dem letzteren freilich nähersteht.

Die Verhältnisse änderten sich im Hochmittelalter anfänglich nicht, so daß sich das italienische Judentum dieser Zeit zu einem der führenden Europas entwickeln konnte, wenngleich es an Zahl – genauere Schätzungen sind nicht möglich – trotz ansteigender Tendenz relativ gering blieb.

Ungeachtet der einstweilen noch vergleichsweise ungestörten Entwicklung begann sich jedoch bereits im 12. Jahrhundert die Problematik des christlich-jüdischen Verhältnisses, wie sie die Widersprüchlichkeit insbesondere der päpstlichen Judenpolitik mit sich bringen mußte, deutlich abzuzeichnen. Einerseits konnte aus der zum Christentum übergetretenen jüdischen Familie der Pierleoni der (Gegen-)Papst Anaklet II. (1130–1138) hervorgehen, konnte Jechiel Anaw, der Neffe des *Aruch*-Autors Natan ben Jechiel, zum Finanzverwalter Papst Alexanders III. (1159–1181) werden und gab es zudem eine judenfreundliche kirchliche Gesetzgebung, die die Sicherheit von Person und Eigentum sowohl wie die Freiheit der Religionsausübung gewährleistete und konsequenterweise Zwangskonversionen untersagte. Andererseits aber machte sich um etwa dieselbe Zeit die Tendenz zunehmender Diskriminierung und Entrechtung bemerkbar. Das III. Laterankonzil (1179) verbot den Juden die Anstellung christlichen Personals. Das IV. (1215), von Innozenz III. einberufen und vielfach als Wendepunkt der päpstlichen Judenpolitik angesehen, ging weit darüber hinaus. Es wandte sich gegen überhöhte Zinsforderungen, was immer darunter zu verstehen sein sollte, sprach kreuzzugswilligen Schuldnern Vergünstigungen auf Kosten ihrer jüdischen Gläubiger zu und schrieb zu alledem vor, daß Juden und Muslime von den Christen in ihrer Kleidung unterscheidbar sein sollten. (In der Praxis setzten sich u. a. ein gelber Fleck oder Ring als Aufnäher auf dem Obergewand, andernorts auch der spitze Judenhut durch.)

Die Verschärfung der kirchlichen Judengesetzgebung ging Hand in Hand mit dem Ausbau der politischen Machtstellung des Papsttums, eine Entwicklung, die im 13. Jahrhundert durch die Bettelorden, vorweg die Dominikaner, unterstützt wurde. In den Städten ansässig, befanden sich diese in unmittelbarem Kontakt mit dem städtischen Bürgertum sowohl wie mit dem mehrheitlich ebenfalls städtischen Judentum. Als Domäne der weltlichen Macht (die nicht selten freilich durch geistliche Herren ausgeübt wurde), dieser vielfach verpflichtet, auch ihre Stütze, mußte das Judentum zwangsläufig zum Opfer der Auseinandersetzungen werden. Kirchliche Versuche, die Juden als Juden einer wirksameren Kontrolle zu unterwerfen, konnten kaum von durchschlagendem Erfolg sein. So nahmen in der Zeit nach dem Regierungsantritt Friedrichs II. (1212–1250) die christlich-jüdischen, besser die kirchlich-jüdischen Spannungen zu. Die Pariser Ereignisse um den Talmud, die 1242 mit dessen Verbrennung endeten, führten auch zur päpstlichen Verurteilung des talmudischen Schrifttums und wirkten sich damit auch in Italien aus. Der Konversionsdruck stieg – nur durch den Übertritt konnte die jüdische Gruppe effektiv unter die Botmäßigkeit der Kirche gebracht werden. 1278 wurde in der Lombardei die Praxis der zwangsweisen Anhörung von Konversionspredigten eingeführt. Demgegenüber genossen die Juden, soweit die Macht und der Einfluß Friedrichs II. reichte, eine geradezu privilegierte Stellung. Er übertrug ihnen das Monopol der Seidenweberei, der Färberei und des Außenhandels und suchte sie gegen bischöfliche Abgabenforderungen abzuschirmen – gerade dies rückt die Rivalität der geistlichen und weltlichen Macht bezüglich der Juden ins hellste Licht. Seine in den genannten Punkten judenfreundliche Politik hinderte Friedrich freilich andererseits nicht, auf die Durchführung der päpstlichen Unterscheidungsbestimmung zu dringen. Dennoch nahm er an den Juden auch ein kulturelles Interesse, das sich jedoch weniger auf ihre religiöse Tradition als vielmehr darauf bezog, daß sie vielfach Vertreter einer fortgeschrittenen städtischen Lebensart waren, wie sie sich vornehmlich in der islamischen Welt herausgebildet hatte. In seinem Auftrag arbeitete in Neapel der aus der Provence stammende Jakob ben Abba Mari Anatoli, zeitweise – wie es scheint – in Zusammenarbeit mit Michael Scotus, dem Hofastrologen Friedrichs II., an der Übersetzung astronomischer und philosophischer Schriften (des Averroes und wohl auch des Maimonides) aus dem Arabischen ins Lateinische. Für die innerjüdische Entwicklung sei lediglich verwiesen auf den Exegeten Menaḥem ben Salomo aus Rom, dessen 1139 verfaßter homiletischer Psalmenkommentar große Popularität erlangte und auf den die endgültige Gestalt des sogenannten römischen oder italienischen Ritus der jüdischen Liturgie zurückgehen soll, auf den Dezisor Jesaja ben Elija di Trani (gestorben um 1280) sowie auf den Religionsphilosophen Hillel von Verona (um 1220–1295), der in Spanien studierte und sich mit philosophisch-theologischen Schriften des Thomas von Aquin vertraut zeigt. Hillel gehört indessen bereits der Generation des Übergangs an, der zur Verlagerung des Schwerpunkts des jüdischen Lebens vom Süden zum Norden führen sollte.

Das entscheidende politische Ereignis, durch das diese Entwicklung vorbereitet wurde, war die durch Papst Urban IV. (1261–1264) in die Wege geleitete Übernahme der Herrschaft in Süditalien durch das Haus Anjou. 1265, unter Clemens IV. (1265–1268), rückte Karl I. von Anjou mit Heeresmacht in Italien ein und blieb gegenüber den Staufern siegreich, sowohl gegen Manfred (1266) wie später gegen Konradin (1268). Obwohl die Vertreter des Hauses Anjou das kulturelle Erbe ihrer Vorgänger zu wahren suchten und beispielsweise die Übersetzungstätigkeit aus dem Arabischen (und Hebräischen) fortgesetzt wurde, machten sich die rechtlichen und politischen Folgen des Machtwechsels schon bald mit Nachdruck bemerkbar. Bereits im Jahre 1270 setzte eine Kampagne gegen den Talmud ein, die allem Anschein nach in Neapel zur Verbrennung talmudischer und liturgischer Schriften geführt hat. Doch war dies nur erst der Anfang.

Im Jahre 1290 genügte eine Ritualmordbeschuldigung gegen die Juden von Trani als Vorwand zu dem Versuch einer radikalen Bereinigung der jüdisch-christlichen Probleme Süditaliens, wobei allerdings von Sizilien abzusehen ist, das 1282 an die

Krone Aragons gefallen war. Von Karl II. von Anjou vor die Alternative Taufe oder Tod gestellt, wandten sich zahlreiche Juden dem Christentum zu, andere flohen. Die Ereignisse waren von massiven Ausschreitungen begleitet, die Folgen verheerend. Allein in Trani wurden vier Synagogen in Kirchen verwandelt. Das süditalienische Judentum, das damals um 12 000 bis 15 000 Personen gezählt haben mag, ging nicht völlig zugrunde; doch seine Blütezeit nahm damit jäh ein gewaltsames Ende.

Durch Flüchtlinge aus dem Süden, auch durch Zuwanderer aus Rom, das zu Beginn des 14. Jahrhunderts infolge der Verlegung des Heiligen Stuhles nach Avignon einen Niedergang erlebte, gewann nunmehr das norditalienische Judentum schon rein zahlenmäßig beträchtlich an Gewicht. Offenbar waren die Gemeinden des Nordens in der Lage, den Zustrom aufzufangen. Es bot sich ein Beschäftigungsbereich, in dem eine große Zahl ihr Auskommen finden konnte: die Geldleihe. War das Geldgeschäft bislang nur eine unter vielen beruflichen Betätigungen der italienischen Juden gewesen, so stellte sich jetzt eine gewisse Einseitigkeit her. Ein gesteigerter Kreditbedarf im privaten wie im geschäftlichen Bereich, etwa bei den kleinen Kaufleuten, das kirchliche Verbot des Geldverleihs gegen Zins, dem die Christen unterworfen waren, die Schwierigkeit, im Norditalien des 14. Jahrhunderts als Jude in Handel und Handwerk unterzukommen, wirkten zusammen. Immerhin bot die Geldleihe die Möglichkeit, einen ausreichenden Lebensunterhalt zu gewinnen. Vielfach reichte es sogar zu einem wenn auch bescheidenen Wohlstand. (Religiöse Bedenken gegenüber der Zinsnahme gab es jüdischerseits wie christlicherseits, doch sie wurde der Praxis der Not und Notwendigkeit zufolge zwischen Juden und Christen geduldet.) Die Entwicklung führte – wohl zum Vorteil der Gesamtjudenheit Italiens – vorweg nicht zur Anhäufung großer Vermögen in der Hand weniger, sondern tendierte eher zu einer größeren Streuung des Besitzes, so daß eine große Zahl von Juden ihr mehr oder weniger gutes Auskommen finden konnte.

Dies wirkte sich auch dahin aus, daß eine verhältnismäßig

große Gruppe der italienischen Juden mit der nichtjüdischen Umwelt, auch mit gehobenen Bevölkerungsschichten, in relativ engen Kontakt kam und so eine gewisse Angleichung in Denkweise und Lebensart statthaben konnte. Tatsächlich zeichnet sich das Renaissancejudentum Italiens durch einen vergleichsweise hohen Grad des Anschlusses an den allgemeinen Lebensstil aus.

Eine verheißungsvolle Entwicklung, die indes keineswegs völlig ungestört verlief. Wie die Pariser Talmudverbrennung von 1242, so hatte auch das Religionsgespräch von Tortosa in den Jahren 1413/14 und die 1415 erlassene judenfeindliche Bulle des (Gegen-)Papstes Benedikt XIII. (1394–1423) Nachwirkungen in Italien. Wenig später initiierten die Franziskaner eine antijüdische Hetze, die insbesondere von Giovanni da Capistrano (1386–1456), einem Mann von fanatischem Haß gegen Ketzer und Juden, getragen wurde. Die Juden intervenierten beim Papst, und in der Tat kam Martin V. (1417–1431) ihnen 1422 mit einem Edikt zu Hilfe, in dem die Franziskaner verwarnt wurden, die Bevölkerung nicht gegen die Juden aufzuhetzen. Doch auch dies war nur ein Erfolg auf Zeit. Capistrano wußte seinen Einfluß geltend zu machen und den Papst dazu zu bewegen, sein Schreiben zurückzuziehen. Schließlich trat im Jahre 1442 Papst Eugen IV. (1431–1447) mit einer extrem judenfeindlichen Bulle hervor, deren Bestimmungen in erster Linie gegen die spanischen Juden gerichtet waren, dann aber – wie es scheint – auf die italienischen Juden ausgedehnt worden sind.

Aufgrund der erschwerten Lebensbedingungen verließen in der Folgezeit zahlreiche Juden den Kirchenstaat, um sich nach Mantua und Ferrara unter die Herrschaft der Gonzage und Este zu begeben. Indessen hielt man in Rom an der restriktiven Judenpolitik nicht konsequent fest. Aufs Ganze gesehen verschlechterte sich die Lage der Juden im Italien des 15. Jahrhunderts jedoch kontinuierlich. Waren sie aus dem großen Kreditgeschäft schon längst so gut wie verdrängt, so wurde nunmehr auch die schmale Basis der Pfandleihe, „ihrem Wesen nach eher eine soziale als eine wirtschaftliche Aufgabe“ [10], mit fortschreitender Zeit enger und enger. Nicht zuletzt durch das Aufkommen und die Verbreitung der *Monti di Pietà* („Wohltätigkeitsfonds“), karitative Darlehensinstitute, deren soziale Funktion ganz unstreitig ist, die aber dessen ungeachtet die ohnedies bescheidene Existenzgrundlage des jüdischen Bevölkerungsteils weiter untergruben.

Soweit sie als schlichte Pfandleiher tätig waren, und das waren viele, drohten die Juden nun überflüssig zu werden. Und wie in der Regel nicht der notwendige und weniger der nützliche, sondern in erster Linie der unnütze, d. h. der gesellschaftlich funktionslose „Fremde“ angefeindet wird, so gerieten sie nunmehr zunehmend in Verruf. Den vorläufigen Höhepunkt der weiterhin vor allem durch die Franziskaner betriebenen antijüdischen Verhetzung der Bevölkerung bildete die Trienter Ritualmordbeschuldigung des Jahres 1475, derzufolge Trienter Juden den (1478 kanonisierten) Knaben Simon Unverdorben rituell geschlachtet haben sollten.

Das ganze 14. und 15. Jahrhundert hindurch, bis in die Zeit der Krise hinein, hat das italienische Judentum eine ausgebreitete kulturelle und intellektuelle Aktivität entfaltet. An der Wende vom 13. zum 14. Jahrhundert lebte und wirkte der Exeget Menaḥem ben Benjamin Recanati, dessen kabbalistischer Pentateuchkommentar (mit ausgiebigen *Sohar*-Zitaten) u. a. über Reuchlin auch die christliche Kabbala beeinflußt hat. Für den engen Kontakt und die intensive Auseinandersetzung mit der Kultur der christlichen Umwelt mögen der Dichter Immanuel (ben Salomo) aus Rom (1265 bis ca. 1330), ein Mann universaler Bildung, der sich durch Dantes *Divina Commedia* zu einer eigenwilligen hebräischen Dichtung des Titels „Hölle und Himmel“ inspirieren ließ, und sein Vetter Jehuda ben Mose Romano stehen, der eine Reihe von Texten der christlichen Scholastik, darunter solche von Thomas von Aquin, Johannes Duns Scotus und Wilhelm von Ockham, aus dem Lateinischen ins Hebräische übersetzt hat. Ähnlich wie Immanuel aus Rom versuchte sich Mose ben Isaak (di) Rieti (1388–1460), zuletzt Hauptrabbiner in Rom und Leibarzt Pius’ II. (Enea Silvio Piccolominis) in der Nachfolge Dantes; seine in Terzinen verfaßte Dichtung über das

Paradies ist indes nur fragmentarisch überliefert. Schließlich seien noch der Paduaner Philosoph aristotelisch-averroistischer Orientierung Elija Delmedigo (Mitte des 15. Jahrhunderts bis 1497), Lehrer und Freund Pico della Mirandolas, und für die traditionelle jüdische Wissenschaft Obadja Bertinoro (gest. nach 1500) genannt, der 1486 nach Jerusalem auswanderte; der Mischna-Kommentar Bertinoros ist so unentbehrlich geworden, daß er seit der Mitte des 16. Jahrhunderts dem Mischnatext beigedruckt zu werden pflegt.

In Süditalien fand die jüdische Geschichte um die Wende vom 15. zum 16. Jahrhundert ihr vorläufiges Ende. Sizilien und Sardinien gehörten bereits zur Zeit der Verkündigung des spanischen Vertreibungsedikts zur Krone Aragons und waren somit von Anfang an mitbetroffen. Bis zum Januar 1493 sollen ca. 40 000 Juden Sizilien verlassen haben. In Sardinien war die Zahl der Betroffenen sehr viel geringer.

Im Jahre 1503 geriet auch Neapel, das zahlreichen Flüchtlingen sowohl aus Spanien selbst wie auch aus Sizilien und Sardinien Zuflucht geboten hatte, unter spanische Herrschaft. Damit mußte es auch hier früher oder später zur Ausweisung kommen. 1510 angeordnet, war jedoch zunächst die Durchführung zögernd; zudem gab es Ausnahmebestimmungen für eine Reihe wohlhabender Familien. Doch war der Prozeß der Vertreibung in Gang gebracht, und 1541 wurden auch die Ausnahmebestimmungen aufgehoben.

In Mittel- und Norditalien brachte die erste Hälfte des 16. Jahrhunderts eine Nachblüte jüdischen Lebens. Es erwies sich, daß die *Monti di Pietà* keineswegs in der Lage waren, allen Bedürfnissen zu genügen und neben ihnen das wirtschaftlich geführte Kreditgeschäft, wie zahlreiche Juden es betrieben, seine Funktion behielt. Tatsächlich gelang es in dieser Zeit wirtschaftlicher Expansion und wachsenden Kapitalbedarfs und Geldumlaufs einer Reihe von Juden sogar, im Geldgeschäft größere Vermögen zusammenzubringen; wobei etwa an Ascher Meschullam (Anselmo) del Banco von Padua und die toskanische Familie da Pisa zu denken ist. Die Päpste der Hochrenaissance Julius II. (1503–1513), Leo X. (1513–1522), Clemens VII. (1523–1534) und Paul III. (1534–1549) waren den Juden wohlgesonnen, und nicht nur im Ferrara der Este und im Mantua der Gonzaga, auch im Florenz der Medici und in der Republik Venedig, die freilich 1516 den Ghettozwang einführte, ließ sich als Jude leben.

Die Voraussetzungen waren günstig genug, und das geistige Leben nahm einen entsprechenden Aufschwung; vorwiegend im Sinne eines übergreifenden, universalen, die Grenzen der eigenen religiösen Gruppe und Kulturtradition sprengenden Interesses – wie es in dieser Zeit auch auf christlicher Seite, z. B. bei Ficino und Pico, in Deutschland auch bei Reuchlin zu finden ist. Wenn die Juden irgendwo als Gruppe, jedenfalls aber durch hervorragende Einzelne, an Renaissance und Humanismus nennenswerten Anteil genommen haben, so in Italien. Hier ist u. a. der Exeget und Philosoph Obadja Sforno (um 1475–1550), der zugleich umfassende rabbinische Kenntnisse besaß, einer der Hebräischlehrer Reuchlins, zu nennen; vor allem aber der aus Deutschland stammende, aber schon früh nach Italien ausgewanderte jüdische Humanist Elija Levita, auch Bachur genannt (1469–1549), der zeitweise in Rom im Hause des Kardinals Egidio da Viterbo als Sprachlehrer tätig war sowie später in Isny im Allgäu mit dem christlichen Hebraisten Paulus Fagius zusammenarbeitete und dessen entscheidende Leistungen auf dem Gebiet der hebräischen Sprachwissenschaft und der Geschichte der Überlieferung des hebräischen Bibeltextes liegen. (Sebastian Münster hat sich an seinen Schriften nachhaltig orientiert.) Ferner waren der Geograph Abraham Farissol aus Südfrankreich sowie die Chronisten Salomo ibn Verga aus Spanien und Josef ha-Kohen aus Südfrankreich im Italien der Renaissance tätig. Besondere Hervorhebung verdient der Historiker Asarja dei Rossi (1513–1578), dessen Schrift *Me'or Enajim* (Licht der Augen) bedeutenden Einfluß auf die jüdische Aufklärung und die Anfänge der „Wissenschaft des Judentums", der heutigen Judaistik, ausgeübt hat. Wie nahe sich Juden und Christen damals gekommen waren, zeigen überdeutlich die

Dialoghi d'Amore von Jehuda (ben Isaak) Abravanel (um 1460 bis 1535), bekannter unter dem Namen Leone Ebreo, die gerade außerhalb des Judentums den weitesten Leserkreis finden und eine ganz ungewöhnliche Wirkungsgeschichte haben sollten – so sehr entsprach der jüdische Neuplatonismus dieser Schrift dem christlichen Denken der Zeit.

Angesichts dieser Entwicklung ist es wenig verwunderlich, daß die Geschichte des hebräischen Buchdrucks von Italien ihren Ausgang genommen hat. Zu den bedeutendsten frühen Druckern hebräischer Werke gehören Onkel und Neffe Josua Salomo und Gerschom ben Mose Soncino (nach dem gleichnamigen Ort in der Lombardei) und auf christlicher Seite Daniel Bomberg (Venedig).

Um die Mitte des 16. Jahrhunderts fand diese Nachblüte jüdischen Lebens im Italien der Renaissance im Zuge der allgemeinen Verschärfung der religiösen Gegensätze, die die Kirchenspaltung hervorgerufen hatte, vor allem durch die katholische Reaktion auf diese Ereignisse: die Gegenreformation, ihr Ende. Es begann mit den Talmudverbrennungen des Jahres 1553 unter Julius III. (1550–1555). Zwei Jahre später folgte Paul IV. (1555–1559) mit einer ganzen Serie restriktiver Maßnahmen, darunter dem Verbot jeglicher kommerziellen Tätigkeit mit Ausnahme des Lumpenhandels. 1556 ließ derselbe Papst in Ancona 25 Marranen, der Rückkehr zum Judentum beschuldigt, dem Feuertod übergeben, als sie die Auslösesumme von 50 000 Dukaten nicht rechtzeitig aufbringen konnten. Und schließlich verordnete Pius V. (1566–1572) die Vertreibung der Juden von den päpstlichen Territorien; Rom und Ancona wurden von dieser Regelung ausgenommen. Nach vorübergehender Wiederzulassung unter Sixtus V. (1585–1590) erfolgte unter Clemens VIII. (1592–1605) im Jahre 1593 die endgültige Ausweisung aus dem Kirchenstaat mit Ausnahme von Rom, Ancona und Avignon. Eine Reihe weiterer italienischer Staaten folgte dem päpstlichen Beispiel und traf vergleichbare Regelungen, so daß das jüdische Leben Italiens – vielfach mehr einem Überleben gleichend – in den folgenden beiden Jahrhunderten, dem

Zeitalter des Ghetto, durchweg beträchtlichen Beschränkungen unterworfen war und blieb.

(Nord-)Frankreich und Deutschland bis zum 1. Kreuzzug

In den Ländern Galliens und Germaniens, des späteren Frankreich und Deutschland, waren in den Teilen, die zum römischen Reiche gehörten, ebenso wie in Italien und auf der Iberischen Halbinsel bereits in der Antike Juden ansässig: im Süden Frankreichs, der wirtschafts-, sozial- und kulturgeschichtlich, lange Zeit auch politisch mit (Nord-)Spanien verbunden war, früher; im Norden Frankreichs und im Westen Deutschlands (vor allem am Rhein) später. Für Arles haben archäologische Funde die Anwesenheit von Juden bereits im 1. Jahrhundert bestätigt. Für das 4. Jahrhundert ist ihre Präsenz auch weiter nördlich, in Metz und Poitiers, ausgewiesen, und für das 5. Jahrhundert gibt es bereits eine ganze Fülle von Hinweisen, die sich allerdings schwerpunktmäßig weiterhin auf den Süden beziehen.

Die früheste historische Auskunft über jüdische Ansiedlungen in Deutschland bezieht sich auf das 4. Jahrhundert. Damals gab es in Köln bereits eine ausgebildete jüdische Gemeinde mit Rabbinern, Synagogenvorstehern, Ältesten und anderen Beamten. Hiernach dürfte dies nicht die einzige Niederlassung in diesem Raume gewesen sein, sondern werden auch in anderen rheinischen Orten damals bereits Juden gelebt haben. Die jüngere Überlieferung vom vorchristlichen Alter des deutschen Judentums ist jedoch eine Legende, die dazu dienen sollte, die deutsche Judenheit vom Vorwurf der Verantwortlichkeit für den Tod Christi zu entlasten.

Wieweit das mittelalterliche Judentum des nördlichen Frankreich und Deutschlands auf Gruppen zurückgeht, die dort bereits in der Antike ansässig waren, ist schwer zu entscheiden. Jedenfalls hat es späterhin bemerkenswerte Zuwanderungen gegeben; daneben ist mit einer durchaus nennenswerten Zahl von Konversionen – insbesondere von Abhängigen (Sklaven) – zu rechnen. Wenn zur Zeit Ludwigs des Frommen (814–840) ein Mann wie der Diakon Bodo vom königlichen Hofe sich dem Judentum glaubte anschließen zu sollen, so ist dies aufschlußreich genug und als Ausnahmeerscheinung wohl nur insofern zu werten, als es sich um einen kirchlichen Würdenträger handelte.

Die Zuwanderung erfolgte aus Italien (gerade auch nach Deutschland) und Südfrankreich, wobei das südfranzösische Judentum sich bereits im 7. Jahrhundert infolge der judenfeindlichen Politik der Westgoten durch spanische Flüchtlinge verstärkt hatte. Das wechselvolle Schicksal der Juden in merowingischer Zeit erreichte seinen Tiefstpunkt parallel zur allgemeinen Entwicklung im „tragischen 7. Jahrhundert“ [11], da infolge von Barbarenstürmen, Stadtflucht und Seuchen besonders des Schwarzen Todes, der seit 543 über fünfzig Jahre lang in Italien, Spanien und Gallien wütete, alles höhere soziale Leben zusammenzubrechen drohte und die Bevölkerung dahinschmolz. Für die jüdische Geschichte des späteren Frankreich ist dieser Niedergang zugleich mit dem Namen König Dagoberts I. (628–637) verknüpft, der die Juden durch die Taufe der christlichen Bevölkerung einzugliedern oder aber des Landes zu verweisen suchte. Freilich sind Voraussetzungen und Erfolg dieses Beschlusses wenig erhellt. Zwangsbekehrungen auch heidnischer Gruppen (nach ihrer militärischen Unterwerfung) sollten – teilweise mit dem gleichen Mißerfolg – noch lange üblich bleiben.

Indessen hat sich im 8., spätestens im 9. Jahrhundert das jüdische Leben in Frankreich auf vergleichsweise breiter Basis einigermaßen erholt, insbesondere in den Hafenstädten. Der sich entfaltende (Fern-)Handel liegt großenteils in der Hand von Juden – es ist die Zeit der Rahdaniten, wie die jüdischen Fernhändler in einer arabischen Quelle genannt werden – und darauf ist es wohl zurückzuführen, daß Juden auch am Schiffsbau interessiert und beteiligt sind. Ferner findet man sie im agrarischen Bereich, vor allem im Weinbau. Sowohl die Händler wie die Weinbauern kommen als Geldverleiher in Frage. Auch treten sie als Pächter und Agenten geistlicher und weltlicher Herren auf. Dagegen werden nur vereinzelt Ärzte erwähnt.

Die Karolinger, ganz besonders Karl der Große, begünstigen die Niederlassung von Juden. Die Ausweitung des Handels, die damit intendiert ist, soll zweifellos in erster Linie der königlichen Zentralmacht zugute kommen, bringt aber zwangsläufig ganz allgemein eine gewisse Wiederbelebung städtischen Wesens und städtischer Funktionen mit sich.

In Aachen, in der Nähe des kaiserlichen Hofes, scheint es eine geschlossene Gruppe von Juden gegeben zu haben; was für andere Städte des Rheingebietes und weiter östlich zweifelhaft, ja eher unwahrscheinlich ist. Auch war die Gesamtzahl zumindest der in den später deutschen Gebieten siedelnden Juden gering. Ihre soziale und rechtliche Stellung waren – wie schon in der weströmischen Antike – entscheidend durch das Nebeneinander und die unterschiedlichen, vielfach gegenläufigen Interessen der geistlichen und der weltlichen Gewalt, der Kirche und des Staates, bestimmt; ein Spannungsverhältnis, das 754 durch Pipins Arrangement mit Stephan II. (752–757) und der daraus folgenden Entstehung des Kirchenstaates, die den Papst zum weltlichen Herrscher machte, eine neue Basis erhielt, aber andererseits auch zwischen dem König und den Bischöfen auszutragen war.

Kirchliche Verbote der Mahlgemeinschaft mit Juden, wie sie ähnlich dem bereits im frühen 4. Jahrhundert in Spanien (Elvira) erlassenen in Vannes 465, Agde 506, Epaon 517 formuliert wurden, lassen vermuten, daß zu dieser Zeit in den betreffenden Gebieten das jüdisch-nichtjüdische Verhältnis gut war. Ähnliches gilt für das karolingische Frankreich. Nichtsdestoweniger gab es für die Juden, die ja allenthalben als Fremde galten, in einer Zeit, da eine kirchliche Synode es noch ausdrücklich einschärfen mußte, daß der Mord aus Habgier, auch an Heiden und Juden verübt, verbrecherisch sei, ein hohes Schutzbedürfnis. Diesem Schutzbedürfnis kam die weltliche Gewalt entgegen, um ihren Vorteil daraus zu ziehen. Die Gewährung des Schutzes schloß die Berechtigung zu bestimmten Betätigungen ein – hieraus entwickelte sich der königliche Kaufmannsschutz und das Kaufmannsrecht der Geschützten –, eine Privilegierung, für die natürlich zu zahlen war. Daß solcherart die weltliche, zunächst vor allem die königliche Gewalt durch Juden, die dem unmittelbaren Zugriff der kirchlichen Gesetzgebung entzogen waren, eine vielfach nicht unbeträchtliche Stärkung erfuhr, konnte den christlichen-jüdischen Gegensatz nur verschärfen und mußte zur Intensivierung der kirchlichen Bemühungen führen, die jüdische Gruppe durch Missionierung nach und nach der eigenen Gesetzgebung zu unterwerfen.

Auf diesem Hintergrund ist die judenfeindliche und zugleich missionarische Aktivität des Bischofs Agobard von Lyon (779 bis 840) zu sehen, der mit Hetzpredigten und antijüdischen Schriften hervortrat und durch die Taufe Abhängiger und Kinder (in Abwesenheit ihrer Eltern) vollendete Tatsachen zu schaffen suchte. Er geriet damit in scharfen Gegensatz zu Ludwig dem Frommen, der durch die offenbar einflußreiche Judenschaft Lyons zum Einschreiten bewogen wurde. Agobard mußte schließlich nachgeben; er hat die Stadt sogar zeitweise verlassen. Sein Nachfolger Amulo, der ebenfalls in judenfeindlichem Sinne tätig wurde, blieb unter Karl dem Kahlen (840–877) ähnlich erfolglos.

Der in diesen Auseinandersetzungen zum Vorschein kommende Gegensatz mußte allerdings in der weiteren Entwicklung, sobald die kirchlichen Interessen, sei es aufgrund der Schwäche der weltlichen Zentralgewalten, sei es aufgrund des wachsenden Gewichtes von Kirche und Papsttum sich nachdrücklicher geltend machen konnten, für die Judenheit gravierende Konsequenzen haben, wie sich später unter Innozenz III. (1198–1216) auch wirklich zeigen sollte. Allerdings ist in Rechnung zu stellen, daß das Verhältnis der Kirche zum Judentum keineswegs gradlinig feindselig war, um so weniger als sowohl der Papst wie auch zahlreiche Bischöfe als (quasi-)weltliche Herrscher noch ganz andere als im engeren Sinne und unmittelbar kirchliche Interessen verfolgten. Die Verhältnisse in Deutschland werden dies hinreichend deutlich machen.

Einstweilen nahmen die Juden indes eine durchaus privilegierte Stellung ein und war auch der vornehmlich durch die weltliche Gewalt gewährte Schutz einigermaßen wirksam. Initiativen wie diejenigen Agobards und Amulos, mochten sie auch in einer Reihe judenfeindlicher Bestimmungen der Synoden von Meaux und Paris (845/46) ihren Niederschlag finden, richteten wenig aus.

Die inzwischen eingetretene Besiegelung der Reichsteilung durch den Vertrag von Verdun im Jahre 843 hat die Situation der Juden nicht merklich verändert. Das Territorium des Reichs Karls des Großen blieb für sie einstweilen ein relativ einheitliches Siedlungsgebiet. Es folgte eine Zeit im großen und ganzen stetiger, aber nicht allenthalben ungestörter Entwicklung, die in der zweiten Hälfte des 11. Jahrhunderts einen gewissen Höhepunkt erreichte, aber noch vor der Jahrhundertwende einen entscheidenden Rückschlag erlitt.

Die Lage war regional sehr verschieden. Im Westen – unter den Kapetingern, die mit Hugo Capet (987–996) zur Königswürde gelangten – war die Situation unsicher und wechselvoll. Die Dynastie war schwach, der kirchliche Einfluß vergleichsweise groß. Insbesondere erwies sich unter Robert II. (996 bis 1031) Bischof Fulbert von Chartres als starker Mann. Er verfolgte eine ausgesprochen judenfeindliche Politik; gegen Ende des Jahrhunderts ganz ähnlich Bischof Ivo von Chartres. Wieweit diese Haltung der offiziellen Kirche gerade auf eine weitreichende und geglückte Integration der jüdischen Gruppe hinweist, ist eine andere Frage. (In Deutschland war die bischöfliche Judenpolitik durchweg ganz anderer, ja vielfach entgegengesetzter Orientierung.) Robert dem Frommen wird ein Beschluß zugeschrieben, wonach die Juden durch Androhung der Todesstrafe zur Taufe gezwungen werden sollten. Folgenreicher als dieser 1007 gemachte Versuch zur gewaltsamen Christianisierung scheinen – wenigstens für die Gemeinden zwischen der Loire und der unteren Seine (Rouen) – die Unruhen und Verfolgungen gewesen zu sein, die 1010 anläßlich der Zerstörung der Kirche des Hl. Grabes ausbrachen; die Juden wurden für die Zerstörung mitverantwortlich gemacht. (Das Motiv der gemeinsamen Haftbarmachung von Judentum und Islam ist für das Mittelalter charakteristisch.) In Lyon kam es 1049 zu Unruhen, denen zahlreiche Juden zum Opfer fielen. Auch der Süden blieb nicht verschont. Im Jahre 1063 fielen militärische Haufen, die zur Unterstützung des Kampfes gegen den Islam nach Spanien unterwegs waren, über südfranzösische jüdische Gemeinden her.

Angesichts dieser Ereignisse ist es wenig verwunderlich, daß sich Teile des französischen Judentums nach (Nord-)Osten, Reims, Troyes und Ramerupt, und weiter nach Deutschland wandten. (1013 finden wir die erste Autorität des deutschen und nordfranzösischen Judentums seiner Zeit, Gerschom ben Jehuda, in Mainz.) Dies waren die ersten Anfänge oder Vorläufer der auf die Nord-Süd-Wanderung folgenden West-Ost-Wanderung der europäischen Juden, die später in wachsendem Maße weiter nach Osten führte. Doch ist das französische Judentum durch die lokalen und regionalen Krisen und die Abwanderungen, die sie zur Folge hatten, nicht wirklich dezimiert worden.

Nach ihrer Berufs- und Siedlungsstruktur waren die Juden Nordfrankreichs, das im hebräischen Schrifttum *Zarefat* heißt, während der Süden *Provinzia* (von lateinisch *Provincia* und analog zu *Provence*) genannt wird, ähnlich wie die des Südens, Spaniens und Italiens, vorwiegend ein städtisches Element und nur zum kleineren Teile (wie eine Reihe von jüdischen Landwirten und Weinbauern im Mâconnais) auf dem Lande ansässig. Trotzdem unterschieden sie sich von denen der Mittelmeerländer beträchtlich – dem unterschiedlichen Charakter der nördlichen und mediterranen Städte entsprechend. Anders als im Süden, besonders im islamischen Spanien, wo sie in einer Umwelt zweifellos überlegener Kultur lebten, wohl auch der in vieler Hinsicht prekären Situation zufolge, war die Abschließung relativ streng und lag alles, was man weltliche Kultur nennen kann, außerhalb ihres Gesichtskreises. Kaum zu Unrecht galten sie als äußerst fromm. – All dies trifft ähnlich für Deutschland zu. Trotz dieser Isolierung bildete das französische Judentum dieser Zeit eine lebenskräftige Gemeinschaft, die gerade aufgrund der organisatorischen und intellektuellen Konzentration auf die eigene Gruppe und ihr Erbe auf dem Felde der Pflege und Fortentwicklung der religiösen Tradition – ihre ureigenste Domäne – schon frühzeitig zu höchsten Leistungen fähig war. Es hat den prominentesten Kommentator des babylonischen Talmud, der sich vom 10. Jahrhundert an in Europa durchzusetzen begann, hervorgebracht: Salomo ben Isaak (1040 bis 1105), meist abgekürzt Raschi genannt, der nach seiner Studienzeit in Worms und Mainz in seiner Heimatstadt Troyes eine Jeschiva gründete, die weithin großes Ansehen genoß. Auch Raschis Bibelkommentar gehört zu den anerkanntesten, die es gibt. Auf dem Gebiete der Bibelexegese war Menahem ben Chelbo sein Vorläufer, dessen Neffe Josef (ben Simon) Kara (um 1060–1130) sich ebenfalls als Exeget einen Namen gemacht hat. Wichtiger ist sein Schüler Meir ben Samuel (um 1060 bis nach 1135), dessen Söhne Jakob ben Meir (Rabbenu Tam, gestorben 1171), der erste Verfasser von *Tosafot* (erläuternden Zusätzen zu Raschis Talmudkommentar), und Samuel ben Meir (abgekürzt Raschbam, um 1080–1158), ein vielgelesener Bibelkommentator, in der Folgezeit eine hervorragende Rolle spielen sollten.

In den östlichen Gebieten des inzwischen geteilten Frankenreiches, dem späteren Deutschland, im hebräischen Schrifttum *Aschkenas*, konzentrierte sich die jüdische Ansiedlung im Rheintal, wobei vor allem an Speyer, Worms, Mainz, Bonn und Köln zu denken ist. Doch gab es auch größere Gemeinden im Norden (Hameln, Hildesheim und Magdeburg), in Mitteldeutschland (Halle und Merseburg) und im Süden (Regensburg). Vor dem ersten Kreuzzug sollen in Deutschland ca. 20 000 Juden gelebt haben; eine beträchtliche Zahl, zu der es schwerlich allein durch natürlichen Zuwachs gekommen ist. Neben Zuwanderungen aus Italien und Frankreich dürften in engeren Grenzen auch Übertritte zum Judentum eine gewisse Rolle gespielt haben.

Wirtschaftlich erfüllten die Juden dieselbe Funktion, die sie schon am Hofe Karls des Großen ausgeübt hatten; die Städte zogen die Juden als Händler an, daneben waren sie schon frühzeitig – seit dem 11. Jahrhundert in wachsendem Maße – im Geldverleih tätig. Zwar gibt es Hinweise und Anspielungen auf andere Erwerbszweige, so vor allem auf jüdische Ärzte; doch der Handel stand eindeutig im Vordergrund, stärker als beispielsweise in Spanien und Südfrankreich. Insbesondere dürfte jüdischer Landbesitz selten gewesen und im Laufe der Zeit immer seltener geworden sein. In den christlichen Ländern fand eine sehr viel konsequentere „Entfremdung“ der Juden von der Landwirtschaft statt als in den islamischen, eine Begleit- und Folgeerscheinung der fortschreitenden Feudalisierung.

Trotz der Letztverantwortlichkeit der weltlichen Zentralgewalt (des Königs bzw. Kaisers), die je nach dem Einfluß des einzelnen Herrschers auch geltend gemacht wurde, standen die Juden faktisch vielfach im Schutz und Dienste der regionalen Herrschaft, häufig von Bischöfen, die als Feudalherren (weltliche) Hoheitsrechte an sich gezogen hatten – eine Situation, die von derjenigen Lyons zur Zeit Agobards und Amulos einigermaßen verschieden war. In dieser Eigenschaft hatten die Bischöfe größtes Interesse an der Ansiedlung von Juden, von denen sie unmittelbaren Nutzen ziehen konnten, so daß sie sich gelegentlich in der Gewährung von Vergünstigungen geradezu überboten.

Daß die Juden allenthalben entscheidenden Anteil am Handel hatten, ist nicht im Sinne einer allgemeinen jüdischen Wohlhabenheit zu interpretieren. Auch hier gilt, daß die Mehrheit wohl eher arm oder von bescheidenem Auskommen war und wirklich wohlhabend nur eine kleine Zahl erfolgreicher Einzelner oder Familien; wenn auch das mittlere Einkommen höher gelegen haben mag als auf nichtjüdischer Seite (was bei starker Differenzierung freilich wenig genug besagt). Zudem war der Reichtum der jüdischen Oberschicht um vieles unsicherer als der vergleichbarer christlicher Gruppen. Die spanische Entwicklung ist keineswegs typisch.

Der jüdische Handel betraf u. a. Gold und Silber, Wein, Gewürze, Medikamente und nicht zuletzt Sklaven. Ob schon – wie später – die menschliche Ware im Sklavenhandel in nennenswertem Maße durch jüdische Händler in Prag vermittelt wurde, ist nicht greifbar.

Der wirtschaftliche Kontakt mit der Umwelt scheint nur in begrenztem Umfang zu einem allgemeinen gesellschaftlichen Umgang mit der nichtjüdischen Bevölkerung geführt zu haben. Die deutschen Verhältnisse glichen hier den französischen. Das vielgenannte und prominente Beispiel des intellektuellen Austausches, den Rabanus Maurus (ca. 776–856) und ein Hebraeus moderni temporis miteinander pflegten und der der Schrifterklärung des ersteren, wie er selber bezeugt, nicht unwesentlich zugute gekommen ist, gehört der ganz frühen Zeit an. Später hat sich die Situation eher verschlechtert. Nichtsdestoweniger gab es gelegentlich gelehrte Kontakte zwischen Christen und Juden; wie beispielsweise zwischen Arnold von Vohburg, Mönch in St. Emmeran, und den Juden von Regensburg. Doch war insgesamt gesehen die Lage wohl sehr viel schwieriger als im Mittelmeerraum. Daß Bischof Rüdiger von Speyer sich 1084 bereit zeigte, das für die jüdische Ansiedlung in Aussicht genommene Viertel gegen die möglichen Äußerungen der „Frechheit der Bevölkerung" mit einer Mauer zu umgeben, mag ein – freilich später – Hinweis hierauf sein.

Die jüdische Gruppe, ohnedies mit recht weitgehender Autonomie ausgestattet, war kulturell und sozial sehr viel stärker nach innen als nach außen orientiert. Das innerjüdische kulturelle Leben, wie in Frankreich auf die religiöse Überlieferung konzentriert, die freilich so gut wie alle Lebensbereiche umfaßte, hat fortan insbesondere in Worms und Mainz einen ungewöhnlichen Aufschwung genommen; etwa parallel zur Entwicklung in Frankreich, vielleicht sogar mit einem gewissen Vorsprung, wie Raschis Aufenthalt in den beiden genannten Städten anzeigt. Die erste Gestalt von wirklich überregionaler Bedeutung, die im deutschen Judentum auftrat, war Gerschom ben Jehuda (um 960–1028, 1013 in Mainz), auf den u. a. das Verbot der Polygamie zurückgeführt wird; er stammte aus dem lothringischen Metz.

Besonders am Rhein, doch zum Teil auch in Frankreich wurde

die Entwicklung jäh unterbrochen durch die ersten großen Judenverfolgungen des christlichen Mittelalters, die als *Geserot tatnu* (die Verfolgungen [von] 856, nach christlicher Zählung 1096) in die jüdisch(-hebräisch)e Geschichtsschreibung eingegangen sind. Es lassen sich Geschehnisse nennen, die die Schrecken der Ausbrüche des Judenhasses dieses Jahres vorwegnehmen; wobei weniger an Ereignisse wie die zeitweilige Vertreibung der Juden aus Mainz im Jahre 1012 als etwa an die südfranzösischen Vorgänge des Jahres 1063 zu denken ist. Dennoch handelt es sich nun nach Art und Ausmaß um etwas Neues.

Der Kreuzzugsaufruf Urbans II. vom 27. November 1095 in Clermont hatte ein kaum vorauszusehendes Echo. Es sammelten sich nicht nur Ritterheere, wie beabsichtigt war, sondern es kam darüber hinaus – ein Zeichen allgemeiner Unruhe und tiefsitzender Unzufriedenheit in der Bevölkerung – zur Zusammenrottung von schlecht bewaffneten Volksmassen im Zeichen des Kreuzes. Bereits Ende 1095 oder Anfang 1096 wurden die jüdischen Gemeinden von Metz und Rouen überfallen und zahlreiche Juden umgebracht. Von den Haufen, die 1096 über die jüdischen Gemeinden des Rheinlandes herfielen, tat sich der unter Emicho von Leinigen besonders hervor. Die Schutzzusagen Heinrichs IV. (1056–1106) erwiesen sich als unwirksam und auch die konkreten Rettungsversuche einiger Bischöfe waren letztlich erfolglos. Es bleibt zu fragen, wie entschlossen sie in Angriff genommen wurden. Denn was der Aufruf des Papstes und die Predigten Peters des Eremiten ausgelöst hatten, war der Austrag sozialer Spannungen, und es mußte den Vertretern der weltlichen und geistlichen Gewalt als das geringere Übel erscheinen, wenn die Volkswut sich gegen die Juden entlud und die hergebrachte soziale Ordnung mehr oder weniger unberührt blieb. Die plündernden und mordenden Massen zogen rheinabwärts und zerstörten der Reihe nach die blühenden Gemeinden von Speyer, Worms und Mainz, Trier und Köln, Neuß und Xanten. Als die Kreuzfahrerheere durch Böhmen kamen, erging es ähnlich den Juden von Prag.

Obwohl Kaiser Heinrich IV. den Zwangsgetauften gestattete,

zum Judentum zurückzukehren, und die Gemeinden wiederhergestellt wurden, markierten die Massaker des Jahres 1096 einen Einschnitt; sie haben die Lage der Juden in Deutschland und Frankreich und mehr noch ihr Denken und Fühlen entscheidend verändert.

England

Die Zeit vom 10. bis zum 12. Jahrhundert brachte für die westliche Welt einen bedeutenden Bevölkerungszuwachs sowie – aufs Ganze gesehen – einen bemerkenswerten wirtschaftlichen Aufschwung und sozialen Wandel. Im Zusammenhang mit den sozialen Spannungen und Unruhen, die sich aus dieser Entwicklung ergaben, geriet die jüdische (Fremd-)Gruppe in wachsendem Maße unter Druck, ein Prozeß, der Migrationen begünstigen mußte, sofern und sobald sich nur ein geeignetes Aufnahmeland zeigte. Tatsächlich erfolgte denn auch – als einstweilen letzter Schritt der jüdischen Westwanderung – die erste nennenswerte Ansiedlung von Juden in England. Das politisch-militärisch auslösende Ereignis war die Unterwerfung Englands durch die Normannen unter Wilhelm dem Eroberer (1066 bis 1087) im Jahre 1066, auf dessen festländischen Besitzungen bereits längere Zeit Juden ansässig waren.

Zwar mögen in römischer Zeit, da jüdische Kaufleute und Gefangene in die entlegensten Teile des Reiches verschlagen wurden, einzelne auch England erreicht haben und auch in der sächsischen Phase gelegentlich jüdische Händler dort aufgetaucht sein, doch hat sich daraus keine jüdische Gemeinde entwickelt, die die Zeit der germanischen Invasionen überdauert hat. England, das in den mittelalterlichen hebräischen Quellen *Qezeh haAräz* (eine wörtliche Übersetzung des französischen *Angleterre*, daneben *Ijje ha-Jam:* Eiland[e] und später auch *Ingleterra*) heißt, ist somit als letztes der west- (und mittel-)europäischen Länder von Juden in nennenswerter Zahl besiedelt worden – es sollte dann auch das erste Land sein, aus welchem sie als geschlossene Gruppe wieder vertrieben wurden. Nichtsdestoweniger ist die Geschichte des mittelalterlichen englischen Judentums belangreich genug. Sie führt in gedrängter Folge – wie in einem Zeitraffer – exemplarisch entscheidende Momente und Verläufe der Geschichte der Juden auch anderer Länder, besonders Frankreichs und Deutschlands, vor Augen, wenn es auch in letzterem der politischen Zerrissenheit zufolge niemals zu einer Vertreibung gekommen ist, die auch nur eine größere Zahl der in Frage kommenden Territorien umfaßt hätte. Das mittelalterliche englische Judentum war zumindest von der Oberschicht her verhältnismäßig homogen. Im wesentlichen aus Nordfrankreich und nur zum geringeren Teile aus anderen Landstrichen, darunter insbesondere dem kulturell nahestehenden Rheinland stammend, pflegte es als Umgangssprache das Französische. In beruflicher Hinsicht scheint es ganz vordringlich um Finanzleute und von ihnen Abhängige gegangen zu sein, deren Betätigungsfeld das Kreditgeschäft war. Die Möglichkeiten waren ganz offenbar günstig, da es bei wachsendem Geldbedarf an einer Mittelschicht fehlte, die diese Funktion wahrgenommen hätte. Daß Wilhelm der Eroberer und Wilhelm II. (1087–1100) die Ansiedlung von Juden begünstigten, geschah ohne Zweifel aus fiskalischen Interessen, wenn auch aus dieser Zeit keine Auskünfte hierüber erhalten sind. Die Entwicklung des Fiskus in England hatte ohnedies bereits in vornormannischer Zeit die festländische überrundet: Um den Dänen den geforderten Tribut zahlen zu können, hatte Aethelred II. (978 bis 1016) von seinen Untertanen das Danegeld erhoben – der erste Versuch einer allgemeinen Besteuerung in einem mittelalterlichen Staate. Die jüdische Finanzierungstätigkeit war wohl von Anfang an aufs engste mit der Krone verknüpft. Klare Ausformulierungen dieses Zusammenhangs stammen freilich aus späterer Zeit. In den (apokryphen) sogenannten „Gesetzen Eduards des Bekenners“, die Mitte des 12. Jahrhunderts entstanden sind, heißt es:

Alle Juden, wo auch immer sie sich befinden mögen, haben dem lehnsherrlichen Schutz und der Obhut des Königs zu unterstehen, und niemand von ihnen kann sich ohne königliche Erlaubnis dem Schutze irgendeiner mächtigen Person unterstellen, denn die Juden selbst und all ihr Besitz gehören dem König. Wenn deshalb jemand sie oder ihr Geld zurück(be)hält, kann der König darauf als sein eigen Anspruch erheben.[12]

In dieser Deutlichkeit ist die Zugehörigkeit zur Zentralgewalt kaum irgendwo ausgesprochen worden. Entsprechend konsequent und rückhaltlos vollzog sich mit fortschreitender Zeit in wachsendem Maße die Auspressung der Juden durch den König. In der Frühphase dürften die Verhältnisse indessen erträglich gewesen sein, anders ließe sich die anfängliche Zuwanderung und folgende Entwicklung der jüdischen Gemeinde kaum erklären.

Selbst die Kirche scheint sich zu Anfang eher wohlwollend oder doch diskussionsbereit verhalten zu haben. Gislebertus Crispinus, Abt von Westminster, hat eine Diskussion mit einem Londoner, an der talmudischen Hochschule in Mainz ausgebildeten Juden aufgezeichnet, die gegen Ende des 11. Jahrhunderts, also zu der Zeit stattgefunden haben muß, da es in Rouen und Metz und im Rheinland zu den heftigsten Ausbrüchen des Judenhasses kam. Sie war den Aufzeichnungen zufolge auf einen sehr viel freundschaftlicheren Ton abgestimmt als die meisten anderen Gespräche dieser Art.

Zu Beginn des 12. Jahrhunderts nahm die englische Judenheit, insbesondere die Gemeinde in London, rasch an Bedeutung zu. Auf Heinrich I. (1100–1135), an dessen Hofe für einige Jahre der spanisch-jüdische Konvertit Petrus Alfonsi (um 1062 bis 1110), der Autor der *Disciplina clericalis,* als Arzt tätig war, geht ein Schutzbrief zurück, dessen Text nicht erhalten ist, auf den man sich jedoch später mehrfach zurückbezieht. Die *Pipe Roll* (Schatzkammerrolle) des 31. Jahres seiner Regierung (1130) gibt Auskunft über einen gewissen Rabbi Joseph, gemeinhin als „Rubi Gotsce" bekannt, der – Haupt der Londoner Gemeinde – der hervorragendste Gelehrte der englischen Judenheit der ersten Hälfte des 12. Jahrhunderts gewesen sein dürfte und zugleich ein Finanzmann von Rang war. Schon zu dieser Zeit trat hervor, daß es bei einer schlichten Beteiligung der

Krone am jüdischen Kreditgeschäft nicht bleiben würde. Gegen 1130 machte man die Londoner Juden für den Tod eines Kranken haftbar, der sich möglicherweise zur medizinischen Behandlung an einen jüdischen Arzt gewandt hatte, und verurteilte sie zu einer Strafgeldzahlung in Höhe von 2000 Pfund, die Verschuldung gegenüber jüdischen Kreditgebern auf diese Weise in eine jüdische Schuld verwandelnd. Mit dieser – ohnedies zweifelhaften – Kollektivhaftbarmachung war ein Weg gewiesen, der in der Folgezeit in England sowohl wie auf dem Festland zu den erschreckendsten Verleumdungen mit der Folge grausamster Gewalttätigkeiten führen sollte: Gemeint ist vor allem die Kette der Ritualmordbeschuldigungen, die auch mit dem Ende des Mittelalters nicht endgültig abriß, an die vielmehr noch das 19. Jahrhundert erfolgreich anknüpfen konnte. Der erste Fall dieser Art war der des sogenannten hl. William von Norwich, den die Juden der Stadt am zweiten Ostertage des Jahres 1144 nach dem Synagogengottesdienst zur Verspottung des Leidens Jesu gekreuzigt haben sollten. Hier wie in den späteren englischen Fällen – Gloucester 1168, Bury St. Edmunds 1181, Bristol vor 1183, Winchester 1192 und 1232, London 1244 – blieb es bei dem Vorwurf des Mordes aus religiösen Motiven und fehlte noch die Unterstellung der Verwendung des christlichen Blutes zu rituellen Zwecken. Die Beschuldigung rief eine Welle religiöser Erregung hervor; doch scheint die Mehrzahl der Juden in der Burg Schutz gefunden zu haben und vor dem Schlimmsten bewahrt geblieben zu sein.

Trotz derartiger Zwischenfälle wie der anscheinend gezielten Haftbarmachung der Londoner Juden durch die Krone und der spontanen, von religiösen Emotionen getragenen Beschuldigung der Juden von Norwich durch die christliche Bevölkerung hat sich die Judenheit Englands im 12. Jahrhundert kraftvoll entfaltet. Um die Jahrhundertmitte gab es nicht nur in London, bis 1177 die einzige Stadt, in der die Juden einen Friedhof unterhalten durften, und Norwich, sondern auch in Lincoln, Winchester, Cambridge, Thetford, Northampton, Bungay, Oxford und Gloucester jüdische Gemeinden. Insbesondere ist ihnen und ihrer Wirtschaftstätigkeit die Friedenszeit unter Heinrich II. (1154–1189), dem ersten Herrscher aus dem Hause Plantagenet, zugute gekommen. Die Funktion der wirtschaftlich führenden Schicht war längst nicht mehr auf die schlichte Zahlung von Steuern bzw. Abgaben beschränkt, sondern weitete sich mehr und mehr im Sinne einer ausgesprochenen Agententätigkeit für die königliche Schatzkammer aus. Daß diese durch den frühen Verwaltungszentralismus des Landes begünstigte Entwicklung, die zu einer immer engeren Verbindung mit der Kronmacht führte – auch zu einer immer stärkeren Abhängigkeit von ihr –, die Juden immer mehr zu den Baronen, auch zur Bevölkerung in Gegensatz bringen mußte, versteht sich von selbst. Einstweilen nahm jedoch infolge der florierenden Wirtschaftstätigkeit die Zahl der jüdischen Ansiedlungen weiter zu. Die englischen Verhältnisse erschienen günstig genug, eine gewisse Anziehungskraft auf das kontinentale Judentum auszuüben. Rabbi Jomtov von Joigny, Schüler Rabbenu Tams, ließ sich in York, sein Zeitgenosse Jakob von Orleans in London nieder. Die Zuwanderung aus Deutschland war so beträchtlich, daß Friedrich Barbarossa (1152–1190) Protest einlegte, ein Teil der Auswanderer zur Rückkehr gezwungen wurde und der Rest eine Ausgleichszahlung von „5000 Mark" zu leisten hatte. Als Gast kam 1158 der spanisch-jüdische Gelehrte, Dichter und Philosoph Abraham ibn Esra nach London (wo er 1164 vielleicht auch gestorben ist).

Ihren Höhepunkt erreichte die jüdische Finanztätigkeit im Dienste und zugunsten der Krone nach 1166 mit Aaron von Lincoln, einem der bedeutendsten Financiers des 12. Jahrhunderts. Zu seiner Zeit glich das englische Judentum gewissermaßen einer einzigen weitverzweigten Finanzierungskooperative. Zu denen, die Geschäfte mit ihm abwickelten, gehörten sowohl der König von Schottland und der Graf der Bretagne wie der Erzbischof von Canterbury und der Abt von Westminster; und die vermittelten Gelder wurden nicht nur zu profanen Zwecken in Anspruch genommen, sondern dienten auch zur Finanzierung des Baues von (Zisterzienser-)Klöstern und Kirchen, als deren bedeutendste die Klosterkirche von St. Albans genannt sei. Als

Aaron von Lincoln um 1186 starb, zu dieser Zeit wahrscheinlich der reichste Engländer in liquiden Mitteln, erklärte der König sein Vermögen als Kroneigentum. Die Außenstände beliefen sich auf 15 000 Pfund, ein Betrag, der Dreiviertel des königlichen Einkommens in einem Normaljahr entsprach.

Trotz dieser ungewöhnlichen, wenn auch zugleich hochproblematischen Entwicklung – und Aaron von Lincoln markiert hier nur die Spitze – zeigte sich bereits zu Beginn der Regierungszeit Heinrichs II., auf welche Weise die Krone langfristig ihre eigene Milchkuh zugrunde richten sollte. Anläßlich seiner militärischen Expedition gegen das aufständische Toulouse im Jahre 1159 belegte der König Städte und Juden mit Kontributionen. In diesem – ersten – Falle war die Höhe der Sonderzahlungen vergleichsweise gering. Doch das Vorgehen machte Schule, und in einer anderen Gangart beschritten mußte dieser Weg zur Brechung der jüdischen Wirtschaftskraft führen. 1168 wurde von den Juden erneut eine derartige Sondersteuer eingetrieben, diesmal in Höhe von 5000 Pfund. Schließlich setzte Heinrich II. gegen Ende seiner Regierungszeit das neue Instrument mit wahrhaft ruinöser Gewaltsamkeit ein. Als im Jahre 1188 zur Finanzierung des geplanten Kreuzzugs der sogenannte Saladin-Zehnte erhoben wurde, maß man mit zweierlei Maß. Während die Bevölkerung im allgemeinen Zahlungen in Höhe eines Zehntels des Eigentums leisten mußte, wurden die jüdischen Beiträge auf ein Viertel des Eigentums festgelegt. Dies lief darauf hinaus, daß die kleine jüdische Gruppe allein 60 000 Pfund bereitzustellen hatte, gegenüber 70 000 Pfund der gesamten nichtjüdischen Bevölkerung des Landes. Das Geld war noch nicht in voller Höhe zusammengebracht, als Heinrich 1189 starb.

Mit dem Tode Heinrichs war die Zeit relativer Ruhe (wenngleich wachsender Auspressung) für die englischen Juden vorbei. Thronwechsel, Kreuzzugsstimmung und baronaler Haß, in vielfach hoher Verschuldung begründet, wirkten zusammen und führten zu antijüdischen Unruhen größten Ausmaßes, denen die Juden zudem ohne die Chance der Selbstverteidigung gegenüberstanden, da ihnen 1181 durch das *Assize of Arms* der Waffenbesitz untersagt worden war. Den Anlaß gab das Erscheinen einer jüdischen Deputation mit reichen Geschenken noch vor Beendigung der Krönungsfeierlichkeiten am Tor von Westminster Hall, wahrscheinlich um sich durch den neuen König Richard Löwenherz (1189–1199) die von seinen Vorgängern gewährten jüdischen Privilegien bestätigen zu lassen. Schon bei diesem ersten Aufruhr kam es zu Toten. Benedict, einer der Repräsentanten der Gemeinde von York, entging dem Tode nur dadurch, daß er sich taufen ließ; die Zeremonie wurde sogleich in einer nahegelegenen Kirche vollzogen. Die Nachricht von den Ereignissen bei Westminster durcheilte die erregte Stadt, und gegen Abend wurde das jüdische Viertel in Brand gesteckt. Eine Reihe von Juden fand Zuflucht im Tower und bei Bekannten, 30 verloren ihr Leben, darunter Jakob von Orleans.

Die Allgemeinheit und Heftigkeit des Aufruhrs verhinderte durchgreifende Maßnahmen. Immerhin trat – vielleicht infolge königlichen Einschreitens – nach den erwähnten Aufständen zunächst eine gewisse Beruhigung ein, die indessen nur wenig länger als bis zum Aufbruch Richards währen sollte, der mehr als Vorbild ritterlicher Tapferkeit denn als bedeutender Staatsmann in die Geschichte eingegangen ist. Im Dezember 1189 verließ der König das Land, und im Februar 1190 brachen bereits die neuen Unruhen aus. Die Verfolgungen erstreckten sich fast über das ganze Land. Von den schwer heimgesuchten Gemeinden, darunter Norwich, die bedeutendste nach London, wurden einige wie die von Lynn und Bury durch Mord und Vertreibung vernichtet. Auch in Dunstable, wo es angesichts des drohenden Todes zum Massenübertritt kam, verschwand die Gemeinde; nicht anders in York, wo sich 150 Juden in auswegloser Situation selbst den Tod gaben, darunter Elija von York und Jomtov von Joigny.

Diesmal waren die Strafaktionen, die der König durch den Bischof von Ely, William Longchamp, seinen Bevollmächtigten, den er zu diesem Zwecke nach England zurückschickte, durchführen ließ, sehr viel entschiedener – aus gutem Grund, denn

Ereignisse dieser Art implizierten auf die eine oder andere Weise beträchtliche finanzielle Verluste der Krone.

Es blieb zudem nicht bei Strafaktionen. Als Richard nach seiner Haft in Deutschland – zur Zahlung der geforderten Auslösesumme hatten die englischen Juden wiederum in ganz unverhältnismäßiger Weise beizutragen – 1194 nach England zurückkehrte, erließ er eine Judenordnung, in der die Einrichtung von *Archae* (Archiven) vorgeschrieben wurde, in denen jeweils zwei Ausfertigungen der jüdischen Schuldbriefe zu deponieren waren – eine Reaktion auf die Vernichtung zahlreicher Schuldbriefe in den Unruhen des Jahres 1190. Den über das Land verstreuten *Archae* stand als zentrales koordinierendes Organ das *Scaccarium Judaeorum* (*Exchequer of the Jews* – Schatzamt der Juden) vor, das zugleich finanzielle, administrative und richterliche Funktionen erfüllte. Es wurde von den *Custodes Judaeorum* (auch: *Justitiarii ad custodiam Judaeorum assignati*) geleitet, deren Zahl zwischen zwei und fünf wechselte und denen zeitweilig als jüdischer Vertreter der *Presbyter Judaeorum* zugehörte, der vom König im Kroninteresse und unabhängig von den Wünschen der Gemeinde eingesetzt, als Repräsentant der englischen Judenheit gegenüber der Zentralgewalt galt.

Die neuen Einrichtungen sicherten bis zu einem gewissen Grade die Einkünfte der Krone aus der jüdischen Geschäftstätigkeit und erleichterten die Auspressung, sowohl als Vehikel umfassender Information als auch insofern, als nunmehr die Schuldbriefe dem unmittelbaren königlichen Zugriffe unterworfen waren. Johann I. (1199–1216), auch Johann ohne Land genannt, der Nachfolger Richards I., zog den Vorteil daraus in einer rücksichtslosen und längerfristig kurzsichtigen Ausbeutungspolitik. Sie erreichte ihren Höhepunkt im Jahre 1210, als der König – von Irland zurückgekehrt – die gesamte Judenheit Englands (es ging wohl um die besitzende Oberschicht) gefangensetzen ließ, um sie nach entsprechenden Untersuchungen unter zweifelhaften Vorwänden zu ganz ungeheuerlichen Strafzahlungen zu verurteilen. In zeitgenössischen Quellen ist von

60 000 oder 66 000 Mark die Rede. Die Forderungen wurden auf die rüdeste Weise, vielfach durch Konfiszierung des Eigentums, eingetrieben; selbst die quasi Besitzlosen hatten zu zahlen oder das Land zu verlassen.

Die Zahl der Juden, die England den Rücken kehrten, muß beträchtlich gewesen sein; ein Chronist spricht von 1210 als dem Jahre einer allgemeinen Vertreibung. Da der Druck nicht nachließ, 1213 sogar erneut Untersuchungen über die jüdischen Besitzverhältnisse angeordnet wurden, schritt der Prozeß der Verarmung des englischen Judentums fort, mit der fast zwangsläufigen Folge weiterer Abwanderung.

Der Ausbruch des Bürgerkrieges hat das Unheil nur noch vergrößert. Denn die Barone sahen in den Juden nichts als ihre Gläubiger und Agenten der Krone. Am 17. Mai 1215 wurde das jüdische Viertel in London gestürmt, zerstört und geplündert. Die *Magna Charta* (vom 15. Juni 1215) enthielt zunächst Klauseln zur Schulden- und Zinszahlungserleichterung, die auch die jüdischen Interessen tangierten. Da diese jedoch in die folgenden Fassungen nicht wieder aufgenommen wurden, blieben sie so gut wie folgenlos.

Belangreicher war, daß Johann I. im Jahre 1204 die Kontrolle über die Normandie verloren hatte und damit eine Entwicklung eingetreten war, die England und das englische Judentum, das bislang gerade mit Nordfrankreich in engstem geistigen und wirtschaftlichen Austausch gestanden hatte, stärker vom Festland trennte und die Gefahr zunehmender Isolierung mit sich brachte.

Trotz allem konnte sich die jüdische Gemeinde nach dem Tode Johanns, in der Zeit der Minderjährigkeit Heinrichs III. (1216 bis 1272), infolge der vergleichsweise umsichtigen und weniger restriktiven Politik William Marshals und Hubert de Burghs, die nacheinander die Regierungsgeschäfte führten, einigermaßen erholen.

Doch machte sich nunmehr der kirchliche Druck stärker bemerkbar. Im Zuge der Festigung und Ausweitung der päpstlichen Macht unter Innozenz III. war es auf dem IV. Laterankonzil im Jahre 1215 zu einer Erneuerung und Verschärfung der antijüdischen kirchlichen Gesetzgebung gekommen, die Stephan Langton, Erzbischof von Canterbury und einer der führenden Geister der Kirchenversammlung, befürwortet hatte. Zudem war die weltliche Zentralgewalt Englands durchaus geneigt, den kirchlichen Wünschen entgegenzukommen, soweit nicht wesentliche Eigeninteressen auf dem Spiele standen. So kam es, daß England das erste Land war, das die kirchliche Gesetzgebung aufgriff. Die Einführung eines die „Ungläubigen" von den „Gläubigen" unterscheidenden Merkmals, des Judenabzeichens, erfolgte bereits im Jahre 1218. Natürlich boten andere und weiterreichende Ansprüche der Kirche auch Konfliktstoff genug. Die Krone konnte kaum damit einverstanden sein, daß die Kirche die Juden in zunehmendem Maße unter ihre Kontrolle zu bringen und den jüdischen „Wucher" (insbesondere gegenüber Kreuzzugswilligen) einzuschränken versuchte. Hier gab es entschiedenen Widerstand.

Der zweifelhaften Früchte eines derartigen königlichen Schutzes erfreuten sich die Juden indes nur auf Zeit. Mit dem Beginn der persönlichen Herrschaft Heinrichs III. im Jahre 1227 und besonders nach dem Sturz Hubert de Burghs im Jahre 1232 setzte erneut eine Phase vermehrter und überhöhter Zahlungsforderungen ein. Die Regierungszeit Heinrichs, der im Rahmen einer ausgedehnten Bautätigkeit und zur Finanzierung erfolgloser Kriege eine ganz unverantwortliche Ausgabenpolitik betrieb und es überdies zuließ, daß die Päpste die englische Kirche rücksichtslos besteuerten, um sich die nötigen Mittel für den Kampf mit Friedrich II. zu verschaffen, war eine Zeit des wirtschaftlichen Verfalls, die für eine ungeliebte Minorität wie die Juden zusätzliche Gefahren mit sich zu bringen pflegt. Am Ende gerieten sie zwischen sämtliche Fronten. Das Vorgehen des Königs war völlig maß- und ziellos. Er verrechnete ohne Erbarmen den einzelnen Juden sowohl wie die ganze Kommunität. Aaron von York, der erfolgreichste englisch-jüdische Financier der Zeit (eine Art Aaron von Lincoln des 13. Jahrhunderts), wurde mit den verschiedensten Mitteln und unter den zweifelhaftesten Vorwänden immer wieder zur Kasse gebeten. Und als von der jüdischen Gemeinde anders nichts mehr zu holen war, verpfändete Heinrich sie kurzerhand als ganze an seinen Bruder Richard von Cornwall. Zum Handelsobjekt geworden, fielen die Juden später an den Thronfolger Eduard, der sie den Cahorsinern, ihrer Konkurrenz auf dem Geldmarkt, weiterverkaufte. Am Ende kamen sie an die Krone zurück. „Niemals galt mehr (als zu dieser Zeit), daß die Juden einem Schwamm glichen, der das flüssige Kapital aufsog, um von Zeit zu Zeit in die (königliche) Schatzkammer ausgepreßt zu werden; während der König, hoch über sie erhaben und voll vornehmer Verachtung für ihre Transaktionen, in Wahrheit der Erz-Wucherer des Landes war.“ [13] Spätestens hier wird deutlich, wie wenig die wucherische Auspressung in Wahrheit eine jüdische Angelegenheit war: die königlichen Forderungen hatten wucherische zur notwendigen Folge, die Ausgepreßten mußten selber zu Auspressern werden, um zu überleben.

Am Ende wurden sie trotzdem geopfert; die Zange begann sich zu schließen: Auf der einen Seite wuchs die religiöse, von breiten Bevölkerungsschichten getragene Diskriminierung, wie insbesondere eine Reihe von Ritualmordbeschuldigungen zeigt, von denen der Fall des sogenannten hl. Hugo von Lincoln (1255) das meiste Aufsehen erregte und am bekanntesten geworden ist. (Er ist schließlich in die Volkserzählung eingegangen und später von Chaucer in den *Canterbury Tales* verarbeitet worden.) Auf der anderen Seite wurden die fortgesetzten Zahlungsverpflichtungen im Laufe der Zeit um so drückender, als die Möglichkeiten zur Tätigung einträglicher Geschäfte Einschränkungen erfuhren. Die Beschränkungen betrafen den Geldverleih gegen die Sicherheit von Grundbesitz und sollten den unkontrollierten Übergang von Landeigentum an die großen Grundherren, auch an die Kirche, verhindern. Verbote dieser Art sind bereits 1234 ausgesprochen und in der Folgezeit wiederholt eingeschärft worden. 1269 nahm sich – mit größerer Effektivität – der Thronfolger Eduard zusammen mit seinem Bruder Edmund der Sache an.

Inzwischen war den Juden zudem durch den Aufstand der Barone (*The Baron's War*, 1258–1265) hart mitgespielt worden; in London, Canterbury, Worcester, Lincoln und anderen Städten hatten zwischen 1262 und 1266 Plünderungen und Massaker stattgefunden. Zu Anfang der 70er Jahre, lange vor der Vertreibung, stand das englische Judentum schon vor dem Ruin.

Das große Geldgeschäft wurde inzwischen (vielfach kaschiert, um dem kirchlichen Wucher-Verbot zu entgehen) durchweg von Cahorsiner und Florentiner Bankiers wahrgenommen, die sehr viel höhere Summen anbieten konnten; Juden kamen dafür kaum mehr in Frage. Als Eduard I. (1272–1307) – tatkräftiger als sein Vater – daranging, in Sachen Juden „reinen Tisch" zu machen, zog er hieraus die Konsequenz, indem er den Juden im *Statutum de Judeismo* des Jahres 1275 den Geldverleih gegen Zins untersagte. (Der dadurch bedingte Ausfall von Staatseinnahmen wurde durch eine Kopfsteuer ausgeglichen.) Auf diese Weise um ihre traditionelle Existenzgrundlage gebracht, erhielten die Juden nun Zugang zu Handel und Handwerk – jedoch nur formell, da sie, sieht man von einigen Wohlhabenden ab, uneingeführt und von den Gilden und Zünften weiterhin ausgeschlossen, kaum eine Chance hatten, sich durchzusetzen. Die für den begrenzten Zeitraum von 15 Jahren gewährte Lizenz, als Pächter auf dem landwirtschaftlichen Sektor tätig zu werden, erwies sich noch weniger wirksam. Man tat, was man konnte: trieb insgeheim weiter Zinsgeschäfte und ließ sich auf Münzverschlechterung ein. Im Jahre 1278 angestellte Untersuchungen führten zu erschreckenden Ergebnissen – wieweit dabei Befangenheit mitentschied, muß dahingestellt bleiben – und drakonischen Bestrafungen. Eine große Anzahl von Juden wurde im folgenden Jahre hingerichtet, andere hatten zu zahlen (soweit sie noch zahlen konnten); mitbetroffene Christen kamen „nescio si juste vel injuste" („ich weiß nicht, ob zu Recht oder Unrecht"), wie ein klösterlicher Chronist bemerkt, sehr viel besser davon.

Die gleichzeitig wachsende kirchliche Feindseligkeit trat nicht nur in polemischen Traktaten wie der Schrift *Contra perfidiam Judeorum* Peters von Blois zutage, sondern nahm auch handgreiflichere Formen an. 1272 gelang es den Büßerbrüdern, die Konfiszierung der Londoner Synagoge durchzusetzen (sie erhielten sie selbst zugewiesen), und als Eduard im Jahre 1280 das Generalkapitel der Dominikaner mit seiner persönlichen Gegenwart beehrte, drangen ihm diese die Einführung von Bekehrungspredigten ab, zu deren Besuch die Juden gezwungen waren. Auf die Einschärfung der antijüdischen Bestimmungen der Laterankonzilien durch Papst Honorius IV. (1285–1287) im Jahre 1286 ging die romtreue englische Kirche bereitwillig ein.

Die Lage war in jeder Hinsicht untragbar geworden. Als Eduard I. am 18. Juli 1290 die allgemeine Ausweisung anordnete, schien nur zu geschehen, was geschehen mußte. Das Edikt wurde von der Bevölkerung freudig begrüßt. Bis zum 1. November, dem Allerheiligentage des Jahres, hatten die englischen Juden, schätzungsweise gegen 3000, das Land zu verlassen; auf Verbleib stand der Tod.

Damit hatte ein Kapitel der Geschichte des mittelalterlichen Judentums sein frühzeitiges Ende gefunden: Kein großes Kapitel der Geschichte des jüdischen Geistes; denn das englische Judentum, dessen Interessen sich auf halachische, das Religionsgesetz und sein rechtes Verständnis betreffende Fragen konzentrierten, hat zwar eine Reihe von Tosafisten gestellt, im übrigen aber – fast von Anfang an unter Zahlungsdruck und späterhin mehr und mehr in seinen Entfaltungsmöglichkeiten beschränkt – nur in Grenzen überregionale Bedeutung erlangt. Dennoch kein unbedeutendes Kapitel jüdischer Geschichte, der Geschichte von Verstrickung und Leid.

(Nord-)Frankreich und Deutschland nach dem 1. Kreuzzug

Auf dem Festlande blieb auch nach dem ersten Kreuzzug die Lage prekär, wenngleich es zur Entfaltung einer breiten jüdisch-traditionellen Gelehrsamkeit hinreichend Spielraum gab – die bereits erwähnten Söhne des Schwiegersohns Raschis, Samuel ben Meir und Jakob ben Meir (Rabbenu Tam), waren in dieser Zeit tätig. Im Mainzer Landfrieden von 1103 sind die Juden erstmals in einer Reihe mit anderen waffenlosen Gruppen als Schutzbedürftige aufgeführt.

Zur Zeit des zweiten Kreuzzugs, der 1146 ausgerufen wurde, wieder von Frankreich ausging, aber auch in Deutschland – nicht zuletzt in Kaiser Konrad III. – Anhänger fand, trat die ganze Unsicherheit ihrer Stellung erneut in das hellste Licht. Verschiedenenorts, wie im französischen Carentan und besonders in Würzburg, kam es wiederum zu blutigen Ausschreitungen. Indessen hatten viele Gemeinden sich diesmal an feste Plätze, so die Kölner in die Wolkenburg bei Königswinter, zurückziehen können. Zudem trat der prominenteste Kreuzzugsprediger, Bernhard von Clairvaux, der antijüdischen Ausuferung der Kreuzzugsbegeisterung, insbesondere auch der judenfeindlichen Hetze seines Mitbruders Radulf von Clairvaux, entschieden entgegen. So wurde das Schlimmste verhindert, gab es zumindest kein zweites 1096. Bernhard wandte sich auch gegen die Forderung des Abtes Peter von Cluny, das jüdische Eigentum zur Finanzierung des Kreuzzugs zu konfiszieren. Natürlich zielte dies nicht auf völlige Abgabenfreiheit ab; finanziell waren die Kreuzzüge immer auch eine Sache der Juden. Die Maßnahme Papst Eugens III. (1145–1153), die die Kreuzfahrer von der Verpflichtung der Schuldzinszahlung entband, hat er ausdrücklich gebilligt.

Auch sonst machte sich die Juden betreffend zunehmend kirchlicher Einfluß geltend. Ludwig VII. (1137–1180) geriet wegen seiner ablehnenden Haltung gegenüber dem judenfeindlichen Kurs, den Peter Venerabilis von Cluny verfolgte, bei Papst Alexander III. (1159–1181) in den Verdacht mangelnder Kirchlichkeit. Und das Kirchenvolk war zutiefst verhetzt. Im Jahre 1171 erlebte Blois die erste Ritualmordaffäre des Festlandes (England war 1144 mit dem Fall des William von Norwich vorangegangen). Sie führte zu katastrophalen Folgen; 14 Männer und 17 Frauen wurden schuldlos verbrannt.

Im übrigen begannen sich die Geschicke der französischen und der deutschen Juden der unterschiedlichen politischen Entwicklung zufolge mehr und mehr voneinander zu trennen, wenngleich eine gewisse geistige Einheit erhalten blieb. Hatten sich 1150 auf der Synode von Troyes auch Vertreter deutscher Gemeinden eingefunden, so berieten 1160 – wiederum in Troyes – die Repräsentanten der französischen Gemeinden unter sich.

In Deutschland entfaltete sich in Reaktion auf die blutigen Ereignisse der Kreuzzugszeit und in Analogie zur christlichen Mystik eine religiöse Geistigkeit eigener Art, die an den Gedanken der Verherrlichung Gottes durch die Heiligung seines Namens im Martyrium *(Qiddusch ha-schem)* und der Selbstaufopferung *(Aqeda)* anknüpfend, für eine überraschend asketische Frömmigkeit und eine emotional betonte Zuwendung zu Gott eintrat. Diese Spiritualität, die in ihrer betonten Introversion die soziale Lage der Juden gebrochen widerspiegelt, entwickelte sich zum mittelalterlichen deutschen *Ḥasidismus* und zur sogenannten deutschen Kabbala und erreichte ihren Höhepunkt mit Jehuda hä-Ḥasid (gestorben 1217) aus Regensburg, dem Autor des *Sefär Ḥasidim* (Buch der Frommen), und Eleasar ben Jehuda (um 1160–1230) aus Worms, der Familie der Kalonymiden zugehörig, der nach seinem mystischen Hauptwerk auch *Roqeaḥ* (Salbenmischer) genannt wird.

Die französische Judenpolitik entwickelte sich gegen Ende des 12. Jahrhunderts, mit dem Herrschaftsantritt Philipps II. August (1180–1223), immer mehr in Analogie zur englischen. Er betrieb eine ausbeuterische Fiskalpolitik, die für die jüdische Gruppe zerstörerisch werden mußte und – ähnlich wie in England – letztlich auch für den Fiskus abträglich war. Der Gefangensetzung der reichen Juden von Paris und ihrer Wiederfreisetzung nach Zahlung eines Lösegeldes in Höhe von 15 000 Silbermark im Jahre 1181 folgte bereits ein Jahr später die Vertreibung zum Zwecke der Konfiszierung des unbeweglichen Eigentums. Da das vom König unmittelbar kontrollierte Territorium nicht allzu groß war, hielt sich die Zahl der Betroffenen in Grenzen. Sie hatten zudem die Möglichkeit, sich in benachbarten französischen Territorien, wie beispielsweise in der Champagne, niederzulassen. Dem königlichen Zugriff waren sie dadurch freilich nicht wirklich entzogen. 1190 nutzte Philipp die Gelegenheit der Hinrichtung eines Christen, der einen Juden umgebracht hatte, durch die Juden von Bray sur Seine (die hierbei im Einvernehmen mit der Gräfin handelten), um seine königliche Oberhoheit in Erinnerung zu bringen; er drang in den Ort ein und ließ die gesamte Judenschaft, die aus 80 Personen bestand, dem Scheiterhaufen übergeben.

Finanzpolitische Erwägungen wie auch die widersprüchliche Lage, zu der es aufgrund der Ausweitung der königlichen Territorien durch neue Gebiete, in denen Juden lebten, gekommen war, veranlaßten den König im Jahre 1198 zur Wiederzulassung der Juden auch in den alten Kerngebieten. Ihre Abdrängung aus dem Handel und dem Handwerk ins Geldgeschäft durch das zweifelhafte Privileg der den Christen von der Kirche untersagten Zinsnahme – ein Verbot, das Ende des 12. und Anfang des 13. Jahrhunderts verschärft gehandhabt wurde – war inzwischen weit fortgeschritten, so daß die Verhältnisse auch in dieser Hinsicht den englischen immer ähnlicher wurden. Der Zugewinn der Normandie im Jahre 1204 – bis dahin englisches Kronland – mußte sich in demselben Sinne auswirken.

Das jüdische Steueraufkommen war beträchtlich; 1206 belief sich die Schuld gegenüber dem Fiskus auf 252 800 tourische Pfund. Das Finanzgeschäft war einträglich – ein Umstand, der zur Vereinseitigung der jüdischen Berufsstruktur das seinige beigetragen haben wird – und ein Großteil der französischen Juden allem Anschein nach einigermaßen wohlhabend.

Obwohl damit die materiellen Voraussetzungen für kulturelle Spitzenleistungen in hohem Maße gegeben waren, steht die jüngere Zeit den Generationen Raschis und seiner Enkel in dieser Hinsicht nach Zahl und Gewicht entschieden nach. Auch hier drängt sich ein Vergleich mit den englischen Verhältnissen auf; die mangelnde Vielseitigkeit der beruflichen Betätigung, das vorherrschende Geldgeschäft und der dauernde Zahlungsdruck mögen hier wie dort ein nicht geringes Hemmnis gewesen sein.

Es ist kaum ein Zufall, daß Abraham ben David (um 1125 bis 1198) aus Posquières, heute Vauvert, der zweifellos bedeutendste jüdische Gelehrte Frankreichs zu seiner Zeit, dem Süden angehört, der erst zu Beginn des 13. Jahrhunderts durch die Albigenserkriege in den Einflußbereich der französischen Krone geriet und bis dahin gerade auch kulturell eine weitgehend eigene, mehr an Spanien (speziell Aragon) orientierte Entwicklung genommen hatte. Abraham ben David hat sich insbesondere durch seine *Hassagot* (Einwendungen) zu Maimonides' *Mischne Tora,* also als Kritiker, in Auseinandersetzung mit den philosophischen Tendenzen innerhalb des Judentums einen Namen gemacht. Indessen hat das königliche Frankreich ganz ähnlich wie England eine Reihe namhafter Tosafisten hervorgebracht, die das Erbe Raschis kritisch zu wahren suchten, und ist überdies für das 13. Jahrhundert zumindest Mose ben Jakob aus Coucy zu nennen, dessen um 1250 vollendeter Kodex *Sefär mizwot gadol* (Großes Buch der Gebote), abgekürzt *Semag,* einige Verbreitung gefunden hat; als Eiferer für die Reinheit der religiösen Überlieferung im Kampfe gegen den philosophischen Intellektualismus oder Rationalismus, der sich inzwischen auch weiter nördlich nachhaltiger bemerkbar machte, stand er in der Tradition Abraham ben Davids.

Neben die Kritik der philosophischen Auflösung der Tradition trat die Kritik der rivalisierenden Religion. Josef ha-Meqanne, Josef der Eiferer (13. Jahrhundert), hat im *Sefär ha-Meqanne* (Buch des Eiferers) eine Reihe antichristlich-polemischer Fassungen von Disputationen französischer Rabbiner mit Bischöfen, Priestern und Mönchen zusammengefaßt. (Später ist Nikolaus von Lyra, gestorben 1349, einer der wenigen christlichen Autoren des Mittelalters, die eine gewisse Kenntnis der rabbinischen Exegese besaßen, durch die jüdische Polemik zu einer christlichen Entgegnung herausgefordert worden.) Dies wirft ein helles Licht – nun von jüdischer Seite – auf die längst vergiftete Atmosphäre, freilich auch darauf, wie gefährlich die Majorität der Minorität inzwischen allem Anschein nach auch argumentativ geworden war.

Schließlich hat im Judentum Frankreichs noch die liturgische Dichtung einige Pflege erfahren.

Einen gewissen Einschnitt bedeutete auch für die französischen Juden die päpstliche Politik des beginnenden 13. Jahrhunderts. Innozenz III. begnügte sich nicht damit, nach dem Vorgange Alexanders III. die im Eigeninteresse von Krone und Adel vergleichsweise „milde" Judenpolitik der weltlichen Gewalt zu monieren, sondern führte auf dem IV. Laterankonzil (1215) Beschlüsse herbei, die langfristig einschneidende Veränderungen herbeizuführen geeignet waren. Philipps II. August Erlaß des Jahres 1219, der die Beschränkung der Geldleihe an Geistliche, Bauern und Handwerker zum Gegenstand hatte, ist als ein Sieg der päpstlichen Judenpolitik anzusehen.

Die Verfolgungen der ersten Jahrhunderthälfte gingen im wesentlichen auf kirchlich-religiöse Impulse und Initiativen zurück, mit denen sich freilich politische Interessen der weltlichen Gewalten in mannigfacher Weise verbanden. Während der dritte Kreuzzug (1189–1192), der für das englische Judentum so folgenschwer war, für das französische Judentum keine neue Belastungsprobe gebracht hat, wurde es in den Albigenserkriegen aufs härteste betroffen. Insbesondere fielen den Massakern bei der Einnahme von Béziers im Jahre 1209 zusammen mit den verfolgten Herätikern auch zahlreiche Juden zum Opfer. Die Überlebenden flohen über die Pyrenäen und ließen sich in Gerona nieder. Das relativ gut gestellte Judentum des Languedoc, das nicht nur im Geldgeschäft tätig, sondern auch an Handel und Handwerk beteiligt und zum Teil im Besitz von Landgütern war und öffentliche Ämter bekleidete, wurde im weiteren Verlaufe restriktiven Maßnahmen unterworfen. Der Pariser Vertrag von 1229, mit dem der Krieg seinen Abschluß fand, verpflichtete Graf Raimund von Toulouse, den Juden einflußreiche Ämter wie die des Landvogts und des Steuerpächters zu entziehen. Die Inquisition hielt ihren Einzug und die Dominikaner nahmen die Aufsicht über die Einhaltung der kirchlichen Judengesetze und die Zensur des jüdischen Schrifttums in die Hand. 1232 wurden in Montpellier, allerdings nicht ohne jüdisches Zutun – jüdische und christliche Fromme spielten sich rasch aufeinander ein –, Maimonides' philosophische Schriften verbrannt.

Auch die blutigen Verfolgungen, die 1236 in der Bretagne, in Anjou und im Poitou stattfanden, scheinen ganz wesentlich von religiösem Haß getragen gewesen zu sein. Politisch standen sie wohl im Zusammenhang mit der Durchsetzung der französischen Kronansprüche gegenüber den durch England unterstützten regionalen Sonderinteressen und der blutigen Niederwerfung der feudalen Reaktion durch Blanka von Kastilien, die während der Minderjährigkeit Ludwigs IX., des Heiligen (1226–1270), die Regentschaft führte. 1240 verordnete Herzog Johann der Rothaarige die Vertreibung der Juden aus der Bretagne, 1249 Alphons von Poitiers ihre Ausweisung aus dem Poitou; 1289 folgten die (englische) Gascogne und schließlich die Grafschaft Anjou. Die Maßnahmen mögen nicht allenthalben rigoros durchgeführt worden oder befristet gewesen sein, lassen aber die Richtung der zukünftigen Entwicklung erkennen. Gerade Alphons von Poitiers hat sich der Auspressungsmöglichkeiten, die die jüdische Minorität bot, kaum radikal begeben wollen.

Ludwig der Heilige stand ihm in dieser Hinsicht kaum sonderlich nach. Die Last der Kreuzzugsfinanzierung mußte ihm – subjektiv – allen Grund dazu geben. Es ist angesichts dessen wenig verwunderlich, daß die Juden der heimgesuchten westlichen Provinzen ihre Bitte um Hilfe ausgerechnet an Papst Gregor IX. (1227–1241) richteten, der sich dann in der Tat, und sei es auch nur, um seinen universalen Herrschaftsanspruch zur Geltung zu bringen, gegenüber den Bischöfen der betroffenen Gebiete und gegenüber der Krone für sie verwandt hat. Es ist eben derselbe Gregor, der auf der anderen Seite die Gelegenheit der Denunziation des Talmuds durch den jüdischen Apostaten Nikolaus Donin aus La Rochelle im Jahre 1239 wahrnahm, um die Forderung einer Untersuchung dieses religionsgesetzlichen Corpus zu erheben, was – nicht des Charakters der talmudischen Schriften, sondern der unübersteigbaren Schranken der Vorurteilsbefangenheit wegen – für die jüdische Gruppe nur unheilvolle Folgen haben konnte. Ludwig der Heilige geht im

Unterschied zu den Königen Englands und Spaniens auf das Ansinnen ein und setzt für das Jahr 1240 die Disputation von Paris an, mit der jene verhängnisvolle Geschichte der Diskriminierung des Talmuds beginnt, die bis in die neue und neueste Zeit ihre Fortsetzung gefunden, zur immer neuen Wiederholung der ewig alten Vorwürfe geführt und so durch die Jahrhunderte hindurch immer wieder zur Kristallisation und Artikulation des Judenhasses gedient hat. Die Verunglimpfung des talmudischen Schrifttums nahm ihren Anfang, als es bereits jahrhundertelang die Richtschnur des jüdischen Denkens und Lebens gewesen war, und war nichts als ein Vorwand, der gesuchte und gefundene Grund, die zweifelhafte Behandlung der Juden, die ohnedies gang und gäbe war, zu legitimieren. (Möglicherweise hatte Heinrich Heine diese „Disputation" bei der Abfassung seines gleichnamigen Gedichtes – freilich unklar genug – vor Augen, wenn er sie auch nach Toledo verlegt, das kein geschichtlich belangreiches christlich-jüdisches Religionsgespräch erlebt hat. Jedenfalls spricht die Nennung der Königin „Donna Blanka" in der 18. und der zweitletzten Strophe für die Vermutung; die Disputation, an der jüdischerseits der bereits genannte Mose ben Jakob aus Coucy beteiligt war, hat in der Tat in Gegenwart der Königinmutter Blanka von Kastilien stattgefunden.) Als im weiteren Verlauf der Ereignisse der Talmud – wahrscheinlich 1242 – verbrannt wurde, war Gregor IX. bereits verschieden. Die religiöse Diskriminierung hielt an, sowohl von der Spitze her wie an der Basis. Während man 1247 in Paris auf Ansuchen Innozenz' IV. (1243–1254) die antitalmudische Sache wieder aufgriff, ereignete sich in Valréas (Dauphiné), das damals freilich noch nicht zur französischen Krone gehörte, ein neuer Fall der Ritualmordbeschuldigung mit blutigem Ausgang. Kirchliche Konzilien, die in der Regierungszeit des religiös motivierten und kirchlich gesinnten Königs Ludwig IX. abgehalten wurden, schärften die antijüdische kirchliche Gesetzgebung ein. Er machte im Jahre 1269 – ein Jahr vor seinem Tod in Tunis – die Verpflichtung zum Tragen des Judenabzeichens noch zum Staatsgesetz.

Gegen Ende des 13. Jahrhunderts stand die französische Monarchie nicht zuletzt infolge der Ausweitung ihres Einflusses durch die Vereinigung heimgefallener Lehen mit der Domäne der Krone ungemein gestärkt da. Der Vergrößerung der Machtsphäre entsprach der Ausbau der Zentralverwaltung. Zumindest demographisch hat die Judenschaft Frankreichs trotz aller Schwierigkeiten von dieser Entwicklung profitiert. Die Zahl der jüdischen Gemeinden nahm fortwährend zu, allerdings in den verschiedenen Regionen in unterschiedlichem Maße. In der Krondomäne war der Zuwachs sehr viel geringer als in den übrigen Gebieten. Dies hing wohl damit zusammen, daß die Krone die Kommunen des eigenen Territoriums niederzuhalten bestrebt war, während sie die der rivalisierenden Barone zu fördern suchte, um diese zu schwächen, und verweist einmal mehr auf die Bedeutung der Juden als städtisches Element, obwohl sie längst in Handel und Handwerk nicht mehr die gleiche Rolle spielten wie früher. Nahm die Zahl der Gemeinden in den Kronlanden auch nur geringfügig zu, so vergrößerten sich doch die bereits bestehenden Gemeinden, und zwar sowohl durch natürliche Vermehrung wie durch Zuwanderung. Dies gilt besonders für die Gemeinden der größeren Orte. Diese Konzentration der Juden in den größeren Städten suchte Philipp III. (1270–1285) zu fördern und zum Abschluß zu bringen, indem er 1276 die Ansiedlung von Juden auf dem flachen Lande untersagte. Das Verbot wurde 1283 von ihm selbst sowie 1291 und 1299 von seinem Nachfolger Philipp IV., dem Schönen (1285–1314), erneuert.

Unter Philipp dem Schönen nimmt die auspresserische Fiskalpolitik immer rücksichtslosere Formen an. Die konsequente Expansionspolitik verschlingt beträchtliche Summen. Durch seine gewalttätigen Maßnahmen zur Beschaffung von Geldmitteln werden indes nicht nur die Juden hart betroffen, sondern auch die als Lombarden bekannten italienischen Bankiers und die Templer. Am ehesten können die Juden noch mit dem königlichen Schutz rechnen, wenn es um die Beschränkung kirchlicherseits beanspruchter Rechte geht. Denn im Gegensatz zu seinen beiden Vorgängern sucht Philipp IV. den kirchlichen Einfluß einzudämmen. In diesem Sinne tritt er gegen die Inquisition von Troyes auf, als diese 1288 im Zusammenhang mit einer Ritualmordbeschuldigung mehrere bekannte Gemeindemitglieder verurteilt und dem Feuertode übergibt. Er überwirft sich auch mit dem Papst, als dieser die staatliche Geistlichenbesteuerung abschaffen will. Dies hindert ihn aber andererseits nicht, zur Durchsetzung seiner Interessen an die religiöse Befangenheit des (Kirchen-)Volks anzuknüpfen. Allem Anschein nach waren es königliche Richter, die den Vorwurf der Hostienschändung, der in Paris gegen die Juden erhoben wurde – es war der erste dieser Art –, untersuchten und den Emotionen des Volkes mit dem Todesurteil entgegenkamen. Das Ereignis ist bis in die Revolutionszeit hinein mit großen kirchlichen Feierlichkeiten in Erinnerung gehalten worden.

Inzwischen waren die Juden in breiten Bevölkerungskreisen äußerst verhaßt. Die Gruppenfeindlichkeit scheint dadurch Auftrieb erhalten zu haben, daß sie sich – spontan wie aufgrund gesetzlichen Druckes – in immer weniger Orten immer mehr zusammenballten. Da sie ähnlich wie zu etwa derselben Zeit in England kaum mehr so dringend vonnöten waren wie früher, entschloß sich Philipp der Schöne zu einem radikalen Eingriff, der ihm zugleich noch einmal auf jüdische Kosten die Kassen füllen sollte. Am 22. Juli 1306 ließ er – wohl vor allem die wohlhabenden – Juden des Königreichs festsetzen, um ihnen mitzuteilen, daß sie binnen Monatsfrist das Land ohne ihren Besitz, also so gut wie mittellos, zu verlassen hätten. Die Maßnahme war nicht auf die Krondomäne beschränkt, sondern betraf auch lehnsherrliche Gebiete wie das Herzogtum Burgund. Es war die größte Vertreibung, zu der es bis dahin gekommen war, und auch die größte, die Frankreich je gesehen hat. Die Zahl der Betroffenen wird auf etwa 10 000 geschätzt. Später, gegen Ende des Jahrhunderts, bei der endgültigen, fürs erste nicht widerrufenen Ausweisung ging es um eine sehr viel geringere Zahl. Das jüdische Eigentum wurde bis auf ein geringes Zehrgeld eingezogen, einschließlich der durch die Schuldscheine ausgewiesenen Außenstände. (Ähnlich, zum Teil noch schlimmer, erging es ein Jahr später den Templern; der Einzug des Vermögens war von zahlreichen Hinrichtungen begleitet.)

Die Vertriebenen suchten sich womöglich in den benachbarten Provinzen und Ländern, wie in der Franche-Comté, in Savoyen, der Dauphiné, in der Provence (besonders aus dem Languedoc) und in Spanien, auch in Italien und Deutschland niederzulassen. Blieben sie in der Nähe in der Hoffnung auf Heimkehr?

Tatsächlich erhielten sie dazu schon 9 Jahre später durch Ludwig X. (1314–1316) die Möglichkeit. Es war indes eine Rückkehr auf Zeit; die Zusicherung bezog sich auf eine Frist von 12 Jahren. (Es kam in Wirklichkeit anders.) Zudem war in jedem Fall und erst recht angesichts der Bedingung einer befristeten Rückkehr kaum mit einer raschen Wiederherstellung des jüdischen Lebens, wie es die Zeit vor der Vertreibung gesehen hatte, zu rechnen. Während vor 1306 in der französischen Judenheit bis zuletzt noch immer Handel und Handwerk, besonders das Textilgewerbe, etwa die Seidenerzeugung, und die Goldschmiedekunst, eine gewisse Rolle gespielt hatten, waren die Rückkehrer vornehmlich Geldverleiher. Womit man endgültig bei den englischen Verhältnissen angelangt war.

Wenn die Wiederzulassung, die königlicherseits ausschließlich fiskalische Gründe hatte (schon die Erlaubnis selbst war teuer zu bezahlen), auch, wie es hieß, „auf Drängen des Volkes" hin erfolgte, so mag das auf einen breiter gestreuten Kreditmangel, auch auf einen Anstieg des Zinsfußes nach Ausweisung der Juden hinweisen. Jedenfalls ist es kaum ein Indiz allgemeiner Beliebtheit der Juden. In der Regel verstand sich nur die dünne Schicht des städtischen Patriziats mit den Juden zu arrangieren. Im kleinen Handel und Handwerk waren sie äußerst verhaßt; und auch der „Mob", jene städtische Unterschicht, deren Existenzgrundlage ziemlich rätselhaft ist, war zumindest latent judenfeindlich; für die ländliche Unterschicht gilt dasselbe. Tatsächlich kam es denn auch schon bald wieder zu Ausschreitungen; in größerem Ausmaße im Zusammenhang mit den Pastorellenzügen (von dem französischen Wort *pastoureaux*) des Jahres

1320 im französischen Südwesten. Zum Kreuzzug gegen den spanischen Islam angetretene Haufen verarmter und sozial deklassierter „Hirten“ bringen in der Guyenne (Aquitanien) und im Languedoc Hunderte von Juden um; allein in Castel-Sarrazin 160. Die weltliche und geistliche Gewalt schreitet zwar ein – im eigenen Interesse, geschreckt durch die Heftigkeit der mit religiösem Fanatismus aufgeladenen sozialen Unruhen; aber, wie häufig in solchen Fällen des Aufruhrs, mehr oder weniger im nachhinein. Verarmung und Unsicherheit sind in diesen Jahren der Regierungszeit Philipps V. (1316–1322) ins Ungemessene gewachsen. Das Jahrhundert der Hungersnöte und Seuchen fordert seinen Tribut. Schon im folgenden Jahre brechen neue Unruhen aus, denen wiederum zahlreiche Juden zum Opfer fallen, u. a. in Tours, Chinon und Bourges. Der Ausweisungsbefehl des Jahres 1322 – die ursprünglich zugesagten 12 Jahre sind auf 7 zusammengeschrumpft – erfolgte allem Anschein nach als Reaktion auf diese Ereignisse in dem Interesse, sich des gefährlichen Anlasses derartiger Volksunruhen zu entledigen. Im Zusammenhang damit taucht erstmals der Vorwurf der Brunnenvergiftung auf, zu der sich die Juden mit den Aussätzigen in verschwörerischer Weise zusammengetan haben sollen; eine nachträgliche Rechtfertigung der Ausweisung sowohl wie der damit Hand in Hand gehenden Konfiszierung jüdischen Besitzes.

Auch auf diese Ausweisung, die 1322 promulgiert wurde, deren Durchführung sich aber bis zum August des folgenden Jahres hinzog, folgte eine Wiederzulassung; indes erst im Jahre 1359. Zur Zeit des Schwarzen Todes, der für zahlreiche jüdische Gemeinden vor allem Deutschlands und der Schweiz, aber auch der Provence und Savoyens, der Dauphiné und der Franche-Comté so verhängnisvolle Folgen mit sich gebracht hat, hat es somit im königlichen Frankreich keine Juden gegeben. Natürlich ging es auch bei der neuen Niederlassungserlaubnis ums Geld; 1359 offener und unverstellter als je zuvor. Der spätere König Karl V., der Weise (1364–1380), der die Regentschaft führte, hatte erklärtermaßen die Aufbringung des Lösegeldes für seinen seit 1356 in englischer Gefangenschaft befindlichen Vater Johann II., den Guten (1350–1364), im Auge, als er die Juden zurückrief. Das Geld war um so schwerer zu beschaffen, als das Land durch Krieg und Verschwendung ausgelaugt und wirtschaftlich heruntergekommen war. Die Zulassung bezog sich auf einen Zeitraum von 20 Jahren, wurde aber 1364, als Karl den Thron bestieg, um 6 und 1374 um 10 Jahre verlängert, nicht ohne entsprechende Gegenleistungen von jüdischer Seite. Die Zahl derer, die sich neu ansiedelte, war wohl gering. Es dürfte sich im wesentlichen um eine kleinere Gruppe besonders erfolgreicher Financiers gehandelt haben. Sie hatten während der Regierungszeit Karls V. eine relativ ruhige Zeit. Nichtsdestoweniger ging die Frist der Duldung zu Ende. Die Unruhen des Jahres 1380, bei Regierungsantritt des zwölfjährigen Karl VI. (1380–1422), für den dessen Oheime, die Herzöge von Burgund, Anjou und Berry, die Regierungsgeschäfte führen, bringen erneut blutige Judenverfolgungen mit sich. Zu ähnlichen Ereignissen kommt es 1382 nach Steuererhöhungen. (In Paris erhalten die Aufständischen den Namen *Maillotins* [= Streitkolben], da sie sich Tausender im Rathaus lagernder Bleihämmer bemächtigen.)

Wenn Karl VI., der 1388 selbst die Regierungsgeschäfte übernahm, schließlich die Aufenthaltsfrist nicht wieder verlängerte, so geschah dies kaum in ureigenem Interesse, sondern angesichts der Haltung der Bevölkerung, insbesondere der Städte, deren judenfeindliche Mittelschicht –in Gilden und Zünften organisiert und in mannigfaltigem Kontakt mit den (im Gegensatz zu den älteren landsiedelnden Benediktinern) städtischen Orden der Dominikaner und Franziskaner – wachsenden wirtschaftlichen und politischen Einfluß ausübte. Es ist auffällig und aufschlußreich, daß 1382 die Stadt Eyrieu vom König autorisiert wurde, selbst zu entscheiden, ob Juden zugelassen werden sollten oder nicht; eine richtungweisende Maßnahme, die zugleich die zunehmende Eigenständigkeit der städtischen Kommunen bezeugt. Bis dahin ganz ungewöhnlich, sollte später ein derartiges Privileg den elsässischen Städten ganz generell gewährt werden. Daß äußerer Druck im Spiele war, legt auch der Umstand nahe, daß es diesmal – seltsam genug – ohne Konfiszierung abging; es handelte sich allem Anschein nach um etwas ganz anderes als im Jahre 1306. Wie hundert Jahre später in Spanien scheint die Krone den Juden bis zuletzt – aus verständlichen Gründen – vergleichsweise wohlwollend gegenübergestanden zu haben; letzten Endes arbeitete sie mit der Vertreibung ihren eigenen Interessen entgegen. Noch Mitte Juli 1394 erließ Karl VI. für die Juden des Languedoc ein ungewöhnlich günstiges Dekret. Als er am 17. September dieses Jahres die Landesverweisung bekanntgab, berief er sich denn auch auf „eine Reihe schwerer Klagen und Beschwerden" über Ausschreitungen und Vergehen der Juden gegenüber den Christen, besonders gegen den christlichen Glauben. Die religiöse Legitimation unterläuft kaum nur routine- und schablonenhaft – für die Vertreibung aus Spanien wird später (jedenfalls in der jüdischen Überlieferung) dem Dominikaner und Großinquisitor Torquemada ein beträchtliches Maß von Mitverantwortung zugeschrieben. Was von seiten der Krone als Vertreibungsbefehl aufgezogen wurde, läßt sich auch schlicht als Nichtverlängerung der befristeten Aufenthaltsgenehmigung auffassen; die – einschließlich der Nachgewährung – zugesagten 36 Jahre seit ihrer Wiederzulassung waren verstrichen, als im folgenden Jahre, zwischen dem 15. Januar und dem 18. März 1395, die Auswanderung erfolgte.

Auch in der Dauphiné nahm in der Folgezeit die Zahl der Juden fortwährend ab, bis sie nach einer lokalen Vertreibung aus Châtillon-les-Dombes im Jahre 1429 und blutigen Verfolgungen im Jahre 1466, im Jahre 1492, dem Jahr der Vertreibung aus Spanien, auch aus diesem französischen Landstrich generell ausgewiesen wurden.

1498 und endgültig 1501 folgte die Provence, die 1481 an die französische Krone gefallen war; auch hier hatte es zuvor, in den Jahren 1484/85 und 1493/95 blutige Unruhen gegeben.

Zu Beginn der Neuzeit war in Frankreich, von den um diese Zeit einwandernden „Portugiesen" (jüdische Neuchristen von der Iberischen Halbinsel) im Südwesten abgesehen, nur mehr im päpstlichen Avignon und Comtat Venaissin und im Osten, besonders im Elsaß, das jedoch erst 1648 an Frankreich kam, eine nennenswerte Anzahl von Juden ansässig. Nach England und neben Spanien war damit auch Frankreich ganz weitgehend „judenrein“.

In Mitteleuropa, besonders in Deutschland, bewirkte die in den Kreuzzügen so nachdrücklich zum Vorschein gekommene Zunahme an Feindseligkeit in der nichtjüdischen Bevölkerung eine wachsende Abschließung der jüdischen Gruppe. Zwar hatten die Juden seit eh und je zusammengelebt, aber eher spontan und keineswegs ausnahmslos. Die religiöse Zusammengehörigkeit, die Einhaltung weit ins alltägliche Leben hineinreichender religiöser Vorschriften legte dies nahe. Man hatte es allenthalben so gehalten. Im Hochmittelalter erhielt dieses Zusammenleben jedoch – noch immer nicht eigentlich vorgeschrieben – immer mehr Zwangscharakter. Die Juden wurden durch den Druck der Verhältnisse auf sich selbst zurückgeworfen – in den nördlichen Ländern und gerade auch in Deutschland früher und konsequenter als etwa auf der Iberischen Halbinsel, in Südfrankreich und Italien. Der Prozeß vollzog sich um so leichter, als die inneren Bedingungen dafür vergleichsweise günstig waren. Die Abdrängung in die Geldleihe gegen Zinsen – zu Anfang auch bei den Juden verpönt, später jedoch geschätzt, da sie Zeit für die Beschäftigung mit der Tora, dem religiösen Gesetz, ließ – hatte die inneren Reibungsflächen eher vermindert. Da die Zinsnahme intern verboten war, zog ein Großteil der Juden seinen Gewinn aus Geschäften mit Nichtjuden.

Ein Kölner Dokument aus dem Jahre 1301 enthält einen Hinweis auf die innere Struktur der eng zusammenhaltenden Gemeinde. Es heißt dort: „Nos Episcopus, magistratus Judeorum ac universi Judei civitatis Coloniensis“ – „Wir, der (Juden-) Bischof [d. h. der Leiter der örtlichen Judenschaft], die Träger der Gemeindeverwaltung [d. h. die Amtsträger] und die gesamten Juden“ usf. Der Judenbischof, der später auch Judenmeister hieß und nicht mit dem Rabbiner zu verwechseln ist, der dem Judenbischof bzw. -meister besonders für die interne Gerichtsbarkeit zur Seite stand, vertrat die Juden auch gegenüber der nichtjüdischen Obrigkeit. Nach 1400 haben einige Kaiser versucht, ohne Zustimmung der Gemeinden oder gar gegen diese Hochmeister für die Gesamtjudenschaft des Reiches einzuführen, blieben damit aber mehr oder weniger erfolglos.

Der Rückzug der Juden auf sich selbst war, wie gesagt, verständlich genug. Insbesondere der ländliche Kleinadel und die städtische Handwerkerschaft hegten einen geradezu unüberwindlichen Judenhaß, der – wie noch die Judenfeindschaft der jüngsten Vergangenheit – sowohl in der religiösen Differenz wie in (wirklicher oder vermeintlicher) wirtschaftlicher Abhängigkeit begründet war; gerade diese Gruppen waren besonders verschuldet. Der Haß brach, einmal hier, einmal dort, aufs Ganze gesehen in dichter zeitlicher Folge immer wieder hervor: 1181 in Wien, 1187 in Neuß, 1195 in Speyer, 1196 wieder in Wien, in demselben Jahre in Worms, 1197 in Boppard, 1207 in Halle – hier kam es zur Vertreibung –, 1221 in Erfurt, 1225 in Mecklenburg, 1226 in Breslau, 1229 wiederum in Erfurt usf.

1235 tauchte in Deutschland erstmals die in England und Frankreich ältere Ritualmordbeschuldigung auf, und zwar in Fulda, Lauda, Bischofsheim und Wolfshagen; 1267 folgte Pforzheim, 1271 Weißenburg im Elsaß, 1280 Oberwesel, 1283 Mainz und Bacharach, 1286 München, 1293 Krems usf. Daneben wurde vom Ende des 13. Jahrhunderts an wiederholt der Vorwurf des Hostienfrevels erhoben; hierin war Frankreich (Paris) 1290 vorangegangen.

Parallel zu dieser Entwicklung und in mannigfacher Verflechtung mit ihr betrieb die offizielle Kirche ihre Segregationspolitik. Sie ist besonders mit dem Namen Innozenz' III. verknüpft, der freilich auch in nichtjüdischen Kreisen alles andere als unumstritten war. Wenn Walther von der Vogelweide gegen die Pfaffen und speziell diesen Papst literarisch zu Felde zieht, so spiegelt dies ohne Zweifel einen weit verbreiteten Unmut der Laien über den wachsenden Klerikalismus. Für die Juden hat die kirchliche Absonderungspolitik, die, mit Kleiderverordnungen beginnend, schließlich bis zum Verbot des Besuches christlicher Gaststätten und christlicher Badhäuser führte, die erschreckendsten Folgen gehabt. Hierzu sind auch extreme und ganz entwürdigende Fassungen des Eides, der dem Juden abverlangt wurde, des sogenannten Judeneides *(more judaico)* zu rechnen, wie die des 1275 von einem Augsburger Minoriten verfaßten Schwabenspiegels, des bekannten „Kaiserlichen Land- und Lehnsrechtsbuches". Hiernach mußte „der schwörende Jude barfuß, mit einem Kleid für den Unterleib und einem härenen Tuch bekleidet, auf einer blutigen Schweinshaut stehen. Diese Haut mußte von einer Sau stammen, die in den letzten 14 Tagen Junge gehabt hatte. Sie mußte auf dem Rücken aufgeschnitten sein und war vor der Schöppenbank so auszubreiten, daß die Zitzen, auf denen der Jude zu stehen hatte, sichtbar wurden." [14] Die Perversität dieser Vorschrift, die absichtsvoll auf das jüdische Tabu des Schweinefleisch- und Blutgenusses zielt und den Juden so im Vollzug des religiösen Aktes der Eidesleistung religiös zu treffen und zu verletzen sucht, ist erschreckend. Auf diese Weise mußte der Jude fremder und fremder werden, so daß es wenig verwunderlich ist, daß er schließlich als Teufel erschien. Immerhin gab es hierfür in dem Jesuswort des Johannesevangeliums „Ihr habt den Teufel zum Vater" (Joh 8, 44) einen biblischen Anknüpfungspunkt.[15]

Inzwischen war die Rechtsstellung des Juden zur Kammerknechtschaft weiterentwickelt worden; in Entfaltung jener älteren Tradition, an deren Anfang der Mainzer Landfrieden von 1103 steht, in dem der Jude, wie bereits früher erwähnt, erstmals als schutzbedürftig und das heißt wohl waffenunfähig bezeichnet wird. Diese Konzeption hat in der Zeit zwischen 1221 und 1235 auch im Sachsenspiegel ihren Niederschlag gefunden. Die Zugehörigkeit des Juden zum König, die nicht als eigentliche Hörigkeit, sondern als ein Status zwischen Freiheit und Knechtschaft aufzufassen ist, wird in diesem einflußreichen Rechtsbuch historisch damit begründet, daß Titus die Juden durch die Eroberung Jerusalems zu Sklaven gemacht habe und die deutschen Kaiser die Rechtsnachfolger der römischen seien. Hier ist der Begriff des Kammerknechts seinem wesentlichen Inhalte nach bereits erreicht. Wenig später taucht auch der

Terminus auf; und zwar in einer Urkunde Friedrichs II., deren Abfassung in engstem Zusammenhang mit der ersten Ritualmordbeschuldigung in Deutschland steht. Im Anschluß an die blutigen Ereignisse von Fulda im Jahre 1235, die zur Mordanklage gegen die Juden des gesamten Reiches geführt hatten, wobei dem aus England und Frankreich bekannten Komplex die Vorstellung verbunden worden war, die Juden sammelten Menschenblut aus rituellen Gründen, hatte Friedrich II. in Hagenau Untersuchungen angeordnet, die mit einer klaren Zurückweisung der Beschuldigung endeten. Der Bekanntmachung des Freispruchs im Jahre 1236 fügte Friedrich eine Erneuerung des alten, von Heinrich IV. 1090 den Juden von Worms erteilten Privilegs hinzu, das nun für die Gesamtheit der deutschen Juden gelten sollte. Es ist dieses Dokument, in welchem der Terminus „Kammerknechte" (*servi nostri et servi camerae nostrae* – unsere Knechte und Knechte unserer Kammer) erstmals verwandt wird. Die Intention zielt hierbei auf die Juden als Steuerzahler; insofern hat sich nichts geändert. Friedrich nimmt die Gelegenheit wahr, seine finanziellen Ansprüche gegenüber den Juden den lokalen und regionalen Herrschaften in Erinnerung zu rufen – die Ausdehnung des Wormser Judenprivilegs Kaiser Heinrichs IV. auf die Gesamtjudenheit Deutschlands ist ein deutlicher Hinweis. Tatsächlich war in Deutschland anders als in England und selbst in Frankreich die Kontrolle über die Juden und ihre „Nutzung" als Steuerzahler dem König (bzw. Kaiser) weitgehend entglitten. Die Juden hatten zumeist den verschiedensten Herren: dem Kaiser, dem Bischof, der Stadt, Abgaben zu leisten; und nach dem Niedergang des Stauferreichs wurde das Judenregal vollends zum Handelsobjekt, „stückweise verpfändet, verschachert, verschenkt, vererbt, vertauscht" [15]. Wenngleich es Beispiele hierfür auch in England und Frankreich gibt, hat doch die Zerklüftung und Versprengung der Rechte, Ansprüche und willkürlichen Forderungen – durchaus in Übereinstimmung mit der politischen Zersplitterung – in Deutschland mit dem Rückgang des kaiserlichen Einflusses ein ganz ungewöhnliches, anderwärts kaum erreichtes Ausmaß angenommen. Doch obwohl der Zustand der politischen Zersplitterung und der Streuung der Schutzpflichten und Besteuerungsrechte für die jüdische Minorität die bedenklichsten Folgen haben mußte, so wie die Willkür und mangelnde Wahrnehmung der Schutzpflicht durch kleine und kleinste Herrschaften das Ihrige dazu beigetragen hat, das mittelalterliche Deutschland für die Juden zu *dem* Land der Verfolgungen zu machen, so ist doch andererseits in eben diesem Umstand der Grund für ihr Überleben in Deutschland zu sehen, allerdings für das Überleben nur eines „Restes“ – viele kamen um und andere flohen – und unter kaum beneidenswerten Bedingungen. Es kam zu keiner umfassenden Vertreibung und blieb allenthalben die Möglichkeit zur Flucht in die Nachbarschaft.

Die Geschichte der Juden im Mittelalter macht überdeutlich, daß das christliche Interesse an den Juden vordringlich finanzieller Art war – das gilt für die Kaiser, Landesherrn, Bischöfe, Städte, Handwerker und auch den „Mob“. Und eben deswegen, nicht etwa weil die jüdischen Reichen reicher gewesen wären als die christlichen, geschweige denn die Juden überhaupt, sind sie so konsequent und so unwiderruflich mit Gold und Geld identifiziert worden. Es war nicht wirklich der Wucher, was die Juden in Verruf gebracht hat – eher umgekehrt sie den Wucher: Weil man die Juden haßte, geriet auch ihr Wucher in Mißkredit. Wo immer ihn Christen betrieben, bis zum 11. Jahrhundert die Klöster, später Cahorsiner und Lombarden, war er weniger verpönt. Dies schließt nicht aus, daß der Haß der Schuldner aus ihrer Verschuldung kräftige Nahrung zog. Nur war dies eben nicht alles. Daß der Gläubiger Jude war, kam unendlich erschwerend hinzu.

Für die Pflege von Kultur und Wissenschaft waren die Zeiten nicht eben günstig. Daß der Minnesänger Süßkind von Trimberg (zu Beginn des 13. Jahrhudnerts) Jude war, ist eher unwahrscheinlich. Im Vordergrund standen wie in Frankreich die traditionellen Wissenszweige. Sie wurden um und nach 1200 von Samuel ben Kalonymus hä-Ḥasid aus Speyer, seinem schon genannten bekannteren Sohne Jehuda hä-Ḥasid aus Regensburg und ihrem ebenfalls bereits erwähnten Verwandten Eleasar ben Jehuda aus Worms in zutiefst mystischem Geiste gepflegt. Trotz Unsicherheit und Verfolgung kam jedoch auch nach ihnen das Studium des Gesetzes nicht zum Erliegen (u. a. ein Zeichen der inneren Stärke der deutschen Gemeinden), wenn auch die Zahl der wirklich hervorragenden Gelehrten gering war. Von einer Hegemonie des deutschen Judentums bis zum Schwarzen Tod kann, wie dies gelegentlich geschehen ist,[17] wohl nur gesprochen werden, wenn man Ascher ben Jechiel (um 1250–1327) und dessen noch bedeutenderen Sohn Jakob ben Ascher (um 1269 bis 1343), die zu Beginn des 14. Jahrhunderts über Savoyen und die Provence nach Spanien auswanderten, mitzählt. Doch ist neben ihnen immerhin ein so bekannter Gelehrter wie Meir ben Baruch aus Rothenburg (um 1215 in Worms geboren) zu nennen, der u. a. in Frankreich studiert hat und eine Elegie über die Talmudverbrennung des Jahres 1242 in Paris verfaßte. Von ihm sind ca. 1500 Responsen erhalten geblieben. Ähnlich wie später sein Schwager Ascher ben Jechiel hat auch Meir aus Rothenburg Deutschland den Rücken gekehrt. Er versuchte 1286 mit seiner Familie nach Palästina auszuwandern, wurde jedoch im Auftrage Rudolfs von Habsburg (1273–1291), der die Emigration als Kronschädigung auffaßte, in Tirol aufgegriffen und auf die Festung Ensisheim im Elsaß gebracht, wo er – die Zahlung eines Lösegeldes ablehnend – 1293 starb.

Die Zurückweisung der Ritualmordanklage durch Friedrich II. im Jahre 1236 hat derlei Beschuldigungen, wie die obige Auflistung (S. 97) zeigt, nicht verhindern können. Auch daß Papst Innozenz IV. (1243–1254) 1247 auf Bitten der Juden die Unhaltbarkeit der Blutlüge gegenüber dem deutschen Episkopat herausstellte und daran anknüpfende Grausamkeiten verurteilte, hat wenig geändert. Die alten Vorwürfe blieben vielmehr populär und neue kamen hinzu.

Die gegen Ende des 13. Jahrhunderts grassierende Hostienfrevelhysterie – sie wandte sich gegen Juden und Christen – war von Judenverfolgungen ganz ungeheuren Ausmaßes begleitet. Freilich waren weder im Falle des Ritualmordes, noch in dem des Hostienfrevels die Vorwürfe und was sie beinhalteten der wirkliche Grund der Verfolgungen. Doch – wie auf der Suche nach Gründen – machte der längst vorhandene Haß sich an ihnen fest; und einmal „aufgedeckt“, vermochten sie ihn in bedenklichster Weise zu nähren. Wie nicht selten flammten die Unruhen 1298 zur Zeit des Thronwechsels auf, während des Bürgerkrieges zwischen dem abgesetzten König Adolf von Nassau (1292–1298) und dem neugewählten Albrecht von Österreich (1298–1308), der letzten Verkörperung der Hoffnung auf ein starkes deutsches Königtum. Der fränkische Edelmann Rindfleisch zog vom Frühjahr bis zum Herbst mit mordbrennenden Haufen durchs Land, den vorgeblichen Hostienfrevel der Juden von Röttingen zu rächen. Über 140 Gemeinden Frankens, Bayerns und Österreichs wurden betroffen. Würzburg allein zählte 1000 Tote. Gottfried von Ensmingen schätzt ihre Gesamtzahl auf 100 000, eine eher symbolische Größe; hebräische Klagelieder sprechen realistischer von 20 000.

Den Hintergrund bildeten soziale und wirtschaftliche Gegensätze und Krisen, nicht zuletzt der mit dem wachsenden Gewicht der Städte sich verschärfende Konflikt zwischen Stadt und Land; in den Städten selbst der Gegensatz zwischen dem immer stärker aufkommenden zünftigen Handwerk und kleinen Handel und dem Patriziat, auf dem Lande der wachsende Widerstand der Bauern gegenüber den Feudalherren, deren Stellung sich infolge fallender Grundrente verschlechterte. Die Krise des Feudalismus, die das von Hungerkatastrophen und Seuchen geschüttelte 14. Jahrhundert heraufführte, geriet auch zur Krise des Judentums. Der vom adeligen Grundherrn bedrängte und zu Anleihen gezwungene Bauer sah im Juden den typischen Vertreter der städtischen Wirtschaft. Daß die Juden darin längst eine äußerst schwache Position einnahmen, mußte sie für mögliche Angriffe nur noch geeigneter machen – geschlagen wird mit Vorzug der Schwache. Religiös befangen und irregeleitet, der Rückendeckung eines Großteils des Klerus gewiß, fiel man fast ungehemmt über sie her, wenn sie auch keineswegs immer die einzigen Opfer waren.

Strukturell bedingt, wiederholten sich derartige Vorgänge. So organisierten sich 1335/37 unter dem abgewirtschafteten Edelmann „König Armleder" (so genannt aufgrund eines um den Arm gebundenen Stückes Leder) aufständische Bauern, die sich ausdrücklich als „Judenschläger" bezeichneten. Wiederum kamen zahllose Juden ums Leben. Wie schon früher bei ähnlichen Gelegenheiten, auch während der Rindfleisch-Verfolgungen, gaben sich zahlreiche Juden angesichts drohender Qualen und möglichen Abfalls vom Glauben der Väter in einem Akt der Selbstaufopferung mitsamt ihren Kindern selbst den Tod. Während die Armleder-Rotten in Franken, Schwaben, Österreich und der Steiermark wüteten, durchzog ein anderer Haufen unter dem Gastwirt Johann Zimberli mordend und plündernd das Elsaß und den Rheingau. Da gerade hier eine Reihe adeliger Grundbesitzer zu den Opfern zählten, war der Widerstand der Territorialherren und Städte entschiedener. Im übrigen aber war grundherrlicher und städtischer Schutz für die „Schutz"-Juden alles andere als eine Selbstverständlichkeit. In Deggendorf war 1337 der Rat selber an der Vernichtung der jüdischen Gemeinde beteiligt, die – wie immer – auch die Beseitigung der jüdischen Schuldforderungen zum Ziele hatte. Man streute das Gerücht eines Hostienfrevels aus, und auf das vereinbarte Zeichen des Glockengeläutes erschien Ritter Hartmann von Deggendorf mit Reisigen im Orte, um gemeinsam mit den Räten und Bürgern über die Juden herzufallen. Die Erhebung zum Wallfahrtsort – zum Andenken an dieses Ereignis – sicherte Kirche und Bürgerschaft langfristig zusätzliche Einnahmen. Die Beteiligung der Räte an den Plünderungen muß nicht überraschen. Letztlich suchten sich alle Schichten an den Juden zu bereichern, gerade auch die Oberschicht; aus keinem anderen Grunde wurden sie durch die Oberschicht privilegiert und ermutigt, sich ihrerseits an anderen Bevölkerungsschichten zu bereichern. Auch die Zins- und Schuldenzahlungserlasse von Päpsten, Kaisern und Königen, sei es durch Innozenz III. oder Philipp II. August von Frankreich bereits in früherer Zeit, sei es später durch Rudolf von Habsburg (1290), Albrecht I. (1299) und Ludwig den

Bayern (1315), waren im Grunde Ausplünderungen, die dazu dienten, sich Geneigtheit und Wohlverhalten der Begünstigten zu erkaufen, ob dies nun Kreuzfahrer oder Städte bzw. städtische Schichten waren.

Die Verfolgungen des ausgehenden 13. Jahrhunderts und der 30er Jahre des 14. Jahrhunderts waren sicherlich mehr als nur ein Vorspiel, wurden aber durch die Ereignisse um die Zeit des Schwarzen Todes, der Pest, in den Jahren 1348/49 weit übertroffen. Diesmal artikulierte sich der Haß im Vorwurf der Brunnenvergiftung. Er war bereits in den 20er Jahren im südlichen Frankreich mit der Anklage aufgetaucht, die Juden hätten sich zum Verderben der Christenheit mit den Aussätzigen verschworen. Nun, beim Auftreten der Pest, wurde er wieder aufgegriffen, um die Ausbreitung der unheimlichen Seuche zu erklären. Während indes in Südfrankreich die Judenverfolgungen mit der Begründung der Brunnenvergiftung auf die grassierende Krankheit folgten, gingen sie ihr in Deutschland vielfach voraus. Vielleicht ein zusätzlicher Hinweis darauf, daß und in welchem Maße es hier um die elementare Entladung sozialer Spannungen ging, diesmal vor allem des innerstädtischen Gegensatzes zwischen den Zünften und der oligarchischen Ratsherrschaft, als deren Verbündete die Juden allenthalben erschienen – tatsächlich hat sich die jüdische Oberschicht mit dem Patriziat in der Regel zu arrangieren gewußt (die Unterschicht wurde subsumiert). Die Ereignisse in Nürnberg, das von der Seuche verschont geblieben war, im Dezember 1349 machen dies überdeutlich; die Überfälle auf die Juden erfolgten zur Zeit der Zunftherrschaft.

Die Verfolgungen breiteten sich von Südwesten her aus – dem Weg der Brunnenvergiftungslegende folgend: von Frankreich über die Schweiz, wo sie ebenfalls, u. a. in Bern und Zürich, die grausamsten antijüdischen Ausschreitungen hervorrief, nach Deutschland. Vorweg in Schwaben, so in Stuttgart und Augsburg, dann am Rhein, in Freiburg und Speyer, Colmar, Schlettstadt und Straßburg, später in Worms, Mainz und Köln, auch weiter im Norden und Osten, wie in Lübeck, Dresden und Görlitz und schließlich in Nürnberg (die Juden Regensburgs blieben verschont), wurde Schreckensgericht gehalten. Die Juden Österreichs waren in der Regel weniger hart betroffen, da Herzog Albrecht II. anders als Kaiser Karl IV. (1346–1378), der sich an der Ausbeute der Plünderungen durch entsprechende Verträge mit den Städten zu beteiligen suchte, den Juden zu Hilfe kam. In über 300 Gemeinden wurden, wie es im Nürnberger Memorbuch heißt, die Juden „erschlagen, ertränkt, verbrannt, gerädert, gehenkt, vertilgt, erdrosselt, lebendig begraben und mit allen Todesarten gefoltert wegen der Heiligung des göttlichen Namens". Es müssen Zehntausende gewesen sein. Nur wenige scheinen den Ausweg der Taufe dem Tode vorgezogen zu haben (soweit dies ein Ausweg war; die Flagellanten brachten anscheinend auch Täuflinge um, und aus Konstanz wurden Getaufte verbannt); ganz offenbar gab es eine tief verankerte Bereitschaft zum Martyrium. Nicht immer und allerorts war es so gewesen, man denke etwa an England, auch an das Spanien des ausgehenden 14. und des 15. Jahrhunderts. Auch diesmal gaben sich viele selbst den Tod, in Mainz nach bewaffnetem Widerstand, der schließlich nach mehreren Tagen zusammenbrach.

Dies waren die schwersten Verfolgungen, die das deutsche Judentum seit der Zeit des ersten Kreuzzugs erlebt hat. Wie jene brachten auch sie (zusammen mit den Rindfleisch- und Armleder-Unruhen) für die Juden in Deutschland eine bedeutsame Wende. Es wurde nicht wieder, wie es gewesen war.

Zunächst mochte es den gegenteiligen Anschein haben. Denn nach und nach, hier früher, dort später, wurden wieder Juden zugelassen. Der Bischof von Augsburg konnte schon wenige Wochen nach der „Judenschlacht" wieder Juden aufnehmen, ab 1350 in unbegrenzter Zahl; die Stadt tat es ab 1355. In anderen Städten war es ähnlich. Für Erfurt, Nürnberg, Ulm, Speyer, Worms und Trier sind zwischen 1352 und 1355 wieder Juden nachweisbar. 1360 erscheinen sie wieder in Frankfurt, 1362 in Basel, 1365 in Mainz, 1372 in Köln und Dortmund; 1375 tauchen sie wieder in Thüringen auf.

Das Interesse war allenthalben der finanziellen Erwartungen

wegen groß genug. Doch war die Stellung der Juden jetzt gedrückter denn je. Zum nackten Objekt von Steueraktionen geworden, wurden sie durchweg nur auf Zeit, für höchstens zehn oder zwölf Jahre zugelassen, nicht zuletzt um Neufestsetzungen der Abgaben zu erleichtern. Die Situation erinnert in fataler Weise an die französischen Zustände nach der Vertreibung von 1306. Wer einmal ansässig war, konnte zudem die Stadt nicht „ungestraft" verlassen, sondern hatte für den Fall des Weggangs Entschädigungen zu zahlen. Auch pflegte das Zulassungsrecht zahlenmäßig begrenzt zu sein. Ferner wurden die Wohnplätze angewiesen. Von den kleinlichen und kleinlichsten Bestimmungen der Kleiderordnung, auf deren Einhaltung nun größtes Gewicht gelegt wurde, ganz zu schweigen. Erst in dieser Zeit entstand das Ghetto im engeren Sinne, meist im schlechtesten Viertel der Stadt; sehr im Unterschied zum alten Judenviertel, welches – ein Zeugnis der jüdischen Rolle in der Aufbauphase der Städte – sich häufig an bevorzugter Stelle der Ansiedlung befunden hatte. Als das bekannteste und berüchtigste Zwangswohnviertel dieser Art kann das Frankfurter Ghetto am Wollgraben gelten, das freilich erst 1460 eingerichtet wurde; es war durch drei nachts verriegelte und bewachte Tore von der übrigen Stadt getrennt. Die Bevölkerung nannte es „Neu-Ägypten". Es hat bis zum Einmarsch der französischen Truppen im Jahre 1796 bestanden.

Wenn und wo der Bedarf an Steuereinnahmen wuchs und die alten Rechte nicht ausreichten oder verpfändet waren, wurden neue Besteuerungstitel gefunden. Die Einführung der Kopfsteuer, des Güldenpfennigs, durch Ludwig IV. (1314–1347) noch vor den Verfolgungen der Jahre 1348/49 war in dieser Hinsicht richtungweisend. Im Laufe der Zeit sollten die Juden zur Bullensteuer, Konzilssteuer, Krönungssteuer, Hussitensteuer, Türkenhilfe u. a. m. herangezogen werden. Einen Höhepunkt finanzpolitischer Willkür mit den bedenklichsten Folgen stellten die rasch aufeinanderfolgenden Schuldenerlasse König Wenzels (1378–1400), des ältesten Sohnes Karls IV., dar – 1385 zugunsten der Städte, 1390 zugunsten der Stände (gegen die Städte).

Die jüdischen Einkünfte stammten weiterhin vorwiegend aus der Geldleihe, wenn es daneben auch jüdische Bäcker und Fleischer und vergleichsweise viele Ärzte gab. Doch nahm mit dem Aufkommen und dem Ausbau des christlichen Bankwesens – gegen Ende des Mittelalters wurde das kirchliche Zinsverbot kaum mehr beachtet – neben und anstelle des großen Kreditgeschäfts mit dem Adel und städtischen Patriziat nun das kleine Kreditgeschäft mit dem mittleren und kleineren Bürgertum: die Pfandleihe, einen immer größeren Raum ein, bis die Juden im 15. Jahrhundert, von prominenten Ausnahmen abgesehen, dahin ganz abgedrängt wurden. Damit war ihre wirtschaftliche Position – ganz im Interesse der Zünfte – entscheidend geschwächt. Nach und nach werden sie auch in Deutschland wirtschaftlich überflüssig, wie anderswo bereits früher. Die Entwicklung geht dahin, daß die Städte sich ihrer zu entledigen suchen, wenn auch nicht allenthalben unwiderruflich. In einigen Städten geschieht dies bereits sehr früh; in Straßburg 1389, in Prag 1400, in Mainz 1420 (nach Wiederzulassungen erneut 1438, 1462 und 1473), in Wien 1421, in Köln 1423/24 und in Augsburg 1440. Um die Jahrhundertmitte kommt der Franziskaner Johann Capistrano (1386–1456) derartigen Bestrebungen mit massiven Hetzpredigten entgegen; wie ja überhaupt zwischen den städtischen Orden der Franziskaner und Dominikaner einerseits und der städtischen Mittelschicht andererseits vielfältige Beziehungen bestehen. (Die Zünfte tragen vielfach stark religiösen Charakter.) Zur Hussitenpredigt ausgesandt, wird Capistrano recht eigentlich zur „Geißel der Hebräer". In Bayern, Böhmen, Mähren, Österreich und Schlesien predigt er den Einzug der jüdischen Güter, Vertreibung und Tod, zum Teil mit „Erfolg". In Schlesien sind Hunderte umgekommen.

Natürlich fanden die Juden – aus welchen Gründen immer – auch Protektoren, so etwa beim Papst und beim Kaiser, die auf diese Weise ihren inzwischen fadenscheinig gewordenen übergeordneten Machtanspruch in Erinnerung bringen konnten – meist wirkungslos genug. So erließ Papst Martin V. (1417 bis 1431) anläßlich der Wiener Ereignisse des Jahres 1421 eine

Schutzbulle, die jedoch bezeichnenderweise auf Drängen der Prediger wieder zurückgezogen wurde. Die Bulle wandte sich insbesondere gegen die Zwangstaufe jüdischer Kinder. Ein Jahr später (1422) trat derselbe Papst auch gegen die von Predigern der Bettelorden erhobene Forderung auf, jeglichen Umgang mit den Juden zu meiden. Das neue Schreiben enthält die bemerkenswerte Passage:

In vielen Fällen haben auch Christen, um besagte Juden ihres Vermögens zu berauben und steinigen zu können, bei Gelegenheit von Seuchen und anderen öffentlichen Unglücksfällen behauptet, die Juden hätten selbst Gift in die Brunnen geworfen und ihren Mazzen *[azymis]* Menschenblut beigemischt; solche ihnen mit Unrecht vorgeworfenen Verbrechen aber gereichen zum Verderben der Menschheit. Durch dergleichen wird das Volk gegen die Juden aufgeregt, so daß sie dieselben töten und auf alle Weise verfolgen. In der Hoffnung auf die von den Propheten vorausgesagte einstige Bekehrung des heiligen Restes der Juden verbieten wir euch, allen hohen Weltgeistlichen und besonders den Oberen der vorgenannten Orden, ausdrücklich, solche Hetzpredigten gegen die Juden zu erlauben. Wir wollen, daß jeder Christ die Juden mit menschlicher Milde behandelt und ihnen weder an Leib (und Leben) noch an Hab und Gut ein Unrecht zufügt [volentes, quod quilibet Christianus Judaeos ipsos humana mansuetudine prosequatur nec eis in personis, rebus aut bonis suis inferat iniuriam, molestiam vel offensam].[18]

Auch Kaiser Sigismund (1410–1437), in Fragen ihrer Besteuerung nicht zimperlich – er nahm sowohl seine Krönung zum König wie die zum Kaiser zum Anlaß für Sondersteuern –, hat sich, wohl zur Erhaltung dieser Steuerquelle und ihrer Steuerkraft, gelegentlich für die Juden verwandt.

Nichtsdestoweniger ging es unentwegt weiter bergab. Die Serie der lokalen und regionalen Vertreibungen riß nicht ab. 1442 wurden sie aus Oberbayern, 1450 aus Niederbayern verbannt. 1453 folgte Breslau, 1499 Nürnberg und 1510 die Mark Brandenburg, speziell Berlin, und das Elsaß; 1519 schließlich auch Regensburg, dessen Juden bis dahin von größeren Unruhen verschont geblieben waren.

Die Ereignisse in Berlin lassen sowohl den Verlauf der Fronten, zwischen die die Juden gerieten, wie auch den Zynismus der Akteure klar erkennen. 38 Menschen wurden verbrannt, weil der Kesselflicker Fromm, der eine Monstranz und zwei Hostien gestohlen hatte, nach Anwendung der Folter vor dem kirchlichen Gericht erklärte, von den beiden Hostien nur eine verzehrt, die andere aber einem Juden verkauft zu haben. Fromms vor der Hinrichtung gegenüber dem Beichtvater abgegebene Richtigstellung, er habe die Juden grundlos belastet, wurde vom zuständigen Bischof nicht zur Kenntnis genommen. Er schwieg, und die Belasteten starben. Das Interesse des Bischofs an der Hinrichtung ist offenkundig. Er befand sich in bestem Einvernehmen mit den Ständen. Der Hostienschändungsprozeß diente als politisches Instrument gegen den Kurfürsten, der versucht hatte, durch Zulassung neuer Juden (als Geldquelle) seinen Handlungsspielraum gegenüber den Ständen zu erweitern. Möglich war solches Vorgehen freilich nur – und das ist ebenfalls bezeichnend –, weil es ein derartiges Maß religiöser Befangenheit in der Bevölkerung gab. Wirtschaftliche, politische und religiöse Faktoren wirkten zusammen.

Spektakuläre Ereignisse wie der Ritualmordprozeß von Trient im Jahre 1475 sorgten dafür, die Bevölkerung in der Stimmung zu erhalten, deren es für derartige Machenschaften bedarf. Die Kunde vom Ritualmord am sogenannten hl. Simon von Trient fand nicht zuletzt dank Gutenbergs Erfindung der Buchdruckerkunst weiteste Verbreitung. Die Schedelsche Weltchronik enthält einen Holzschnitt mit einer entsprechenden Darstellung, deren ungebrochene Realistik erschütternd ist – kein Zweifel, man hat dergleichen in weitesten Kreisen geglaubt.

Nicht überall freilich wurden derart massive Vorwürfe wie die des Hostienfrevels und Ritualmordes ins Feld geführt. In Regensburg z. B. begnügte man sich mit dem Hinweis auf die Unredlichkeit der jüdischen Geschäftsleute (die sich von der der christlichen nicht unterschied) und auf die gefährdeten „Sitten der Stadt". Was war der wirkliche Anlaß der Judenvertreibung? Der wirtschaftliche Niedergang der Stadt, der eine Folge der Erschließung neuer Handelswege war. Die Regensburger Vorgänge machen besonders gut deutlich, daß trotz anhaltender Verhaßtheit und mannigfaltiger Konkurrenzerscheinungen in Zeiten expandierender Wirtschaftskraft den minoritären Gruppen letztlich die Krisenzeiten erst wirklich verhängnisvoll zu werden pflegen. Der ultima ratio der Vertreibung wendet man sich in der Regel erst in der Zeit der Schwäche zu, die geneigt macht, den noch Schwächeren zu opfern.

Infolge der nun schon über ca. 200 Jahre hinweg äußerst prekären Lage, die immer wieder in offene Feindseligkeiten umschlug, war das deutsche Judentum an Zahl und Bedeutung herabgesunken. Viele von denen, die – verfolgt und vertrieben – mit dem Leben davongekommen waren, wanderten aus. Seit 1348 gab es einen mehr oder weniger ständigen Strom nach Osten, über Böhmen und Schlesien nach Polen, das durch die Judenverfolgungen zur Zeit des Schwarzen Todes wohl nur in seinen westlichen Teilen tangiert worden war. Daß sich das Jiddische – ein deutscher Dialekt – im osteuropäischen Raum als Sprache der Juden durchsetzen konnte, zeugt von der zahlenmäßigen und kulturgeschichtlichen Bedeutung dieser Migration. Manche – wie der jüdische Humanist Elija Levita aus Neustadt an der Aisch – suchten und fanden auch in Italien Zuflucht, wo sich neben spanischen auch deutsche Gemeinden bildeten. Ein Teil ging selbst ins Osmanische Reich, das Hauptaufnahmeland der 1492 vertriebenen spanischen Juden.

Der im Lande verbliebene Rest suchte schlecht und recht seinen Unterhalt, mit wechselndem Erfolg. Entsprechend waren auch auf dem Gebiete der religiösen Lehre, obwohl das Studium der Überlieferung nicht zum Erliegen kam, hervorragende Leistungen selten. Zu den bedeutendsten jüdischen Lehrern der Zeit zählt Jakob ben Mose Moellin aus Mainz (gest. 1427 in Worms), auch abgekürzt Maharil genannt. Das *Sefär Maharil* (Buch des Rabbi Jakob Halevi), von seinem Schüler Salmann von St. Goar zusammengestellt, erfreute sich großer Beliebtheit.

Viel Beachtung – vor allem auf christlicher Seite – fand auch die vor 1410 entstandene Streitschrift *Sefär ha-Nizzaḥon* (Buch des Sieges) seines Zeitgenossen Jomtov Lipmann Mühlhausen (aus Thüringen?), der bis gegen Ende des 14. Jahrhunderts in Prag, später in Krakau lebte und um die Mitte des 15. Jahrhunderts starb.

Wie Jomtow Lipmann sich, wenngleich aus apologetischen Gründen, in christlichen Schriften wie dem Neuen Testament und den Kirchenvätern sorgfältig umgetan hatte, so machten die Humanisten, die – großenteils Laien – gegen den klerikalen Scholastizismus der vergangenen Jahrhunderte zu Felde zogen, neben der lateinischen in wachsendem Maße auch die griechische und (jüdisch-)hebräische Literaturtradition zum Gegenstand ihres Interesses. Ihr Ideal war die lateinisch-griechisch-hebräische Dreisprachigkeit *(trilinguitas)*. In einer Zeit des Umbruchs, gekennzeichnet durch territoriale und ständische Zersplitterung, gaben sie ihrer Suche nach der *Harmonia Mundi* (Francesco Giorgi[o]) Ausdruck in dem Bemühen um die innere Einheit der christlichen, jüdischen und heidnisch-griechischen Überlieferung.

Als sie zu Beginn des 16. Jahrhunderts durch den jüdischen Apostaten Johann Joseph Pfefferkorn, hinter dem die Kölner Dominikaner standen, mit dem (erneuten) Ruf nach Vernichtung des Talmuds herausgefordert wurden und einer der ihren, nämlich Johannes Reuchlin (1455–1522), einer der wenigen christlichen Kenner des Hebräischen, der 1507 mit seiner Schrift *De rudimentis hebraicis* als erster Christ eine hebräische Grammatik herausgebracht hatte, die diesen Namen verdient, von Kaiser Maximilian I. (1493–1519) zur Erstellung eines Gutachtens herangezogen wurde, war die Entscheidung trotz aller Befangenheit gegenüber den Juden, wie sie in anderen Schriften des Autors zum Ausdruck kommt, nicht schwankend: *gegen* die Vernichtung, *für* die Erhaltung des jüdischen Schrifttums. Die Auseinandersetzung eskalierte in den „Dunkelmännerbriefen“ und dem Echo, das diese hervorriefen, zu einem Aufschrei der Entrüstung der humanistischen Welt. Inzwischen war freilich der Anlaß des Streits, das Schrifttum der Juden, so gut wie vergessen. Es ist eines der entscheidenden Momente der Auffassung Reuchlins, daß dieser am Ende des Mittelalters ähnlich wie Gregor I. (590–604) zu seinem Beginn (und gegen Mitte des 16. Jahrhunderts Karl V. [1519–1565]) auf dem Boden des Römischen Rechts die Juden als „Glieder des Hl. Reichs und des Kaisertums Bürger", „mit uns in einem Reiches Bürgerrecht" begreift und damit, den Ring des ausschließlich sakralen Rechtsdenkens sprengend, auf einen den jüdisch-christlichen religiösen Gegensatz umspannenden säkularen Rahmen rechtlicher Verfaßtheit abhebt. Josel(mann) von Rosheim (ca. 1478–1554), der es in einer Zeit extremer Schwäche der Judenheit als schlichter, wenngleich gelehrter Geldverleiher der Landvogtei Hagenau (Elsaß) mehr durch eigene Initiative und entsprechende Anerkennung von offizieller Seite als durch den Auftrag derjenigen, die er repräsentierte, zum „Fürsprecher und Amtswalter (Schtadlan)" der Juden gebracht hatte und als „gemeiner [d. h. der gesamten] Judenschaft Befehlshaber und Regierer" auftreten konnte, bezeichnete Reuchlin als „einen Weisen der Völker", sein Eintreten für das jüdische Schrifttum als „ein Wunder im Wunder".

An der gedrückten Lage der deutschen Juden hat Reuchlins Gutachten freilich wenig geändert, obgleich sein Einsatz keineswegs lediglich Ausdruck eines abstrakten Humanitätsdenkens war, sondern sich durchaus auf der Linie bestimmter politischer Bestrebungen bewegte, wie die Privilegien Karls V. aus den Jahren 1519, 1530 und 1544 zeigen, an deren Zustandekommen Josel von Rosheim mitgewirkt hat. Das Speyerer Privileg von 1544 ist eines der freiheitlichsten, das Juden je gewährt wurde. Doch in dieser Zeit der Konsolidierung der Territorialstaaten war es nicht nur der geistlichen Zentralgewalt, dem Papste, versagt, sich gegen Luther und die reformatorische Bewegung durchzusetzen, auch der Aktionsradius der kaiserlichweltlichen Zentralgewalt war überaus eng. Zudem entsprach der organisierten katholischen Judenfeindlichkeit der Dominikaner die prononcierte Haltung Martin Luthers, der in seiner Schrift *Daß Jesus Christus ein geborener Jude sei* (1523) den Juden zwar einige Freundlichkeiten gesagt hatte, freilich schon damals mehr aufgrund missionarischer Hoffnungen als wirklichen Verständnisses für ihre Lage, schließlich jedoch, in seinen Hoffnungen getäuscht, mit der Schrift *Von den Juden und ihren Lügen* (1543) nur um so erbitterter zuschlug. Seine an die Adresse der Fürsten gerichteten, großenteils ganz unglaublichen Ratschläge, die bis zu Aufforderungen der Zerstörung ihrer Synagogen und Häuser, ihrer Ausplünderung und Vertreibung reichen und mit der Bemerkung enden:

Summa, lieben Fürsten und Herrn, so Jüden unter sich haben, Ist euch solcher mein rat nicht eben, so trefft einen bessern, das jr und wir alle der unleidlichen, teuffelschen Last der Juden entladen werden [19],

konnten den Adressaten nur recht sein. Nicht um ihnen unverzüglich zu folgen, dafür waren sie an den Juden viel zu sehr interessiert, sondern als Bestätigung ihrer Zuständigkeit und als wohlfeiles Instrument, das sich gegebenenfalls im Kampfe zwischen den rivalisierenden politischen Mächten – etwa gegen den Kaiser – verwenden ließ. Vorstufen des aufklärerischen Toleranzgedankens sind auf seiten der Frommen, sei es der katholischen, sei es der reformierten, kaum zu finden, am ehesten noch auf seiten der Zentralgewalten und ihrer Befürworter, selbst eher im so verschrieenen Rom der Renaissancepäpste als bei Luther und Eck.

Die Landesherren hatten ein nicht unbedeutendes Interesse an den Juden, um ein Pendant zur wirtschaftlichen Bedeutung der Städte zu schaffen. So kam es, daß die Juden von Augsburg sich in den naheliegenden Dörfern, die von Köln in Deutz und Mülheim, die von Nürnberg in Fürth niederlassen konnten. Die Verbreitung und Verteilung des traditionell städtischen Elements der Juden über das Land – nur wenige Städte wie die Reichsstädte Frankfurt und Worms beherbergten noch jüdische Gemeinden – hat allgemein zur Verarmung und auch zur Verrohung der jüdischen Bevölkerung beigetragen. Juden tauchen fortan verstärkt in Armeen und mehr noch unter Banditen auf. Es ist bezeichnend, daß im 16. Jahrhundert, besonders in den Bauernkriegen (1525), die Aufständischen sich nicht mehr primär gegen die Juden wenden, wie das bei früheren Unruhen der Landbevölkerung, es sei an die Pastorellen-, Rindfleisch- und Armleder-Verfolgungen erinnert, geschehen ist. Die dezimierte jüdische Minorität kann in dieser Zeit schwerlich als Symbol städtischen Reichtums und fürstlicher Ausbeutung dienen, wenn sie auch – wie Luthers Invektiven zeigen – kaum beliebt ist. Klarer als je zuvor erkennen die Bauern und ihre Führer nun ihren wahren Feind.

Hinsichtlich der Struktur der jüdischen Wirtschaftstätigkeit hat der mit den Vertreibungen aus den Städten gegebene tiefgreifende Wandel indes die günstigsten Folgen gehabt. Nicht mehr der unmittelbaren Kontrolle der städtischen Gilden und Zünfte unterworfen, können die Juden sich nunmehr neben der Geldleihe wieder stärker dem Handel zuwenden, wenn es auch von den östlichen Landesteilen, wo der Handelsverkehr mit Polen sich entwickelt, und allenfalls Frankfurt abgesehen, das vom wirtschaftlichen Aufschwung der Niederlande profitiert und den Juden einen gewissen Spielraum im Warenhandel läßt, im allgemeinen bei einem Gelegenheits- und Nothandel wie dem Hausierhandel bleibt. Insbesondere werden die Juden zu Vermittlern zwischen Stadt und Land: „Was sie auf den Messen und Jahrmärkten in den Städten kaufen, bieten sie auf dem Lande hausierend feil. Was bei ländlichen Grundbesitzern und Bauern an Agrarprodukten und Erzeugnissen der Heimindustrie verkäuflich ist, wird den Herumziehenden leicht greifbar und in die Städte gebracht. So wird in den frühen Jahrhunderten der Neuzeit das wirtschaftliche Leben der Juden wieder bunter und reicher, als es seit langem gewesen war. Die Einseitigkeit der spätmittelalterlichen Geldleihe ist überwunden, und es gibt beinahe nichts mehr, wo sie nicht wenigstens gelegentlich handelnd eingriffen.“ [20]

An diesem Wandel ließ sich im Zuge der weitreichenden Veränderungen, die wirtschaftlich durch die Entfaltung des Kolonial- und Welthandels, politisch durch die Entwicklung statthatten, die schließlich zum Absolutismus führte, (insbesondere nach dem Dreißigjährigen Kriege) anknüpfen.

Der Natur der neuen Abhängigkeitsstrukturen entsprechend bildeten sich eine Reihe regionaler, nach dem Muster der Landstände organisierter Judenschaften, an deren Spitze ein der jeweiligen Regierung genehmer *Befehlshaber und Vorgänger (Parnaß und Manhig)* stand, der auf dem sogenannten Judenlandtage gewählt wurde. Trotzdem war die jüdische Autonomie in Mitteleuropa eng begrenzt. Die Entwicklung ging auf den zentralistischen Staat zu, der letzten Endes in noch viel größerem Umfange sein – legitimes oder illegitimes – „Recht" fordern sollte; ein für zahlreiche gesellschaftliche Gruppen und Gebilde traditioneller Prägung folgenreicher Prozeß, der aber gerade für die Juden keineswegs nur negative Auswirkungen gehabt hat.

FRÜHE NEUZEIT

Das Ende des Mittelalters und die frühe Neuzeit haben eine Verlagerung der jüdischen Siedlungsschwerpunkte größeren Ausmaßes gebracht. Die meist durch Verfolgungen und Vertreibungen bedingten Migrationen, die dazu führten und von denen im voraufgehenden großenteils bereits die Rede war, zeigen zwei Hauptbewegungsrichtungen.

1. Von Westen nach Osten: Von der Iberischen Halbinsel besonders in die Türkei – in Saloniki führte diese Einwanderungswelle die Blütezeit der jüdischen Gemeinden der lange Zeit mehrheitlich jüdischen Stadt herauf – und von Mitteleuropa, vor allem Deutschland, insbesondere nach Polen/ Litauen.

2. Von Süden nach Norden: Von der Iberischen Halbinsel, und zwar nicht nur im Zuge der spanischen und portugiesischen Vertreibung Ende des 15. Jahrhunderts, sondern durch die Inquisition bedingt (die fortgesetzt Druck auf die getauften Juden ausübte) auch in der Folgezeit, nach (Südwest-) Frankreich, in die Niederlande und nach (Nord-)Deutschland; vorweg nach Bayonne und Bordeaux (wo sie sich freilich fürs erste nicht offen als Juden bekennen konnten), nach Antwerpen und Amsterdam, und später, im 17. Jahrhundert, auch nach Hamburg, Altona und Glückstadt. Dieses „Wiedererscheinen von Juden entlang der atlantischen Küste" [21] war ermöglicht und begünstigt durch den wirtschaftlichen Aufstieg, speziell die Möglichkeiten einer ausgedehnteren Handelstätigkeit in den genannten (Hafen-)Städten. Wobei weniger die wirtschaftliche Blüte auf den Zuzug der Juden zurückzuführen sein dürfte (wie Werner Sombart glaubte nachweisen zu können [22]), wenngleich Juden maßgeblich daran beteiligt waren, als vielmehr umgekehrt der Zuzug der Juden auf die

sich bietenden besonders günstigen Möglichkeiten – Voraussetzungen, die Fremde anzuziehen pflegen und in der ansässigen Bevölkerung Haß und Fremdenfeindlichkeit zurücktreten lassen.

Polen

Die eigentlich „große" Zeit des polnischen Judentums liegt in der (frühen) Neuzeit – eben deswegen wird es an dieser Stelle behandelt. Doch hat diese Blütezeit jüdischen Lebens in Polen eine lange, zum Teil nicht unbedeutende Vorgeschichte gehabt. Die erste Ansiedlung von Juden in diesem Lande erfolgte spätestens im 10. Jahrhundert. Zu den ältesten jüdischen Siedlern gehörten wohl von Süden und Südosten, insbesondere Kiew her eingewanderte Gruppen; sie waren somit durch die Kulturtradition der Juden des byzantinischen Einflußbereichs geprägt. Wieweit chasarische Elemente eine Rolle gespielt haben, ist ungeklärt und kaum mehr zu ermitteln. Im Laufe der Zeit sollten indes die jüdischen Einwanderer aus dem Westen von ausschlaggebender Bedeutung werden. Sie folgten der Handelsstraße nach Südrußland, auch der deutschen Ostexpansion, waren aber in allererster Linie Flüchtlinge (oder was dafür gelten konnte), die in den weiter westlich gelegenen Ländern keinen Unterhalt mehr fanden. Tatsächlich gibt es denn auch angefangen von den Verfolgungen zur Zeit des ersten Kreuzzuges (1096), besonders am Rhein, auch in Prag, eine gewisse Dichte zuverlässiger und datierbarer historischer Nachrichten über die Juden in Polen. Die jüdische Ostwanderung hat über die Schlüsselereignisse der Vertreibungen aus England, Frankreich und Spanien hinweg und infolge der zahllosen Verfolgungen und lokalen wie regionalen Vertreibungen in Deutschland angehalten und mit und nach den Massakern der Katastrophenjahre des Schwarzen Todes (1348/49) einen Höhepunkt erlebt. Wie wichtig das aschkenasische Element im europäischen Osten geworden ist, zeigt der beherrschende Einfluß der deutsch-jüdischen Kultur und die Durchsetzung des Jiddischen als Alltagssprache des Ostjudentums.

Die Geschichte der Juden in Polen gleicht zunächst – phasenverschoben – derjenigen der weiter westlich gelegenen Länder. Soweit geschichtlich greifbar (und das ist vor allem die Oberschicht) stehen sie als Händler und Geldverleiher im Schutze und Dienste der weltlichen Großen. Wie anderwärts (allerdings vielfach früher) tragen sie somit entscheidend zur geldwirtschaftlichen und städtischen Entwicklung bei. Es ist wenig verwunderlich, daß das erste Privileg, das auf das 13. Jahrhundert zurückgeht, eine Zeit also, da die jüdische Siedlung in Polen schon eine gewisse Dichte hat und hier und da wie in Plozk und Kalisch bereits organisierte Gemeinden bestehen, nämlich das Statut Bolesławs V., des Frommen (1221–1279), aus dem Jahre 1264, sich eng an das Privileg Friedrichs II. von Österreich anlehnt. Das Privileg Bolesławs, welches auch das Statut von Kalisch heißt und zunächst nur für Großpolen galt, ist zur Grundlage der weiteren Judengesetzgebung geworden. Kasimir III., der Große (1333–1370), brauchte das jüdische Element in den Städten als Gegengewicht gegen das deutsche Bürgertum, das sich zur Zeit der Bemühungen seines Vaters Władysław Łokietek um die Einheit Polens als wenig zuverlässig erwiesen hatte. Er dehnte das Statut auf Kleinpolen aus und ergänzte es später. Natürlich wurde die Ausweitung der jüdischen Wirtschaftstätigkeit auf der Grundlage der königlichen Privilegien, die nicht nur eine gewisse Autonomie und den Schutz damit gegebener Einrichtungen (wie Synagogen und Friedhöfe), sondern auch Handelsfreiheit gewährten, vom christlichen Bürgertum nicht widerstandslos hingenommen, sondern zum Teil im Zusammenwirken mit dem Klerus heftig bekämpft. Die Beschlüsse der Synoden von Breslau (1267), Ofen (1279) und Leczyca (1285) sind in dieser Hinsicht aufschlußreich. Sie enthalten nicht nur Absonderungsbestimmungen und Forderungen zur Einschränkung des Synagogenbaus, sondern auch das Verbot der Verpachtung von Zöllen, Mauten und Münzen usw. an Juden. Damit war ein Lebensnerv getroffen. Denn mit und neben dem Handel bezogen die Juden ihre Einkünfte zu einem erheblichen Teil aus Pachtverhältnissen. Hierbei ist nicht nur an prominente

Steuerpächter wie Lewko, den jüdischen „Hofbankier“ Kasimirs des Großen, zu denken. Im Laufe der Zeit sind von polnischen Juden die verschiedenartigsten Einrichtungen und Einkunftsmöglichkeiten gepachtet worden, angefangen von Steuern und Münzschlägereien bis zu Salzsiedereien, Mühlen und Wirtshäusern. Es ging hierbei also nicht nur um das große, sondern auch um das kleine Geschäft.

Trotz wirtschaftlich und religiös motivierter Reaktionen von seiten der christlichen Bevölkerung wie der Kirche – 1399 erfolgte die erste Anklage wegen Hostienfrevels; 1407 wurde das Judenviertel in Krakau geplündert – hat das polnische Judentum fürs erste keine entscheidenden Rückschläge erlebt, sondern sich überraschend günstig entfalten können. Offenbar ist die Konsolidierung Polens nach 1306 und sein Aufstieg zur osteuropäischen Großmacht seit 1386 der polnischen Judenheit in hohem Maße zugute gekommen.

Während die mit Bolesław V. einsetzende Judengesetzgebung für Großpolen und Kleinpolen westeuropäisch-mittelalterliches Gepräge trägt, setzt die betreffende Entwicklung in Litauen, das in der Folgezeit mehr und mehr mit Polen verschmilzt, mit einem Rechtsakt ein, der hiervon beträchtlich abweicht. Die gemeinte Vereinbarung geht auf Witold zurück, der nach der Taufe und Königswahl seines Vetters Jagiełło (1386–1434), welcher 1385 im Vertrag von Krewo die Annahme des lateinischen Christentums durch Litauen und seinen Anschluß an Polen zugesagt hatte, gegen diesen die heidnischen Kräfte des Landes sammelte, später jedoch die polnische Oberhoheit anerkannte und dafür selbst als Großfürst Litauens bestätigt wurde. Er gewährte den Juden von Brest-Litowsk (1388) und Grodno (1389) die weitestgehenden Rechte, die bis zur Steuerfreiheit von Friedhof und Synagoge reichten. Ganz offenbar ging es darum, jüdische Siedler anzuziehen. In dem Erlaß für Grodno wird den Juden ausdrücklich interne Meinungsfreiheit zugestanden und ferner die Herstellung, Beschaffung und der Ausschank von Getränken gestattet, „unter der Bedingung, daß (hierfür) eine jährliche Abgabe an unsere Schatzkammer gezahlt wird“;

ja ganz allgemein Handel und Gewerbe freigegeben: „Sie können auf dem Markt, in Ladenlokalen und auf der Straße Handel treiben und kaufen in voller Gleichheit mit den (übrigen) Bürgern; sie können jederlei Gewerbe betreiben." Und nicht nur diese eher städtischen Berufszweige des Handels und Handwerks, auch die Landwirtschaft soll ihnen offen stehen: „Was Acker- und Weideland angeht, ob sie es schon besitzen, oder erst erwerben werden, so mögen sie daraus in voller Gleichheit mit der (übrigen) Bevölkerung [von Grodno] ihren Nutzen ziehen, sofern sie wie jene an unsere Schatzkammer zahlen." Damit ist von Anfang an eine sehr viel weiterreichende Konzeption von der Stellung der Juden in der Gesellschaft artikuliert als in den Privilegien Groß- und Kleinpolens. Obwohl sich eine derartig „liberale" Gesetzgebung langfristig nicht einmal in Litauen und noch viel weniger in anderen Teilen des litauisch-polnischen Staatswesens durchsetzen konnte, sondern umgekehrt mit der Katholisierung (eines Teils) des litauischen Adels und dem zunehmenden Einfluß der Geistlichkeit die sehr viel eingeschränkteren polnischen Vorstellungen auch in Litauen Eingang fanden, hat es die Judenheit Polen-Litauens doch im Laufe der Zeit zu einem vergleichsweise breiten Spektrum beruflicher Betätigungen gebracht. Neben Handel und Geldverleih kommt selbst die Beschäftigung in der Landwirtschaft vor und hat vor allem (in Anknüpfung an religiöse Voraussetzungen und Bedürfnisse) vom 15. Jahrhundert an das Handwerk eine immer größere Rolle gespielt.

Da der relativ „offenen" Gesetzgebung vielfach eine noch „offenere" Praxis entsprach, konnte sich das jüdische Leben in Polen einigermaßen gut entfalten. Entscheidendes hat hieran fürs erste auch der klerikale Widerstand nicht geändert. Immerhin gelang es der mit der Szlachta, dem polnischen hohen Adel, verbündeten Geistlichkeit (der niedere Adel war wohl großenteils verschuldet), Kasimir Jagiellończyk (1447–1492), der im Jahre 1453 die Judenprivilegien bestätigt hatte, 1454 zu einem bedingten Widerruf (soweit sie mit dem göttlichen Rechte und der Landesverfassung in Widerspruch ständen) zu veranlassen.

Fürstprimas Zbigniew Oleśnicki hatte sich offenbar eine bemerkenswerte Machtposition verschafft. Unterstützung von außen fand er in Johann Capistrano, der Seele der blutigen Breslauer Ereignisse des Jahres 1453, denen zahlreiche Juden der Stadt zum Opfer gefallen waren. Trotzdem blühte der jüdische Handel weiter: nach Westen gab es Verbindungen (über die Weichsel) mit Danzig, Elbing und Thorn, nach Osten mit Kiew und ans Schwarze Meer: mit Kaffa, dem wichtigen türkischen Handelsstützpunkt auf der Krim (dem späteren Feodosia), und Konstantinopel; auch mit italienischen Städten wie Venedig und Genua.

Doch war die Klimaverschlechterung beträchtlich, die Judenheit in der Bevölkerung gründlich verhaßt. 1463 stürmten Kreuzzugswillige, die dem Aufruf Pius' II. Folge leisten wollten, das Judenviertel von Krakau, und 1564 löste in Posen eine Feuersbrunst einen Pogrom aus; allerdings hatte in beiden Fällen der Magistrat Strafgelder zu zahlen. Gegen Ende des Jahrhunderts waren die städtischen Reaktionen bereits bedenklicher und folgenreicher. 1483 wurden die Juden aus Warschau vertrieben, 1494 aus Krakau, nachdem ihnen bereits 1485 Handelsbeschränkungen auferlegt worden waren. Sie ließen sich im benachbarten Kazimierz nieder; 1493 führte Lemberg Handelsbeschränkungen ein. Trotzdem nahm aufs Ganze gesehen die Entwicklung keineswegs denselben oder auch nur einen ähnlichen Verlauf wie in Deutschland. Die Zeit der Blüte des polnischen Judentums stand noch bevor. Allerdings dürften die angezeigten Tendenzen zu einer stärkeren Hinwendung zum Handwerk beigetragen haben. Die Vertreibung aus Litauen, zu der es 1495 unter Alexander Jagiełło (1492–1505) kam, blieb Episode; sie wurde bereits 1503 widerrufen.

Die vergleichsweise günstige rechtliche und wirtschaftliche Lage des polnischen Judentums läßt entsprechende Leistungen auf geistig-kulturellem Gebiet erwarten. Tatsächlich verfügten die gut organisierten Gemeinden über funktionierende Bildungseinrichtungen und hat es wohl auch schon vor dem 16. Jahrhundert eine nennenswerte jüdisch-traditionelle Gelehrsamkeit gegeben; Hinweise hierauf sind zur Genüge vorhanden, wenn es auch noch an eigentlich großen Namen fehlt. Daneben sind Spuren einer eher „rationalistischen" Geistigkeit sefardischer Prägung greifbar, eine Tradition, an die später die Mystik und die Aufklärung *(Haskala)* anknüpfen konnten.

Ihren Höhepunkt erlebte die Geschichte der Juden in Polen zu etwa der Zeit, da die Geschichte der Juden in Deutschland auf ihrem Tiefstpunkt angelangt war. Der Schwerpunkt der jüdischen Geschichte hatte sich endgültig nach Osteuropa verlagert. Die letzten Jagiellonenkönige Sigismund I. (1506–1548) und Sigismund II. August (1548–1572) standen den Juden äußerst wohlwollend gegenüber, wohl nicht zuletzt, weil in Polen, dieser „*Adelsdemokratie* mit monarchischer Spitze" [23] – seit 1505 bedarf der König zum Erlaß neuer Gesetze der Zustimmung des Reichstags *(Sejm)* –, die Zentralgewalt auf eine von den übrigen politisch einflußreichen Kräften, vor allem von den Magnatenfamilien relativ unabhängige Finanzquelle angewiesen ist. So gesehen wird die Schwäche des Königtums zur Stärke der Juden, jedenfalls (eines Teils) der jüdischen Oberschicht – die Verhältnisse erinnern an das christliche Spanien. Wie dort bediente sich übrigens auch der hohe Adel der Juden, besonders zur Zeit der Kolonisierung der Ukraine nach der Vereinigung der Reichsteile in der Lubliner Union von 1569. Ein Umstand, der für sie einen bedeutenden Schutz darstellte; einem geschlossenen Zusammengehen des Hochadels mit dem Klerus, der in Sachen Juden ohnedies den Kleinadel und das Bürgertum hinter sich hatte, hätte der König kaum etwas entgegenzusetzen gehabt. Daß die Konstellation so weitgehender Identifikation mit der Krone und wachsender Verflechtung mit dem Hochadel nichtsdestoweniger problematisch genug war, bedarf kaum der Erläuterung. Dabei spielte die Zahl, für welche dies galt, eine untergeordnete Rolle; der exponierte Teil der Juden stand jederzeit in der Sicht ihrer Feinde fürs Ganze. Am Hofe Sigismunds I. dienten Isaak aus Spanien für den König und Samuel bar Meschullam für die Königin als Leibärzte. Zu anderen einflußreichen Juden, Kaufleuten, Pächtern, Bankiers, bestanden enge Beziehungen. Zur Koordinierung seiner „jüdischen Interessen“ setzte Sigismund Generalsteuereinnehmer („Exaktoren“) und Oberrabbiner ein; hiermit wie damit ist er schließlich am Widerstand der Gemeinden gescheitert, ein Indiz, wie weit deren Konsolidierung gediehen war.

Der klerikal-(deutsch-)bürgerliche Widerstand gegen die Juden in den Städten machte sich nur um so stärker bemerkbar. Das gemeinsame Vorgehen verschiedener Städte – darunter Lemberg, Krakau und Posen – führte 1521 zu Handelsbeschränkungen (z. B. in Lemberg für Tuch, Hornvieh, Wachs und Rauchwaren). Der Petrikower Sejm von 1538 setzte folgenschwere Beschlüsse durch. Zolleinnehmerstellen sollten nicht mehr mit Juden besetzt werden, der freie Handel sollte nur mehr mit Genehmigung der Magistrate, auf den Dörfern überhaupt nicht mehr zugelassen sein und das Kreditgeschäft eingeschränkt werden. Ferner wurde das Tragen einer Kopfbedeckung vorgeschrieben. Die Maßnahmen zielten zugleich auf die weitere Entmachtung des Königs ab. Ein Jahr später setzte der Reichstag die Unterstellung der auf privaten Gütern und in privaten Ortschaften ansässigen Juden unter die territorialherrschaftliche Jurisdiktion durch.

Das Eindringen der Reformation brachte weitere Schwierigkeiten. Manche Anhänger nichtkatholischer Gruppierungen (wie Antitrinitarier und Sozinianer) galten als „Judaisantes“. In Ausnutzung der judenfeindlichen Stimmung in der Bevölkerung forderte die Petrikower Synode von 1542 die Verminderung der Zahl der Juden, die Einschränkung des Niederlassungsrechts usf.

All dies zeigt indes nicht minder die Stärke oder doch die gefestigte Stellung des Judentums wie seine Gefährdung. Um die Jahrhundertmitte, also bald nach dem Regierungsantritt von Sigismund II. August, an dessen Hofe Salomo Aschkenasi aus Udine und Salomo Calahorra als Leibärzte tätig waren, soll Polen 300 christliche und 3500 jüdische Großhändler gezählt haben. Das Dreifache dieser Zahl erreichte das inzwischen erstarkte jüdische Handwerk.

Um die Jahrhundertmitte scheint zwischen christlichen Bürgern und Juden eine Zeitlang Ruhe geherrscht zu haben – nun setzten sogar Bemühungen um die Nichtzulassung von Christen in Judensiedlungen ein. Kirchlicherseits hat es freilich keinen Frieden gegeben; das Vordringen der Gegenreformation (seit den 60er Jahren waren allenthalben mit großem Erfolg Jesuiten tätig) hat die Lage eher wieder verschärft. Zu nachhaltigerer Auswirkung sollten jedoch die kirchlichen Bestrebungen, in deren Gefolge auch das Bürgertum und die Magistrate wieder aktiv wurden, erst unter Sigismund III. (1587–1632) kommen.

Die erstarkende Gegenreformation dürfte nicht unerheblich dazu beigetragen haben, die Juden immer mehr in das Pachtgeschäft zu drängen, wiewohl ihnen klar sein mußte, daß sie dadurch in noch größerem Maße denn als Kaufleute oder gar Handwerker zu Werkzeugen grundherrlicher Unterdrückung werden würden. Die Möglichkeit der verstärkten Zuwendung zur Arenda bot sich im Zuge der Kolonisierung der Ukraine und der Neugründung von „Privatstädten“ durch die Magnaten. Wiederum, wie schon so oft in ihrer europäischen Geschichte – man kann darin geradezu einen charakteristischen Zug derselben sehen –, wurden die Juden zu Pionieren des Ausbaus städtischen Lebens; daß dies nunmehr vorweg im Dienste des Hochadels geschah, entsprach der konkreten Lage: die Magnaten hatten das Sagen. Daneben jedoch hat der Einstieg in das Geschäft der Kolonisierung die Juden in ganz ungewöhnlichem und bis dahin nicht gekanntem Maße mit dem Lande, der Landwirtschaft und der ländlichen Bevölkerung, den Bauern, in Beziehung gebracht; und zwar – was besonders ins Auge fiel – als herrschaftliche Büttel, durch deren Hände die Abgaben gingen. So verständlich die Abwanderung aus den alten „Königsstädten“ (Krakau z. B.) und ihrer Umgebung, wo der jüdische Handlungsspielraum immer enger wurde, und die Zuwendung zur Arenda (wie das Pachtgeschäft hieß) immer war, der Übergang trug den Charakter des Selbstmörderischen an sich. Fürs erste trat dies jedoch ganz zurück. Die Ansiedlung in den neuen Städten und Städtchen, in denen die Juden vielfach einen nennenswerten Teil, zuweilen die Mehrheit, in Einzelfällen nahezu die Gesamtheit der Bevölkerung ausmachten, mußte verlockend erscheinen. Sie brachte allzu augenfällig eine entschiedene Verbesserung der Lage mit sich. Tatsächlich hat es in den Gebieten der Kolonisierung bis 1648 einen erstaunlichen Anstieg der jüdischen Bevölkerung gegeben, wie die folgende Statistik erkennen läßt.

	Vor 1569		Um 1648		
Wojewodstwo (Distrikt)	Orte	Bevölkerungszahl	Orte	Bevölkerungszahl	
Wolhynien	13	3 000	46	15 000	
Podolien	9	750	18	4 000	
Kiew	—	—	33	13 500	32 325
Brazław	2	?	18	18 825	
Insgesamt	24	ca. 4 000	115	51 325	

Je weiter man nach Osten und Südosten gelangte, desto stärker nahm der jüdische Bevölkerungsanteil zu.

Das jüdische Leben blühte, wobei freilich für die Zeit nach dem Erstarken der Gegenreformation eher von einer Nachblüte unter teilweise veränderten Bedingungen zu sprechen ist.

So haben denn auch die bedeutendsten Vertreter polnisch-jüdischer Gelehrsamkeit von überregionaler Ausstrahlung ihre Hauptwirkenszeit bereits in der ersten Hälfte oder doch den ersten beiden Dritteln des 16. Jahrhunderts (bis etwa zur Lubliner Union von 1569) gehabt. Hier ist nicht zuletzt an Jakob Polak zu denken, der, in Prag geboren, schon in jungen Jahren nach Krakau kam und 1530 in Safed (Galiläa) starb. Er gilt als der Begründer des *Pilpul,* der scharfsinnig-spitzfindigen religionsgesetzlichen Diskussion, deren dialektisches Spiel ebensosehr seiner selbst, des in ihm liegenden „Witzes“ willen wie zum Zwecke verbindlicher Entscheidungsfindung betrieben wird und immer in der Gefahr ist, in haarspalterische Distinktionen auszuarten. Ferner ist an Mose (ben Israel) Isserles (1520/30 bis 1572) aus Krakau zu erinnern, den großen Kodifikator, auf den das „Tischtuch“ *(Mappa)* zum „Gedeckten Tisch“ *(Schulḥan Aruch)* Josef Karos zurückgeht, und der mit den unter jenem Titel zusammengefaßten Glossen zu dem genannten Werk diesem besonders im aschkenasischen Raum erst endgültig zum Durchbruch verholfen hat. Als der selbständigste und unabhängigste talmudische Gelehrte der Zeit ist vielleicht der Dezisor und Kommentator Salomo (ben Jechiel) Luria (1515–1573) anzusehen, der sich sowohl gegen Polaks *Pilpul* wie gegen die Kodifikation Karos und Isserles' wandte. Bezeichnenderweise fast eine Generation jünger ist Isaak Troki (1533–1594), in der gleichnamigen Stadt geboren, der die gegenreformatorische Herausforderung annahm und mit seinem Werke *Ḥissuq Ämuna* (Stärkung des Glaubens) zur Verteidigung des Judentums und zum Angriff auf das Christentum antrat; aus dieser Schrift hat noch zweihundert Jahre später Voltaire geschöpft. Mit diesen Gelehrten übernahm das osteuropäische Judentum nach einiger Anlaufzeit – und man hat den Eindruck, daß es dazu nicht nur einer ausreichenden wirtschaftlichen Basis, sondern auch der Hemmnisse und Konfrontationen des 16. Jahrhunderts bedurfte – auch geistig die Führung.

Die übergeordnete Organisation, die Koordinierung der unterschiedlichen Interessen der Einzelgemeinden und regionalen Zusammenschlüsse sowie die Repräsentation nach außen betreffend, hat das polnische Judentum sich zu dieser Zeit in der Vierländersynode (für Großpolen, Kleinpolen, Lwow und Wolhynien), auch einfach Ländersynode genannt, dem sogenannten „Judenreichstag“ (analog zum polnischen Sejm), ein effektives Selbstverwaltungsorgan geschaffen, wie es das ganze Mittelalter hindurch keines gegeben hat. Die Vierländersynode wurde von den Provinzialverbänden und großen Gemeinden beschickt. Auf litauischer Seite entsprach dieser Institution die Landessynode (von Litauen). Bereits Mitte des 16. Jahrhunderts entstanden, sind diese Gremien erst 1764 – durch den polnischen Sejm – aufgelöst worden.

Zu Beginn des 17. Jahrhunderts nahmen in den östlichen Gebieten die sozialen Spannungen ständig zu. Die religiösen Gegensätze deckten sich mit den politisch-sozialen; zwischen dem katholischen polnischen Adel und der russisch-orthodoxen Landbevölkerung standen als Pächter und Mittelsmänner vielfach Juden. Schließlich kam es nach einer Reihe lokaler Unruhen (insbesondere im Jahre 1637) 1648, also in eben dem Jahre, da man im Westen mit dem Westfälischen Frieden den Dreißigjährigen Krieg beendete, zur explosionsartigen Entladung. Unter ihrem Hetman Bogdan Chmelnycky fielen die Kosaken, unterstützt von den einheimischen Bauern, über Polen und Juden her. In der Ukraine, Weißrußland, Podolien und Wolhynien fanden die furchtbarsten Massaker statt. Die Unruhen zogen sich über Jahre hin, und die Aufständischen drangen bis nach Rotrußland (Lemberg) vor. Später, als Zar Alexei Michailowitsch (1645–1676), dem Chmelnycky sich – von den Polen bedrängt – unterwarf, in die kriegerischen Auseinandersetzungen eingriff (1654 eroberte er endgültig Smolensk), wurde auch das litauische Judentum betroffen. Insgesamt gesehen war die Ausbeute von Tod, Zerstörung und Vertreibung erschreckend, von lange nicht gekanntem Ausmaß. Die Zahl der Opfer wird auf 100 000 geschätzt. Hunderte von Gemeinden hatten schwerstens gelitten oder waren gar ganz vernichtet. Ein Strom von Flüchtlingen ergoß sich nach Westen, nach Böhmen und auf den Balkan, nach Deutschland, Italien und Holland. Die große, Jahrhunderte währende Ostwanderung des europäischen Judentums war nicht nur zum Stillstand gekommen; vielmehr kehrten nun von den Enkeln viele zum Westen zurück.

Die Ereignisse bedeuteten einen entscheidenden Einschnitt, wenn auch die Lage der Überlebenden, die in Polen verblieben, sich rascher und nachhaltiger wieder konsolidierte, als lange Zeit angenommen worden ist. Insbesondere machten sich im innerjüdischen Leben Lähmungserscheinungen bemerkbar; bis schließlich der *Kahal* (die jüdische Gemeinde in ihrer hierarchischen Struktur) – mehr und mehr an weltliche und geistliche Geldgeber, auch an die Jesuiten verschuldet – zum Instrument innerjüdischer Ausbeutung degenerierte. Das Aufkommen mystisch-messianischer Tendenzen und Bestrebungen hat diese Entwicklung begünstigt. Von der messianischen Hysterie um Sabbataj Zwi aus Smyrna in den Jahren 1665/66, dem osteuropäischen Ḥasidismus, der den Akzent von der strikten Gesetzeserfüllung auf das Moment der emotionalen Gottesverbundenheit, der religiösen Inbrunst und Begeisterung verlegte, und dem Frankismus, ausnahmslos Bewegungen, die auf ihre je eigene Weise – zumindest indirekt – die osteuropäische Aufklärung *(Haskala)* vorbereitet haben, wird später zu berichten sein.

Die Geschichte des Judentums in der Neuzeit ist zu einem ganz wesentlichen Teil die Geschichte des osteuropäischen, d. h. insbesondere des polnischen Judentums. Zahlenmäßig gilt dies mit fortschreitender Zeit in stetig wachsendem Maße, wirtschaftsgeschichtlich vor allem für die frühe Neuzeit, mit gewissen Einschränkungen bis zur Aufklärung, kulturgeschichtlich (im Sinne der Pflege spezifisch jüdischer Traditionen) und jüdisch-politisch auch für die Zeit nach der Aufklärung über die Phase der nationalen Sammelbewegungen hinweg bis zur Gründung des jüdischen Staates, dessen Politik nicht zufällig großenteils durch russische Juden bestimmt wird. Das mittel- und westeuropäische Judentum hat lediglich als Initiator und Anreger aufklärerisch-assimilatorischer Bestrebungen, nicht zuletzt auf dem Sektor von Bildung und Wissenschaft und danach – mit der fortschreitenden Verarmung des Ostjudentums und der Durchsetzung liberaler Wirtschaftsformen im Westen – auch hinsichtlich der Wirtschaftskraft, das Übergewicht gehabt. Die bevölkerungsmäßigen wie kulturtraditionellen Ressourcen für die jüdische Geschichte der Folgezeit, vielleicht für das Überleben des Judentums als Gruppe, lagen dagegen im Osten.

Entwicklungsgeschichtlich betrachtet befindet sich freilich das osteuropäische Judentum in der frühen Neuzeit (zusammen mit dem polnischen Staate und der polnischen Gesellschaft) eher auf einer – strukturell – früheren, „mittelalterlichen“ Stufe. Wenn dieser Gesichtspunkt zurückgestellt wird, so nicht deshalb, um die Gegebenheiten der Wirtschafts- und Sozialstruktur wie der

Staatsform zu verdunkeln, sondern ganz im Gegenteil, um die Bedeutung in gewisser Hinsicht „älterer" Strukturen für die Neuzeit nur um so deutlicher hervortreten zu lassen. Demgegenüber macht die verbreitete Betrachtungsweise, die von (strukturell-)typologischen Momenten ausgehend dazu neigt, bestimmte Komponenten des (temporal) neuzeitlichen Lebens als „mittelalterlich" und somit mehr oder weniger als „Überbleibsel", „Residuen" usf. zu begreifen, die angemessene Erfassung ihrer wirkungsgeschichtlichen Bedeutung als Faktoren der neuzeitlichen Geschichte zwar nicht gerade unmöglich, aber doch einigermaßen schwer. Dies gilt nicht zuletzt für den religiösen Bereich (etwa die hierarchische Struktur der katholischen Kirche, auch die Emotionalität und Mentalität der einfachen „unaufgeklärten" Bevölkerung), der gerade für die Geschichte des Judentums bis in die jüngste Zeit eine so bedeutsame Rolle gespielt hat.

NEUESTE ZEIT

Der Geschichtsverlauf selbst legt es nahe, die beiden letzten Phasen der Geschichte des europäischen Judentums – die Zeit der Aufklärung und Emanzipation und die Zeit der Zerstörung des europäischen Judentums, die zugleich die Zeit seiner Sammlung war – nicht nach Ländern oder geographischen Räumen getrennt, sondern als Einheit zu behandeln, wenn dabei auch die sehr unterschiedliche Situation in Mittel- und Westeuropa einerseits und in Osteuropa andererseits im Auge zu behalten ist. Letztlich blieb die Geschichte der Ostjuden und Westjuden – das Begriffspaar, in dem diese Differenz sich darstellt und in die Geschichtsschreibung eingegangen ist – trotz aller Gegensätze zutiefst miteinander verbunden: eine Klammer, die um so wirksamer zusammenhielt, je schärfer die Gegensätze subjektiv-emotional ausgetragen wurden. Dies gilt, obwohl die Aufklärung, deren ostjüdische Ausprägung gerne mit dem hebräischen Terminus *Haskala* belegt wird, hier und dort phasenverschoben auftrat und die Emanzipation der Juden in Osteuropa, besonders in Polen und Rußland, erst mit dem Ende des Ersten Weltkriegs eine wirkliche Chance erhielt.

Eine weitreichende These zur Geschichte des neuzeitlichen Judentums geht dahin, daß das jüdische Mittelalter erst im 18. Jahrhundert zu Ende gehe. Dies liefe darauf hinaus, daß Humanismus und Renaissance sowie das ganze 17. Jahrhundert als Wegbereiter der modernen Welt an Juden und Judentum so gut wie spurlos vorübergegangen wären und die real- und geistesgeschichtlich revolutionären Veränderungen des 18. und beginnenden 19. Jahrhunderts für die jüdische Gruppe einen sehr viel tiefergreifenden Umbruch und Neuanfang darstellten als für ihre nichtjüdische Umwelt. Die Wahrheit dieser These – die sich in ihr freilich nur gebrochen widerspiegelt – liegt darin, daß der wesentliche Träger der jüdischen Zukunft: das Ostjudentum, unter Bedingungen lebte, die von den westeuropäischen einigermaßen verschieden waren. Die jüdischen Verhältnisse reflektieren hier aber nur die nichtjüdischen, so daß die These – soweit überhaupt – nicht nur für die jüdische, sondern für die gesamte osteuropäische Szene gilt, so gesehen also mehr über das Entwicklungsgefälle zwischen Westen und Osten als zwischen Nichtjuden und Juden aussagt. Daß sie überdies mit der – nicht minder rezipierten – These vom „Startvorteil" der Juden (insbesondere Mitteleuropas) zu Beginn der Entfaltung der bürgerlichen Welt in einem kaum zu lösenden Spannungsverhältnis steht, ist offenkundig: Auf der einen Seite erscheint das Judentum als besonders (lange) „mittelalterlich", auf der anderen als besonders (früh) „modern". Tatsächlich dürfte gerade im osteuropäischen Zusammenhang das Judentum im Vergleich zur nichtjüdischen Bevölkerung nach seiner wirtschaftlichen Funktion, nimmt man die bürgerlich-kapitalwirtschaftliche Entwicklung zum Maßstab, den fortgeschritteneren Standpunkt eingenommen haben, was freilich eine stärkere traditionelle Bindung auf dem im engeren Sinne religiösen Gebiet nicht ausschließt. Vielleicht ist es nicht wenig aufschlußreich, daß die osteuropäischen Juden sich bis in die jüngste Zeit trotz aller Unterdrückung und Verfolgung sehr viel erfolgreicher als die ihrer Umgebung „überlegene" Gruppe aufzufassen vermochten als dies den westeuropäischen Juden möglich war. In West- und Mitteleuropa konnte ein psychischer Mechanismus dieser Art längst kaum mehr greifen. Und die verhältnismäßig rasche und nachhaltige Assimilation der Juden in diesem Raume zeigt an, daß trotz zahlreicher Kompensationen und Vorbehalte aufs Ganze gesehen die (majoritäre) Umwelt-Gruppe als die überlegene empfunden wurde.

Doch wie immer man die Situation der Juden im Verhältnis zum jeweiligen Wirtsvolk oder auch zur Lage in den fortgeschritteneren Teilen Europas im einzelnen einschätzen mag, der seit Humanismus und Renaissance eingetretene Wandel hat die jüdische Gruppe weltweit, im Westen wie im Osten, bis in die

Türkei hinein zumindest in dem Sinne mitverändert, als vielerorts eine nervöse Unruhe, eine latente Bereitschaft zu grundstürzenden Wandlungen, eine dunkle Hoffnung auf radikalen Bruch und Neuanfang um sich gegriffen zu haben scheint; kaum allein als Reaktion auf unmittelbare Bedrückung, auch im Bewußtsein oder doch unklaren Gefühl der entwicklungsgeschichtlichen Zurückgebliebenheit, sei es angesichts der Situation in der nichtjüdischen Umwelt, sei es im Vergleich zur Lage in anderen Teilen der Judenheit. Dies setzt freilich ein allgemeinjüdisches Bewußtsein voraus, das jedoch vorhanden gewesen sein dürfte.

Nur so läßt sich der weltweite und nachhaltige Erfolg des (Pseudo-)Messias Sabbataj Zwi (1626–1676) und seiner Bewegung, des Sabbatianismus, angemessen erklären. Innerjüdisch gesehen hat der Sabbatianismus – an die Kabbala, besonders die jüngere des Isaak (Aschkenasi) ben Salomo Luria (1534–1572) von Safed anknüpfend – als Element seiner Breitenwirkung die frühneuzeitliche Popularisierung dieser jüdischen Mystik zur Voraussetzung. Weiter basiert er auf allenthalben – unter Juden und Christen – verbreiteten Endzeiterwartungen, wie sie für den Umbruch vom Mittelalter zur Neuzeit bis weit ins 17. Jahrhundert charakteristisch sind, zehrt er somit auch von den enttäuschten Hoffnungen des jüdischen Messianismus des 16. Jahrhunderts, besonders David Reubenis und Salomo Molchos. Schon damals war in Erscheinung getreten, daß Bewegungen dieser Art einen bevorzugten Nährboden im Milieu der Marranen, der jüdischen Zwangsgetauften und ihrer Kinder hatten. Diese stellten, nicht als Einzelschicksale, wohl aber als Herausforderung an die Gemeinschaft, eines der großen jüdischen Probleme des späten Mittelalters und der frühen Neuzeit dar – Folge der „Effektivität“ der spanischen bzw. portugiesischen Inquisition.

Sabbataj Zwi, der in Smyrna geborene „Messias“, als der er sich anscheinend früh verstand, wobei zunächst das anhand einer *Sohar*-Stelle errechnete Jahr 1648, später das Jahr 1666 als Termin der messianischen Wende eine bedeutsame Rolle spielte, hatte sich bereits in verschiedenen Städten (wie Saloniki,

Konstantinopel, Kairo und Jerusalem) aufgehalten und bekannt gemacht, als er 1664 mit seinem „Propheten" Natan aus Gaza zusammentraf, ohne dessen theologisch-spekulative wie praktisch-propagandistische Aktivität die sabbatianische Bewegung schwer zu denken ist. Nun erst – am 31. Mai 1664 – proklamierte er sich öffentlich als der „Messias des Gottes Jakobs". Eine Flut von Briefen Natans aus Gaza, später auch von ihm selbst und seinem Sekretär Samuel Primo, verkündeten weltweit den Anbruch der messianischen Zeit.

Das Echo war erstaunlich. Die Diaspora geriet in Erregung. Man veranstaltete Umzüge mit dem Bild des Messias und veräußerte den Besitz, um zum Aufbruch bereit zu sein. Die Begeisterung erfaßte die ganze jüdische Welt, die „Portugiesen" Amsterdams und Hamburgs wie auch die Gemeinden Venedigs, Livornos und Avignons, die Juden in Ungarn, Böhmen und Polen nicht anders als in Marokko. 1666 erreichte sie ihren Höhepunkt.

In demselben Jahre erfolgte dann freilich auch schon der Umschwung. Der Sultan, bis dahin zurückhaltend, ließ Sabbataj Zwi festsetzen. Als die zunächst verhängte Todesstrafe unter der Bedingung des Übertritts zum Islam ausgesetzt wurde, wählte der Messias die Konversion – damit war für viele der Bann gebrochen. Allerdings nicht für alle. In dieser oder jener Form lebte der Sabbatianismus selbst nach dem Tode Sabbataj Zwis auf der albanischen Festung Dulcigno im Jahre 1676 in engeren Kreisen weiter; und zwar sowohl innerhalb des Judentums wie außerhalb: so bei den islamisierten Sabbatianern, den Dönmeh (türkisch, „Abtrünnige"), und bei den Frankisten, die sich wie das Haupt der Bewegung, Jakob Leibowicz Frank, dem Christentum zugewandt hatten. Wie hartnäckig sich auch innerjüdisch sabbatianische Tendenzen hielten, zeigt die Auseinandersetzung zwischen Jakob Emden (1697–1776) und Jonathan Eybeschütz (1690–1767) über ein halbes Jahrhundert später in Hamburg, und mehr noch ihr Echo. Als Emden seinen – siegreichen – Rivalen bei der Besetzung der Rabbinerstelle der Drei Gemeinden (Altona, Hamburg und Wandsbek) mit guten

Gründen sabbatianischer Neigungen bezichtigte, entspann sich daraus eine weltweite, an Bannflüchen reiche Kontroverse.

Vielfach trat nach der Konversion Sabbataj Zwis eine bei ihm selbst schon früh zu beobachtende antinomistische Tendenz stärker hervor. Gerade hierin aber wird deutlich, daß der – zeitweise – Erfolg der Bewegung sich keineswegs nur der vielerorts gedrückten Lage der Juden in ihrer Beziehung zur Umwelt verdankte (in Amsterdam und Hamburg z. B. ist sie so gedrückt nicht gewesen), sondern auch mit dem Verhältnis des jüdischen Religionsgesetzes und der traditionellen Lebensweise zu den veränderten Lebensbedingungen zu tun hatte, daß – zugespitzt formuliert – der allgemeine Aufbruch etwas von einem allgemeinen Aufstand an sich hatte und so in das Vorfeld der sehr viel grundlegenderen Veränderungen, die das 18. Jahrhundert bringen sollte, gehört. Die Wende war eingeleitet, das jüdische Mittelalter vorbei. Und es ist vielleicht kein Zufall, daß der bedeutendste jüdische Beitrag zur Philosophiegeschichte des Jahrhunderts der großen Systeme (d. h. zur Philosophie des 17. Jahrhunderts), den Baruch Spinoza (1632–1677) geleistet hat, hinsichtlich der traditionellen Religion im Vergleich zu den Antworten, die Descartes und Leibniz zu geben versuchten, die konsequentere, wenn man will radikalere Lösung darstellt. Nicht ohne Grund ist sein Pantheismus – am jüdisch-christlichen Theismus der Bibel, genauer ihres traditionellen Verständnisses gemessen – als Atheismus verstanden worden.

Die Krise, die im Sabbatianismus zutage getreten war, ist durch ihn nicht überwunden, sondern verschärft worden. Und da sich in Osteuropa mit seiner mächtigen Gemeinde-Organisation, dem Kahal, ein besonders strenger rabbinischer Nomismus mit einer ausgeklügelten Pilpulistik herausgebildet hatte, ist es wenig verwunderlich, daß hier vorweg in den Gebieten Südostpolens, die durch den Sabbatianismus besonders stark betroffen gewesen waren, ein halbes Jahrhundert nach dessen Scheitern eine Religiosität aufkam, die – ebenfalls in Anknüpfung an die Kabbala – dem unpersönlichen nomistischen Rigorismus und Formalismus der Rabbiner eine stärker individualistisch-emotional geprägte Frömmigkeit des vertraulichen Umgangs mit Gott entgegensetzte, in der Askese eine ganz untergeordnete und dafür Gesang und Tanz eine um so größere Rolle spielten (und selbst der Genuß von Branntwein als Stimulans nicht verpönt war): der Ḥasidismus. Seine Anhänger heißen hebräisch *Ḥasidim* (Singular: *Ḥasid*). Wenngleich die Forderung der Toratreue keineswegs aufgegeben wurde, waren damit doch andere Akzente gesetzt. Dies tritt am deutlichsten darin zutage, daß der *Zaddiq*, die religiöse Autorität, um die die ḥasidischen Konventikel sich gruppieren (die Ḥasidim gründeten keine eigenen Gemeinden), eine gewisse Mittlerstellung einnahm und so auch in Grenzen stellvertretend für die strenge Erfüllung des Religionsgesetzes einstand, dessen Vorschriften der einfache Ḥasid kaum mehr zu übersehen, geschweige denn einzuhalten imstande war – ein im Ansatz anomistischer Zug, der auch sonst zu beobachten ist, u. a. in den Auseinandersetzungen mit den rabbinischen Gegnern *(Mitnaggedim)* der Bewegung. Man reagierte auf beiden Seiten mit einer Heftigkeit, die nichts zu wünschen übrig ließ, und ließ sich bisweilen selbst zu Denunziationen gegenüber der nichtjüdischen Obrigkeit hinreißen. Der Ḥasidismus, dessen Anfänge als Massenbewegung auf Israel ben Elieser (ca. 1700–1760), auch Baal Schem Tov, abgekürzt Bescht genannt, zurückgeht, ist als kritisch-polemische Alternative zur traditionellen Form der rabbinischen Religiosität ähnlich wie im christlichen Bereiche der Pietismus, mit dem er auch sonst manches gemeinsam hat, ein Vorläufer der Aufklärung. Daß er zugleich einer ihrer schärfsten Gegner und selbst zum Gegenstand heftigster aufklärerischer Kritik werden sollte, spricht nicht dagegen – eher dafür. Er stellt die (oder doch eine) Antwort derer, die fromm bleiben wollten, auf die Erfordernisse der Zeit dar, die vom Überlieferten so viel immer möglich festhalten wollten – bei aller Schärfe des Blicks für die Kluft, die sich zwischen der traditionellen, wohl nur noch kraft der hierarchischen Gemeindestruktur aufrechterhaltenen Religiosität und den objektiv und subjektiv so veränderten Voraussetzungen auftat. So sehr der Ḥasidismus einerseits (und mit fortschreitender Zeit immer mehr) zur Verfestigung der Sozialstrukturen des osteuropäischen Judentums beigetragen hat, so sehr hat er andererseits (vorweg in der Frühzeit) den Boden zu lockern geholfen für die in traditionell-religiöser Sicht so zweifelhafte Saat der heraufkommenden Zeit. Am Ende hat auch die Aufklärung nur hier und da radikale Religionskritik geübt, am wenigsten die osteuropäische Haskala, vielmehr in der Regel auf einer anderen Ebene dasselbe versucht wie der Ḥasidismus, nämlich bei aller Kritik am Bestehenden zu retten, was *ihr* als das Wesen der religiösen Überlieferung galt, und sei es auch nur die „natürliche" Religion.

Und hier wird einmal mehr deutlich, worin das durchaus berechtigte Mißtrauen der etablierten religiösen Gruppen und ihrer Repräsentanten gegenüber jeglicher Mystik begründet ist. Es ist das Moment der wie auch immer aufgefaßten „Befreiung" zur Erhebung über das Gegebene, die im Begriff der Ekstase, des Heraustretens aus den natürlichen Bezügen, ihr Symbol hat, mit anderen Worten die katalysatorische Funktion der Mystik, die aus gutem Grund als suspekt erscheint. (Daß hiermit über „Rückschritt" und „Fortschritt" – nach welchem Maßstab auch immer – noch nicht befunden ist, versteht sich von selbst. Die Blutmystik des Nationalsozialismus, für die sich Rosenberg auf Meister Eckart berief, macht dies hinreichend deutlich.)

Aufklärung

Die Aufklärung ist die intellektuelle – sich als vernünftig verstehende – Antwort auf die Herausforderung des wirtschaftlichen und gesellschaftlichen Wandels, den das 18. Jahrhundert heraufgeführt hat. Ihre Anfänge liegen in der nichtjüdischen Welt früher als in der jüdischen und hier wiederum im Westen früher als im Osten. Wenn auch Sabbatianismus und Ḥasidismus in gewisser Hinsicht als religiöse Reaktion auf Vor- und Frühformen der sich anbahnenden Entwicklung gelten können, so erlangten die Veränderungen für die jüdische Gruppe doch erst ihre volle Kraft im letzten Drittel des 18. Jahrhunderts. Dabei lag speziell für die Juden die Brisanz des Umbruchs nicht zuletzt in der Niederreißung der Gruppenschranken, wie die vielerorts durch den absolutistischen Merkantilismus begünstigte Ausweitung des Handels (gestützt auf die – besonders in England – aufkommende Industrieproduktion) und die damit gegebene Etablierung des Marktes im modernen Sinne sie nach sich zog: Auf dem Markt und im Blick auf den Kaufvertrag sind Standes- und Gruppendifferenzen belanglos oder, wie im Falle des Abhängigen mit eingeschränkter Rechtsfähigkeit, gar hinderlich. Die Forderungen nach Freiheit und Gleichheit mitsamt der darin implizierten Toleranz gründen somit in sehr handfesten Interessen und wären auch anders kaum durchzusetzen gewesen. Für eine von innen wie von außen (das eigentliche Zeitalter des Ghettos begann erst mit dem Ende des Mittelalters) aufgrund ihres ganzen Zuschnitts derart auf Separation eingestellte Gruppe wie die jüdische mußte diese Entwicklung zur Existenzfrage werden. Bestand überhaupt die Möglichkeit, daß nicht nur das Individuum (gewandelter Identität), so wie es etwa bei Zünften und Gilden der Fall war, sondern auch die Gruppe als Gruppe überlebte? Eine Anzahl insbesondere nichtjüdischer Aufklärer hat dies nicht als notwendig angesehen. So ergab sich das Paradox, daß vielfach gerade die Träger des Toleranzgedankens so intolerant und andererseits gerade die Vertreter der ausgeprägtesten religiösen Intoleranz so tolerant sein konnten, wenn es um Juden ging, die ihre religiöse Gruppenidentität nicht aufgeben wollten.

Die Aufhebung der Gruppenschranken hat sich praktisch wie theoretisch im 17. und besonders im frühen 18. Jahrhundert bereits angebahnt – und hier handelt es sich nun um Daten und Prozesse, die im eigentlichen und engeren Sinne die Aufklärung vorbereitet haben: zunächst einmal eine derartige Ausweitung und Entfaltung der jüdischen Wirtschaftstätigkeit (wenn auch nur durch kleinere Gruppen der Oberschicht), daß engere Kontakte mit der Umwelt und damit eine mehr oder weniger weitreichende Assimilation notwendig wurden. Hier ist einerseits an die Bankiers und Kaufleute der großen Warenumschlagsplätze zu denken (wie Amsterdam, Hamburg und Berlin in West- und Mitteleuropa und später Lemberg, Tarnopol und Brody im Osten); andererseits aber gerade mit Rücksicht auf den assimilatorischen Effekt vielleicht noch mehr an die in zahlreichen europäischen Residenzstädten tätigen Hofjuden, deren Gebaren und Lebensstil von jüdisch-traditionellen Vorstellungen doch allermeist beträchtlich abwich und häufig genug dem eines durchaus üblichen (gutbemittelten) Höflings glich. Als Beispiele seien Samson Wertheimer und Samuel Oppenheimer in Wien und der berühmt-berüchtigte Joseph Süß Oppenheimer (Jud Süß) in Stuttgart genannt. Der Hinweis auf die kleine Zahl als Gegenargument ist hier weniger beweiskräftig, als es scheinen möchte. Denn eine sehr viel größere Zahl pflegte in Diensten dieser wenigen zu stehen oder doch von ihnen abhängig zu sein; und abgesehen davon standen sie auch mehr als die städtischen Kaufleute ihrer exponierten Stellung zufolge aller Welt als – freilich extreme – jüdische Möglichkeit vor Augen.

In theoretischer Hinsicht vollzog sich die anfänglich vielfach tastende Hinwendung zur Umwelt durch eine wachsende Auseinandersetzung mit der nichtjüdischen Literatur und Wissenschaft, wenn auch fürs erste unmittelbar und selbständig nur von seiten weniger Einzelner und lediglich mittelbar – über deren Schriften – durch größere Kreise. Wie weit diese über die Literatur- und Wissenschaftsrezeption sich vollziehende Angleichung an die Umwelt bis zur Aufklärung selbst nach Gewicht und Umfang effektiv ging, ist kontrovers.

Im Vorfeld der Entwicklung stehen die in fruchtbarer Auseinandersetzung mit dem zeitgenössischen nichtjüdischen Denken gewonnenen Positionen der großen Außenseiter – die als solche dann freilich innerjüdisch wenig wirksam geworden sind – Uriel Acosta oder da Costa (um 1585–1640) und Baruch oder Benedict Spinoza (1632–1677) den theoretischen Bemühungen der Aufklärer selbst strukturell am nächsten. Hier wie dort geht es in Leben und Werk bereits um den Anspruch auf Freiheit von einer übermächtigen Tradition und auch schon auf Gleichheit im Sinne der Gleichbehandlung des Menschen, ungeachtet seiner religiösen oder philosophischen Überzeugung. Theoretischen Ausdruck findet diese Haltung bei Acosta in der Konzeption vom „natürlichen Sittengesetz“ als Maßstab der jüdischen wie der christlichen Ethik und bei Spinoza im Begriff der *religio catholica,* der in Anknüpfung an die griechische Wortbedeutung von *catholica* allgemeinen, universal verbindlichen Religion; Auffassungen, die sich einerseits aus der komplexen jüdisch-christlichen Erfahrung des Marranentums und andererseits aus der großbürgerlich-kaufmännischen Atmosphäre in der Oberschicht der atlantischen Hafenstädte wie Amsterdam und Hamburg erklären. Daß ein Autor vom Range Leone Modenas sich in der Schrift *Magen weZinna* (Schirm und Schild) mit der Position Acostas ausführlich auseinandersetzt, zeigt immerhin an, daß derartige Anstöße auch innerjüdisch sich nicht ganz verloren.

Weniger provokativen Vermittlungsversuchen, die einfach in der Verknüpfung nichtjüdischen und jüdischen Wissens bestanden, mag freilich größere Breitenwirkung beschieden gewesen sein. Die frühesten Bemühungen dieser Art von einiger Bedeutung gehen auf die Zeit der italienischen Renaissance zurück; wobei etwa an den bereits genannten Gelehrten Asarja dei Rossi zu denken ist, der in seinem Werk *Me'or Enajim* (Licht der Augen) die jüdische Überlieferung unter Hinzuziehung nichtjüdischer Quellen einer kritischen Prüfung unterwirft. Später hat zur Verbreitung nichtjüdischen Wissens die enzyklopädische Schrift *Ma'ase Tovija* (Werk des Tobia) des Arztes Tobia ben Mose Kohen (1652–1729) nicht wenig beigetragen, die 1707 in Venedig erschienen ist, einige Verbreitung gefunden hat und noch 1908 in Krakau eine Neuauflage erlebte.

Frühaufklärerische Tendenzen gab es bereits um die Mitte des 18. Jahrhunderts, wie nicht zuletzt der Jeßnitzer Neudruck des *More Nevuchim* (Führer der Verwirrten) von Moses Maimonides im Jahre 1742 erkennen läßt – ein nach seinen Voraussetzungen wie nach seinen Folgen geistesgeschichtliches Ereignis ersten Ranges. Dieser Neuausgabe des seit 1553 nicht mehr gedruckten Hauptwerks des mittelalterlichen jüdischen Rationalismus oder Intellektualismus, an den das aufklärerisch-liberale jüdische Denken der Folgezeit vielfach angeknüpft hat, hat sich sowohl Moses Mendelssohn wie Salomon Maimon bedient.

Mit Moses Mendelssohn (1729–1786) gelangte die jüdische Aufklärung zur vollen Ausprägung. In Dessau geboren, lebte er seit 1743 in Berlin. Dort traf er – eine folgenreiche Begegnung – mit Gotthold Ephraim Lessing zusammen, mit dem er zeitlebens befreundet blieb. Mendelssohn gilt nicht zu Unrecht als Vater der jüdischen Aufklärung, da er als erster und mit einer ganz ungewöhnlichen Breitenwirkung praktisch wie theoretisch, in Leben und Werk, eine konsequente und trotz aller Problematik konsistente jüdische Antwort auf die aufklärerische Frage nach Freiheit und Gleichheit des Menschen gegeben hat und so zur Symbolgestalt und Berufungsinstanz für aufklärerisches Denken und Sein als jüdische Möglichkeit geworden ist.

Den aufklärerischen Forderungen glaubt er – in radikalem Ansatz – dadurch gerecht zu werden, daß er an dem, was traditionellerweise Religion heißt, die theoretische und praktische Seite konsequent auseinanderhält, die verbindlichen theoretischen Sätze der religiösen Überlieferung des Judentums ihrem wesentlichen Gehalte nach mit der der gesamten Menschheit gemeinsamen natürlichen (Vernunft-)Religion identisch setzt und in der jüdischen Religion nach der Seite ihrer Besonderheit nicht eigentlich eine Religion, sondern ein offenbartes (Religions-)Gesetz sieht. Da nun die staatlich-politische Seite dieses Gesetzes mit der Zerstörung des jüdischen Staatswesens außer Kraft geetzt ist, steht der vollen Eingliederung des Juden in den nichtjüdischen Staat und die nichtjüdische Gesellschaft nichts im Wege. Die eigentümlich jüdischen Vorschriften, soweit sie noch in Geltung sind, und das überlieferte jüdische Brauchtum gehören durchaus dem Privatbereich an – womit der Begriff der Religion als Privatsache erreicht ist – und haben damit keinerlei Öffentlichkeitscharakter. Hieraus zieht er die wahrhaft revolutionäre Konsequenz, daß den religiösen Gemeinschaften jede Berechtigung der Machtausübung durch Verhängung von Sanktionen (wie der Ausschließung) grundsätzlich und ausnahmslos abzusprechen ist. Nur so werde die Religion in ihrer Reinheit bewahrt und gerettet.

Die wahre, göttliche Religion bedarf weder *Arme noch Finger* zu ihrem Gebrauche; sie ist lauter *Geist* und *Herz.*[24]

Aufklärung, wie Mendelssohn sie verstand, zielt, wie hieraus ersichtlich, vorderhand auf die Freistellung des Juden für die Aufgaben und Betätigungen der Gesamtgesellschaft, nicht aber auf seine völlige Freistellung von der religiösen Tradition ab, ist also alles andere als radikale Religionskritik, sondern lediglich Kritik und Aufbruch aus der traditionellen Isolierung. Demgemäß ist er selbst bis zum Ende seines Lebens ein frommer und praktizierender Jude geblieben.

Die nächste Generation ist ihm hierin nicht gefolgt. Der in der *Vorrede* zu Manasse ben Israels *Rettung der Juden* (Berlin 1782) und in der Schrift *Jerusalem oder über religiöse Macht und Judentum* (Berlin 1783) beschrittene Weg ließ sich weiterverfolgen. Man mußte nicht stehenbleiben, wo Mendelssohn stehengeblieben war. Der Integrationswille – besonders der Oberschicht – kannte kaum Schranken, wie insbesondere die Wirksamkeit David Friedländers (1750–1834), eines zum jüngeren Mendelssohn-Kreis gehörigen Berliner Seidenfabrikanten, deutlich macht, der in seinem *Sendschreiben an ... Probst Teller zu Berlin, von einigen Hausvätern jüdischer Religion* (Berlin 1799) den Anschluß der Juden ans Christentum vorschlug, sollte dieses zu einigen Zugeständnissen bereit sein. Er war nicht der einzige, der mit seinen Forderungen und Erwartungen über Mendelssohn hinausging.

Von Mendelssohn und seinem Kreis gingen für die gesamte jüdische Aufklärung entscheidende Impulse aus. Berlin wurde zu einem Zentrum, von dem sich die Aufklärung vor allem nach Osten – an lokale und regionale Voraussetzungen anknüpfend – verbreitete. Und zwar insbesondere auf zwei Wegen, einmal über Böhmen und (Deutsch-)Österreich, wo später freilich die relativ eigenständige, gemäßigtere italienische Aufklärung stärkeren Einfluß gewann, nach Galizien, Polen und Rußland, sodann über Königsberg, wo 1783 die aufklärerische hebräische Zeitschrift *Ha-Me'assef* (Der Sammler) gegründet wurde und 1784–86 erschien, vor allem nach Litauen.

Die jüdische Aufklärung, die – wie die gesamte Bewegung – alles andere als eine rein theoretische, philosophisch-doktrinäre Angelegenheit war, hat im Osten wie im Westen mit den entsprechenden, in der unterschiedlichen Ausgangslage begründeten Modifikationen besonders auf drei Gebieten des jüdischen Lebens praktische Veränderungen intendiert und eingeleitet:

(1) im Bereich der Erziehung und Bildung, speziell der Schulbildung;

(2) auf dem im engeren Sinne religiösen, speziell liturgischen Felde;

(3) hinsichtlich der beruflichen Betätigung der Juden (hier freilich ohne durchschlagenden Erfolg).

Die Frage der Emanzipation der Juden, ein zutiefst aufklärerisches Anliegen, um das sich jüdische wie nichtjüdische Aufklärer gekümmert haben und das mit den genannten Fragen vielfältig verknüpft ist, ist nicht eigentlich ein (inner)jüdisches, sondern ein gesamtgesellschaftliches Problem und erfordert eine gesonderte Behandlung (s. S. 149 ff.).

Erziehung und (Aus-)Bildung sind die ureigensten Bereiche der Aufklärung, erst recht der jüdischen. *Haskala*, der hebräische Terminus für die Bewegung, hat eben diese Bedeutung. Der Akzent lag hier von Beginn an – im Osten wie im Westen – auf dem sprachlichen Sektor. Nicht ohne Grund – die Sprachbarriere behinderte Integration und Assimilation. Außerjüdisch wie (infolge davon) auch innerjüdisch war das Jiddische verpönt, bis zu dem Punkte, daß es im Extremfall, etwa bei Friedländer, als Ursache zweifelhaften Verhaltens und korrumpierter Religiosität betrachtet werden konnte. Daraus folgten einerseits ein intensives Interesse an den Umweltsprachen, insbesondere – nicht nur in Deutschland, sondern auch im osteuropäischen Judentum – an der Erlernung des Deutschen, und andererseits eine Wiederentdeckung und Wiederbelebung des Hebräischen, zunächst vor allem der Bibel. Dem einen wie dem anderen Interesse hat die von Mendelssohn ins Werk gesetzte deutsche Übersetzung der hebräischen Bibel mit hebräischem Kommentar gedient. Zu einer wirklichen Renaissance des Hebräischen ist es dann freilich nur im Osten, nicht aber im Westen gekommen, wo die assimilatorischen Tendenzen übermächtig waren. In Abraham Mapu (1808–1867), dem Schöpfer des neuhebräischen Romans, und dem Dichter Jehuda Leb Gordon (1830–1892) hat das osteuropäische Judentum zwei der hervorragendsten hebräisch schreibenden Autoren der jüdischen Aufklärung hervorgebracht. Beide weisen jedoch bereits über die aufklärerische Phase hinaus auf die späteren nationaljüdischen Bestrebungen. In Osteuropa fand daneben selbst das unter den *Maskilim*, wie die Aufklärer im Hebräischen heißen, grundsätzlich verpönte Jiddische, und sei es auch zunächst nur aus Zweckmäßigkeitserwägungen, einige Pflege. Hier sind die Anfänge der Entwicklung des Jiddischen zur Literatursprache zu suchen, die freilich erst in der zweiten Jahrhunderthälfte, etwa im Werke des Mendele Mocher Sefarim (1835–1917), zur vollen Auswirkung kam.

Mit großem Nachdruck kristallisierte sich der aufklärerische Bildungswille im schulischen Bereich. Bereits 1778 wurde in Berlin die jüdische „Freischule" eingerichtet, der vergleichbare Gründungen, etwa in Seesen und Frankfurt am Main, folgten. Der von Anfang an erkennbare Trend ging auf Verlagerung des Schwerpunkts der Ausbildung von den herkömmlichen jüdischen Fächern zu solchen eher allgemeiner Orientierung. Vor allem pflegte in den neuen Schulen das traditionelle Talmudstudium geradezu demonstrativ vernachlässigt zu werden. Interessanterweise unterblieb – und dies ist ein besonders aufschlußreiches Indiz für die vorherrschende Tendenz – die Gründung von höheren Schulen, sieht man vom Frankfurter Philanthropin ab, das 1813 eine Ausweitung seines Lehrprogramms vornahm, durch die es den Charakter einer höheren Schule erhielt. Der Assimilationswille war indes so stark, daß für solche Schulen nur eine geringe Nachfrage bestand und es durchweg vorgezogen wurde, die allgemeinen (nichtjüdischen) höheren Schulen zu besuchen.

Dagegen kam es in Mittel- und Westeuropa allenthalben zur Errichtung von jüdischen Hochschulen oder Akademien neuer Orientierung. 1812 gründete man in Kassel, 1857 in Budapest ein Lehrerseminar; 1829 in Padua ein Rabbinerseminar neuer Ausrichtung; 1836 in Amsterdam eine Ausbildungsstätte, die beiden Aufgaben, der Lehrer- und Rabbinerausbildung, gewidmet war. Schließlich schuf sich 1854 auch das deutsche Judentum im Breslauer jüdisch-theologischen Seminar eine Rabbinerausbildungsstätte auf der Basis der gewandelten Bildungs- und Wissenschaftsauffassung. Das Breslauer Seminar ist zu einem der wichtigsten Träger der „Wissenschaft des Judentums" geworden; später (1872) kam die Lehranstalt (dann Hochschule) der Wissenschaft des Judentums in Berlin hinzu. Das Zentrum dieser neuen Wissenschaft, die zweifellos zu den geschichtlich folgenreichsten Ergebnissen der jüdisch-aufklärerischen Bestrebungen zählt, war und blieb lange Zeit Deutschland. (Heute liegt es in Israel und den Vereinigten Staaten.) Als ihre Begründer gelten Samuel David Luzzatto (1800–1865), der am Rabbinerseminar in Padua lehrte, Salomo Jehuda Rapoport (1790 bis 1867), der – in Lemberg geboren – ab 1840 als Oberrabbiner in Prag tätig war, und nicht zuletzt Leopold Zunz (1794 bis 1886), der von 1815 an mit geringen Unterbrechungen in Berlin lebte und wirkte. Ihr bedeutendster Repräsentant im 19. Jahrhundert (nach Leopold Zunz) ist vielleicht Moritz Steinschneider (1816–1907), der besonders durch bibliographische Arbeiten hervorgetreten ist. Am Breslauer Seminar lehrte lange Jahre der Historiker Heinrich Graetz (1817–1891), auf den die erste große, nach modernen wissenschaftlichen Prinzipien erarbeitete Gesamtdarstellung der jüdischen Geschichte zurückgeht.

Die Gründung von Lehr- und Forschungsstätten wie den genannten war in Osteuropa, wo das Gefüge der traditionellen Gemeinde und die Autorität der Vorsteher und Rabbiner kaum erschüttert war, nicht möglich. Hier blieb es bei der klassischen Jeschiva, der Talmudhochschule althergebrachter Prägung. Wohl ist dagegen, vielfach mit staatlicher Unterstützung, die Einführung freier bzw. öffentlicher Elementarschulen in Angriff genommen worden – durchweg gegen den heftigsten Widerstand der Gemeinden und zumeist mit geringem Erfolg. Schon in Galizien, das in Nachman Krochmal (1785–1840) einen der hervorragendsten Sprecher der osteuropäischen Haskala gestellt hat, erwies sich die Einrichtung staatlicher (deutsch-)jüdischer Schulen als äußerst schwierig. Ihre Einführung unter Naphtali Herz Homberg (1749–1841) als Oberaufseher rief die bedenklichsten Spannungen hervor. Es bedurfte eines behutsameren Vorgehens, um hier weiterzukommen. So verwundert es nicht, daß später in Rußland die Anfänge solcher Bemühungen ähnlich entmutigend waren. Nach ersten, in den 20er Jahren des 19. Jahrhunderts einsetzenden Versuchen, moderne Ausbildungsstätten als Privatschulen einzurichten, machte sich 1841 der aus München stammende Leiter der jüdischen Schule in Riga, Dr. Max Lilienthal (1815–1882), in staatlichem Auftrag an die Reform des jüdischen Erziehungssystems. Er war wenig glücklich damit. Die ḥasidische wie die nicht-ḥasidische Orthodoxie leistete heftigen Widerstand. Angesichts dessen glaubte Lilienthal – ganz im Sinne der auch sonst anzutreffenden gouvernementalen Gesinnung jüdischer Aufklärer – seine Vorstellungen mit Hilfe staatlicher Repressalien durchsetzen zu sollen, fand dafür aber in Petersburg nicht den erhofften Rückhalt. Er hat schließlich aufgegeben, obwohl die Regierung das Projekt weiterverfolgte, und ist 1845 nach Amerika emigriert.

Die aufklärerischen Impulse, die zur Umgestaltung des Bildungswesens drängten, richteten sich zugleich gegen die überlieferte Form der Religion und mußten somit zumindest zu Versuchen der Einführung und Durchsetzung religiöser Reformen führen. Die jüngere Generation jüdischer Aufklärer hielt im Unterschied zu Mendelssohn die lebenspraktischen Regeln des Judentums keineswegs für unantastbar. David Friedländers Schreiben an Probst Teller macht dies hinreichend deutlich. Als einer der profiliertesten Sprecher des kritischen Flügels kann vielleicht Saul Ascher (1767–1822) gelten, der in seinem Buche *Leviathan* (Berlin 1792) das Religionsgesetz einer Kritik unterzog, die den Mendelssohnschen Auffassungen und Intentionen direkt zuwiderlief. Selbst Vorschriften, für deren Beibehaltung er eintrat, wie z. B. das Beschneidungsverbot, hatten für ihn lediglich symbolische Bedeutung – von einem offenbarten Gesetz im Sinne Mendelssohns kann hier keine Rede mehr sein. Allerdings haben sich derartige radikale Auffassungen später nicht durchsetzen können. Trotzdem gab es infolge der stärkeren Integrierung der jüdischen Gruppe in die nichtjüdische Umwelt so etwas wie eine De-facto-Liberalisierung (besonders in den durch die Landflucht zahlenmäßig immer stärker werdenden großstädtischen Gemeinden), die zu einer anderen, weniger strengen Gewichtung und Beurteilung der Einzelheiten der religiösen Praxis führte. Im Zuge dieser Entwicklung sind die Veränderungen auf dem Bildungssektor, etwa die Zurückdrängung des Talmudstudiums in den neugegründeten Schulen und erst recht der Besuch von nichtjüdischen Schulen längerfristig wohl folgenreicher gewesen als die extremen Forderungen einzelner Theoretiker.

Der Reformeifer konzentrierte sich auf den gottesdienstlichen Sektor und erstreckte sich auch auf die Gebetstexte. Nach Friedländers Auffassung hatten Äußerungen der Klage über die Zerstörung des Tempels und der Sehnsucht nach Heimkehr ins Land der Väter im reformierten Gebetbuch nichts mehr zu suchen. Als Muster dienten die gottesdienstlichen Formen des Protestantismus. Israel Jacobson (1768–1828), der Gründer der „Jacobson-Schule" in Seesen, führte dort einen eng am protestantischen Vorbild angelehnten jüdischen Gottesdienst mit deutscher Predigt und Orgelspiel ein. (Daß im Für und Wider die Orgel eine so übergebührliche Rolle spielte, zeigt einmal mehr die starke emotionale Belastung des christlich-jüdischen Nebeneinanders.) Damit waren Bahnen gewiesen, denen man auch andernorts, etwa bei der Einrichtung des Hamburger und des Leipziger „Tempels", gefolgt ist. Der wichtigste Vorkämpfer der sich aus diesen Anfängen entwickelnden Reformbewegung des 19. Jahrhunderts, die zunächst ganz wesentlich eine deutsch-jüdische Angelegenheit war (und zu einer wirklich bedeutenden Kraft erst später in Amerika wurde), war Abraham Geiger (1810–1874), zugleich einer der hervorragendsten Repräsentanten der „Wissenschaft des Judentums"; der führende Kopf des orthodoxen Widerstands gegen zu weitreichende Neuerungen sein Bonner Studienfreund Samson Raphael Hirsch (1808–1888). In der zweiten Jahrhunderthälfte erwiesen sich die Gegensätze als derart schwerwiegend, daß die Orthodoxen sich in Deutschland an einigen Orten, wie in Berlin und Frankfurt, in Ungarn auf Landesebene von den Liberalen trennten und eigene Gemeinden (Separatgemeinden) gründeten. Trotz der schleichenden Liberalisierung des west- und mitteleuropäischen Judentums haben sich hier auf längere Sicht durchweg nur sehr viel bescheidenere Reformen durchsetzen lassen als ursprünglich intendiert.

In Osteuropa war diesbezüglich die Situation von vornherein ziemlich verschieden. Wie selbstverständlich das geistige Erbgut der religiösen Tradition hier noch war, läßt sich daraus ersehen, daß es – neben der Kritik des Volks(aber)glaubens, die angesichts der Ausgangslage nur allzu dringlich war – im großen und ganzen Religionskritik nur als Kritik des Ḥasidismus gab. Von Ausnahmen wie Jehuda Leb Mises abgesehen, war man den Reformtendenzen des Westens eher abgeneigt. Doch dürfte der aufklärerische Gegensatz zur herrschenden Form der jüdischen Religion tiefgreifender gewesen sein, als gemeinhin angenommen wird, weniger hinsichtlich des Verhältnisses des Einzelnen zur religiösen Vorstellungswelt und den Lebensregeln der Überlieferung als in bezug auf die Gemeinde und ihre Funktion als Instanz sozialer Kontrolle. Hier hat die die gesamte jüdische Aufklärung, ganz besonders die Osteuropas bestimmende gouvernementale Orientierung, die entschlossene Loyalität der Aufklärer gegenüber dem aufgeklärten Absolutismus (selbst wo er, wie in Rußland, so aufgeklärt nicht war), die bis zur unqualifizierten Verehrung des jeweiligen Herrschers, etwa Josephs II. von Österreich, gehen konnte, wohl einen ihrer entscheidenden Angelpunkte.

Die im Zusammenhang mit der Emanzipationsfrage im Westen besonders von nichtjüdischer Seite (z. B. von Christian

Wilhelm von Dohm) erhobene Forderung nach einer beruflichen Umschichtung der jüdischen Bevölkerung von der Geldleihe und dem Handel zu den „produktiveren“ Betätigungen in Handwerk und Landwirtschaft ist in West- und Mitteleuropa so gut wie ungehört geblieben. (Mendelssohn scheint von solcher Produktivierung nicht viel gehalten zu haben.)

In Osteuropa zählte diese Forderung zu den fundamentalen Programmpunkten der Maskilim, und diese wußten sich damit wie mit der Schulpolitik – in Österreich wie in Rußland – in Übereinstimmung mit der offiziellen Regierungspolitik. Hier wird besonders deutlich, daß es den osteuropäischen jüdischen Aufklärern zwangsläufig mehr als den westeuropäischen um die soziale Besserstellung der Juden auch im Sinne der sogenannten „sozialen Frage“ zu tun war, also nicht nur um das Verhältnis der Juden zur nichtjüdischen Umwelt, sondern nicht minder um die Hebung des Lebensstandards der verarmten und im Verlaufe des 19. Jahrhunderts weiter verarmenden jüdischen Massen: Damit waren sie auf dem besten Wege, den letztlich immer und überall elitären aufklärerischen Ansatz hinter sich zu lassen. Nichtsdestoweniger sind auch im Osten die Produktivierungsbestrebungen, was unmittelbare Ergebnisse angeht, so gut wie folgenlos geblieben. Doch haben sie anders als in West- und Mitteleuropa wenigstens auf längere Sicht – sozusagen „verspätet“ und unter anderem Vorzeichen – einen gewissen Niederschlag gefunden, nämlich in den national-jüdischen Bestrebungen der zweiten Hälfte des 19. Jahrhunderts und der dadurch in Gang gebrachten jüdischen Palästinabesiedlung, speziell in der Kibbuzbewegung.

Langfristig gesehen hat die jüdische Aufklärung zwei bedeutsame Entwicklungen innerhalb des Judentums zur Folge gehabt oder doch wesentlich mitbestimmt und gefördert. Allenthalben, insbesondere aber dort, wo der Zusammenhalt der jüdischen Gemeinde weniger stark und somit auch Ausmaß und Intensität der Traditionsgebundenheit geringer waren, hat sie zu einer mehr oder weniger konsequenten Assimilation geführt, zumindest aber die assimilatorischen Tendenzen verstärkt, in vielen

Fällen bis zum Religionsübertritt. Dies gilt vorweg, d. h. schwerpunktmäßig, für das mittel- und westeuropäische Judentum besonders der großstädtischen Gemeinden. Auf der anderen Seite hat die jüdische Aufklärung mit Vorzug dort, wo es einen vergleichsweise festen Gemeindezusammenhalt und eine dementsprechend stärkere Traditionsgebundenheit gab, auf die Herausbildung eines (quasi-)säkularen jüdischen Selbstverständnisses hingewirkt und so – auf der Suche nach Identität jenseits der traditionellen Bindungen – den nationaljüdischen Bewegungen des ausgehenden 19. Jahrhunderts den Boden bereitet; so – im Blick auf die geschichtlich wirksamen Folgen – schwerpunktmäßig in Osteuropa. Die aufklärerischen Zeitschriften Alexander Zederbaums (1816–1893), das 1860 in Odessa gegründete Blatt *Ha-Meliz* (Der Fürsprecher) und das 1862 folgende jiddische Pendant *Qol mevasser* (Stimme des Künders), können als Marksteine auf dem Wege dieser Entwicklung gelten. Zederbaum hat später, im Jahre 1884, an der auf Betreiben Leo Pinskers einberufenen Kattowitzer Konferenz der *Ḥoveve-Zion*-Vereine (Vereine der Liebhaber Zions) teilgenommen. Wenige Jahre danach vertrat Peretz Smolenskin (1842–1885) mit seiner in Wien erscheinenden, jedoch in erster Linie für die russischen Juden gedachten Zeitschrift *Ha-Schaḥar* (Die Morgenröte), 1869–1884, bereits ganz unzweideutig einen *anti*assimilatorischen nationaljüdischen Standpunkt.

Emanzipation

Die Gestalt, in der die aufklärerische Freiheits- und Gleichheitsforderung Geschichte gemacht hat, sind Gedanke und Bewegung der Emanzipation im weitesten Sinne: Emanzipation des leibeigenen Bauern, des Katholiken (in protestantisch kontrollierten Staaten), der Frau (in der europäischen Männergesellschaft), des politisch unmündig gehaltenden Bürgers. Auf den Juden und die Beseitigung seines unterprivilegierten Status in der christlichen Gesellschaft – wie er am nachdrücklichsten gerade in den Privilegien und Schutzbriefen, die er von der jeweiligen Herrschaft der Stadt oder des Landes zu erwerben hatte, zum Ausdruck kommt: jedes Recht war ein Sonderrecht, die Erlaubnis zu atmen ein Privileg – ist der Begriff erst zu etwa der Zeit angewandt worden, als er zum Schlagwort wurde, gegen 1830. 1823 schrieb Heine: „Was ist [...] die große Aufgabe unserer Zeit? Es ist die Emanzipation. Nicht bloß die der Irländer, Griechen, Frankfurter Juden, westindischen Schwarzen und dergleichen gedrückten Volkes, sondern es ist die Emanzipation der ganzen Welt, absonderlich Europas, das mündig geworden ist" usf.[25] Der Terminus war – gerade in Anwendung auf die Juden – um diese Zeit neu, die Sache alt, jedenfalls so alt wie die Aufklärung.

In den Berliner Salons der Zeit um die Wende vom 18. zum 19. Jahrhundert sind Aufklärung und Emanzipation in begrenztem Kreise, aber begrenzt eben nicht im Sinne der alten Standes- und Gruppengrenzen, als gesellschaftliche Wirklichkeit überzeugend vorgelebt worden. Hier, in diesen Zirkeln, in deren Mittelpunkt gebildete Jüdinnen wie Rahel Varnhagen und Henriette Herz standen, fand die freie Geistigkeit, die den Aufklärern vorgeschwebt hatte, und nicht minder der selbstverständliche Umgang von Menschen jeden Standes und Ranges auf der freilich elitären Basis des Geistes, auf Zeit eine Stätte. Sie blieben – außer literargeschichtlich: etwa für die Goethe-Rezeption – relativ folgenlos; ihrer Natur gemäß, doch auch infolge der Übermacht der reaktionären Kräfte, in deren Zeichen die Folgezeit stand. Der Gleichheitsgedanke hatte nur bedingt eine Chance; am ehesten noch im für den Geschäftsverkehr ganz unabdingbaren Rechtsbereich. Als Gleichheit vor dem Gesetz ist die Emanzipation der Juden vor allem verwirklicht worden, und selbst hier hinkte die Rechtspraxis, die Handhabung des Gesetzes seiner schriftlichen Fixierung hinterher. Gesellschaftlich kam es zur Gleichstellung nur in unzulänglicher Form, freilich hier und dort, wie etwa in England und Holland, auch in Italien, mehr als andernorts, z. B. in Deutschland und Österreich, Polen und Rußland. Sieht man von Italien ab, das eine gewisse Sonderstellung einnimmt, so entspricht das hiermit angedeutete „Emanzipationsgefälle“ in etwa dem Verlauf der sich von Westen nach Osten ausbreitenden industriellen und kommerziellen Modernisierung.

In den geschichtlichen Darstellungen der Emanzipation der Juden, in denen die rechtliche Gleichstellung im Vordergrund steht, werden gerne drei Phasen der Entwicklung unterschieden:

(1) die ein halbes Jahrhundert umfassende Periode der sich ankündigenden Emanzipation, von etwa 1740 bis zur Französischen Revolution (1789);

(2) die Periode der rechtlichen Durchsetzung der Emanzipation in den meisten europäischen Staaten, von der Französischen Revolution bis zum Berliner Kongreß (1878), auf dem die teilweise zurückgebliebene Entwicklung auf dem Balkan zum Abschluß gebracht werden sollte;

(3) die Zeit der Krise und Infragestellung der Emanzipation der Juden von den (ausgehenden) 70er Jahren des 19. Jahrhunderts bis zum Beginn der nationalsozialistischen Herrschaft in Deutschland.

Die Schwäche dieser Einteilung liegt besonders darin, daß sich die osteuropäische Entwicklung in ihr nicht widerspiegelt. In Polen und Rußland kam – wie bereits früher angedeutet – die Emanzipation erst mit dem Ende des Ersten Weltkrieges zum Zuge, hier mit der Oktoberrevolution in aller Konsequenz, dort aber auch dann nur als vertragliche Zusage, die nie wirklich eingelöst worden ist. Der Berliner Kongreß markiert also (auch wenn man von Rumänien absieht, das sich der Durchführung der eingegangenen Verpflichtungen entzog) nicht eigentlich den europäischen Abschluß des Prozesses.

In der folgenden Darstellung werden Rußland und Polen in die Übersicht über die Durchsetzung der emanzipatorischen Bestrebungen einbezogen und die Krisen, die sie stellenweise von der Zeit ihrer endgültigen Durchsetzung an gleich wieder in Frage stellten, als Vorgeschichte der Zerstörung des europäischen Judentums behandelt.

In England erhob John Toland in seiner Schrift *Reasons for Naturalising the Jews in Great Britain and Ireland* schon 1714 die Forderung nach Einbürgerung der Juden. Er stand damit ziemlich allein. Denn zumindest was England selbst betrifft, stießen Versuche der Durchsetzung derartiger Forderungen noch lange auf heftigen Widerstand. Den Juden der englischen Kolonien in Amerika wurde die Möglichkeit der Einbürgerung indes bereits 1740 gewährt. Doch ist in Rechnung zu stellen, daß der Begriff der Naturalisation mit der aufklärerischen Gleichheitsforderung, die der Emanzipationsbegriff meint, nicht identisch ist. Selbst Toland, der in seinem Pamphlet (dem Untertitel zufolge) „eine Verteidigung der Juden gegen alle gemeinen Vorurteile in allen Ländern“ mitliefert, dachte nicht an eine umfassende rechtliche Gleichstellung der Juden etwa mit den majoritären Protestanten. Immerhin war die Forderung der Naturalisation und erst recht ihre Durchsetzung für die amerikanischen Kolonien ein wichtiger Schritt der Besserstellung auf dem mühsamen Wege zur vollen Gleichberechtigung. Sehr viel mehr stellten auch die Toleranzedikte (1781 ff.) Josephs II. von Österreich (1765–1790) in diesem Zusammenhang nicht dar, die die Integration der Nichtkatholiken beschleunigen sollten, doch die österreichischen Juden großenteils völlig unvorbereitet trafen.

Um dieselbe Zeit erschien sowohl die dramatische wie die theoretische Programmschrift der aufklärerischen Bemühungen um die Gleichstellung der Juden (und die darin implizierte religiöse Toleranz) in Gotthold Ephraim Lessings Bühnenstück *Nathan der Weise* (1779) und Christian Wilhelm von Dohms Traktat *Über die bürgerliche Verbesserung der Juden* (1781 und 1783); in beiden Fällen stand im Hintergrund Mendelssohn – dort als Freund des Autors und Modell der Titelfigur, hier als Vermittler, der – selber um eine derartige Stellungnahme gebeten – den Auftrag an Dohm weitergegeben hatte.

Lessings früherer Versuch, mit dem Problem des christlich-jüdischen Miteinanders in aufklärerischem Sinne dramatisch zu Streiche zu kommen, nämlich das 1749 uraufgeführte und 1754 im Druck erschienene Lustspiel *Die Juden*, legt in der vorletzten Szene fast schmerzhaft bloß, in welchem Ausmaß Gleichheit und

Toleranz zu dieser Zeit noch ein Gedankenspiel waren, das allenfalls in intellektuellen Kreisen durchprobiert wurde, und wie fern ihre wirkliche Verankerung im sozialen Leben (nicht nur der Unterschicht) damals noch lag. Der jüdische Held des Stückes, der Reisende, der des Weges kommt und sich dem Baron und seiner Familie als der edelste Mensch erweist und dem Hause in selbstloser Weise zur Hilfe kommt, dem allenthalben Sympathie entgegenschlägt und den schließlich die Tochter liebgewinnt, steht, da er sich (in der zweitletzten Szene) als Jude entdeckt, doch ganz isoliert da:

> DER REISENDE: Ich bin ein Jude.
> DER BARON: Ein Jude? grausamer Zufall!
> CHRISTOPH: Ein Jude?
> LISETTE: Ein Jude?
> DAS FRÄULEIN: Ei, was tut das?
> LISETTE: St! Fräulein, st! Ich will es Ihnen hernach sagen, was das tut.
> DER BARON: So gibt es denn Fälle, wo uns der Himmel selbst verhindert, dankbar zu sein?

Die Szene spiegelt mit erschreckender Eindringlichkeit die ganze Misere der auch in der gesamten späteren Entwicklung – besonders in Deutschland – nie wirklich überwundenen Lage.

Der eigentliche Durchbruch in der Frage der Judenemanzipation erfolgte im Zuge revolutionärer Veränderungen zunächst (außerhalb Europas!) in Nordamerika und dann in Frankreich. Immerhin war an der Schaffung der Voraussetzungen für diese Entwicklung in den amerikanischen Kolonien das Mutterland England durch die Ermöglichung der Naturalisierung im Jahre 1740 noch beteiligt gewesen. Dennoch ließen in England selbst endgültige Entscheidungen noch lange auf sich warten. Dies machte sich indes um so weniger bemerkbar, als die zahlenmäßig ohnedies kleine jüdische Gemeinde Englands vom Beginn der Neuansiedlung im 17. Jahrhundert an sich rechtlich wie wirtschaftlich gut gestanden hatte und ihre Lage im Laufe der Zeit infolge eines schrittweisen Abbaus von Benachteiligungen noch verbessern konnte, so daß sich mit gewissen Einschränkungen sagen läßt, daß die Juden in England längst integriert waren, als ihnen die volle rechtliche Gleichstellung gewährt wurde. Wie wenig am Ende – nach der bürgerlichen Gleichstellung der Katholiken im Jahre 1828 – noch zu tun war, erhellt daraus, daß sich die Diskussion auf die christliche Eidesformel konzentrierte, durch die die Juden von der Übernahme von Ämtern und Funktionen, die eine Eidesleistung voraussetzen, ausgeschlossen blieben. Hier ließ man sich freilich Zeit, leistete vor allem das Oberhaus einen geradezu starrsinnigen Widerstand. Erst durch den Kompromiß des Jahres 1858, in welchem sich Ober- und Unterhaus darauf einigten, die Form der Eidesleistung sei Sache des jeweiligen Hauses, sowie die Streichung der spezifisch christlichen Teile des traditionellen Eides im Jahre 1866 und schließlich die Beseitigung einiger restlicher Beschränkungen im Jahre 1871 fand der Prozeß der Emanzipation der englischen Juden – nun auch nach der politischen Seite hin – seinen formaljuristischen Abschluß.

Das koloniale Amerika war dem Mutterland hierin um fast ein Jahrhundert vorausgegangen. Im Grunde bereits mit der Unabhängigkeitserklärung von 1776 gegeben, wurde das Gleichheitsprinzip noch in demselben Jahrzehnt in Thomas Jeffersons Virginischer Deklaration, die volle Religions- und Gewissensfreiheit verkündigte, ausformuliert. Sie diente für die *Federal Constitutional Convention* von 1787 als Vorlage, womit auf Bundesebene bereits zu diesem frühen Zeitpunkt Klarheit geschaffen war. Da wesentliche Kompetenzen bei den Einzelstaaten lagen, war damit freilich noch nicht alles getan. Bis 1820 hatten jedoch sieben von den damals dreizehn Staaten nachgezogen, und in den folgenden Jahren schritten auch die meisten anderen zu endgültigen Regelungen, so daß der Prozeß – auf Bundesebene früher als irgendwo anders entschieden –, von unbedeutenden Ausnahmen abgesehen, auch vergleichsweise früh zum Abschluß kam.

An dem zu seiner Zeit bahnbrechenden Vorstoß der aufständischen Amerikaner hat sich das revolutionäre Frankreich orientiert. Auf diesem Wege haben die genannten Entscheidungen auch die weitere Entwicklung in Europa mitbestimmt. Den Grundstein bildete hier die Erklärung der Menschen- und Bürgerrechte durch die französische Nationalversammlung am 26. August 1789, die grundsätzlich auch die rechtliche Gleichstellung der französischen Juden einschloß. Trotzdem blieb diese zunächst umstritten und bedurfte es zweier Jahre, bis sie durchgesetzt werden konnte. Ihre wichtigsten Vorkämpfer auf nichtjüdischer Seite waren Bischof Graf Henri Grégoire, meist einfach Abbé Grégoire (1750–1831), und Graf Honoré Mirabeau (1749–1791), die beide bereits vor 1789 für die Gleichberechtigung der Juden eingetreten waren; Abbé Grégoire mit dem *Essai sur la régéneration physique, morale et politique des juifs* (1787), Mirabeau, angeregt durch das Buch Dohms, mit der Schrift *Sur Moses Mendelssohn (et) sur la réforme politique des juifs ...* (ebenfalls 1787). Auf jüdischer Seite ist besonders Berr Isaak Berr (1744–1828) als Sprecher der Juden Elsaß-Lothringens zu nennen, um die es in dieser Auseinandersetzung vorrangig ging – bezüglich der sogenannten Portugiesen des Südwestens und der Juden Avignons gab es kaum Probleme.

In der Debatte vom 23. Dezember 1789 fiel das später viel zitierte Wort des Grafen von Clermont-Tonnerre, welches die gängige aufklärerische Haltung treffend widerspiegelt: den Juden sei als Nation nichts, als Individuen dagegen alles zu gewähren. Am 23. September 1791 wurde endgültig in diesem Sinne entschieden und damit eine Entwicklung in Gang gesetzt, die nicht zuletzt infolge der Siege der französischen Armeen weit über die Grenzen Frankreichs hinausgreifen sollte.

Napoleon, der einerseits nicht wenig dazu beigetragen hat, dem Gedanken der Rechtsgleichheit für die Juden auch jenseits der französischen Grenzen zum Durchbruch zu verhelfen, hat andererseits die Emanzipationsfrage noch einmal zur Diskussion gestellt. Er ließ im Juli 1806 eine jüdische Notabelnversammlung einberufen – sie tagte bis April 1807 –, der er zur Klärung des Problems der nationalen Zugehörigkeit, wie er sie verstand, zwölf zum Teil nicht unproblematische Fragen vorlegte, u. a. die Frage nach der jüdisch-christlichen Mischehe, die nach dem jüdischen Religionsgesetz sicher nicht zu wünschen ist. Es gelang den Notabeln, die Antworten so zu formulieren, daß sie von Napoleon akzeptiert wurden. Doch gewohnt, in großen Perspektiven zu denken, und sich wohl auch des „propagandistischen" Effekts der Sache bewußt, verlangte er – in Anknüpfung an eine weit zurückliegende Epoche jüdischer Geschichte – die Einberufung des Großen Sanhedrins, um die Antworten in jüdisch-religionsgesetzlichem Sinne (möglichst für die Gesamtjudenheit) rechtskräftig zu machen. Die daraufhin Anfang 1807 zusammengerufene Versammlung, die indes in ihrer Zusammensetzung nicht ganz den Vorstellungen Napoleons entsprach – außer französischen waren nur italienische und deutsche Vertreter anwesend –, hat im Sinne der Notabeln entschieden. Trotzdem glaubte Napoleon im folgenden Jahre (1808) mit dem sogenannten „Infamen Dekret" die Rechte der Juden für die Zeit von 10 Jahren in einigen Punkten einschränken zu sollen. Das Dekret, von dem die Juden des Südwestens und Südens ohnedies ausgenommen waren, ist 1818 nicht erneuert worden. Eine entschieden glücklichere Hand hatte Napoleon mit der gleichzeitigen Einführung der Konsistorialverfassung, die noch heute besteht.

Als nach der Kanonade von Valmy am 20. September 1792 das Kriegsglück sich zugunsten der Revolutionäre wandte und eine Reihe nichtfranzösischer Gebiete unter französische Kontrolle geriet, kam es dort durchweg zu analogen Regelungen wie in Frankreich. Betroffen waren zunächst der Westen Deutschlands, nämlich das linke Rheinufer, und Belgien, später auch Holland, die Schweiz und Italien, schließlich – in der letzten Phase – auch andere Teile Deutschlands, u. a. Westfalen, das 1807 unter Napoleons jüngstem Bruder Jérôme Königreich wurde. Vielerorts ist freilich die emanzipatorische Gesetzgebung der französischen Zeit 1815 zurückgenommen worden. Sie dürfte jedoch dessenungeachtet in der sozialen Wirklichkeit der betreffenden Gebiete ihre Spuren hinterlassen haben. Die rechtliche Handhabe für die Zurücknahme bot in Deutschland die vom Wiener Kongreß 1815 vorgenommene Änderung eines „in“ in ein „von“ im Artikel 16 der Bundesakte, so daß die Regierungen nur mehr gehalten waren, den Juden „die *von* den Bundesstaaten“, also nicht *in* den Bundesstaaten, „bereits eingeräumten Rechte [zu] erhalten“. Doch ist kaum anzunehmen, daß die Entwicklung ohne diese Handhabe einen grundsätzlich anderen Verlauf genommen hätte.

Während in Deutschland, der Schweiz und Italien die durch die französischen Eroberungen herbeigeführten Verbesserungen in der Rechtsstellung der Juden Episode blieben und es neuer Anstöße bedurfte, sie durchzusetzen, ist in Belgien und Holland (bis 1830 zu einem gemeinsamen Staatswesen verbunden) die einmal gewährte Emanzipation – auch nach der Trennung – nicht wieder rückgängig gemacht worden.

In Italien, wo ähnlich wie in Deutschland die Situation von Staat zu Staat sehr unterschiedlich war, geriet die Szene mit Erstarken der Befreiungsbewegung vergleichsweise früh wieder in Bewegung. Die jüdische Unterprivilegierung erschien weithin als Ausdruck der alten, zu überwindenden Zustände, und die öffentliche Meinung war durchweg projüdisch. Als im Zuge der revolutionären Vorgänge des Jahres 1848/49 in fast allen italienischen Staaten die Gleichberechtigung aller, auch der jüdischen Mitbürger verkündet wurde, war dieser Schritt von einem sehr viel breiteren Konsens auch in der einfacheren Bevölkerung getragen als beispielsweise in Deutschland und konnte sie deshalb auch bei weitem nicht in demselben Umfange und mit demselben Erfolg wieder rückgängig gemacht werden wie dort. Freilich war auch jetzt wiederum die Lage nicht einheitlich. Eine wirkliche Rückkehr zu den früheren Verhältnissen hat aber nur im Kirchenstaat stattgefunden. Das Papsttum, das bis in die frühe Neuzeit wiederholt als Verteidiger des Judentums aufgetreten war, wurde nun zur Bastion der Reaktion. Im Königreich Italien – 1861 nahm Viktor Emanuel II. von Sardinien mit Billigung des ersten italienischen Parlaments den Titel eines Königs von Italien an – waren die Juden emanzipiert; als 1870 der Kirchenstaat in das Königreich eingegliedert wurde, auch dort. Die rechtliche Gleichstellung war begleitet und gefolgt von einer im ganzen geglückten sozialen Integration.

In Deutschland, wo die antijüdischen Ressentiments insbesondere in der einfacheren Bevölkerung um vieles stärker waren, war der Weg bis zur vollen Gleichstellung mühsam. Die konservativen Kräfte stellten sich, auf das Ideal des christlichen Staates festgelegt, wie es der preußische Rechtsphilosoph Friedrich Julius Stahl (1802–1861) verkündete, oder auch aus sehr pragmatischen Gründen, um ihren Rückhalt in der antijüdischen Bevölkerung nicht zu verlieren (denn die Emanzipationsforderung war ein Programmpunkt der Liberalen), den Bestrebungen entgegen. Daß Berlin einmal ein bedeutendes Zentrum der Aufklärung, das bedeutendste der jüdischen Aufklärung gewesen war, hat wenig genug zur Folge gehabt. Allerdings war – durchaus noch in dieser Tradition – von Preußen schon frühzeitig, nämlich 1812, mit dem Hardenbergschen Edikt ein erster Schritt getan worden. Doch zaghaft genug; das Edikt begünstigte nur einen ohnedies bereits begünstigten Teil der Juden und verlieh auch nur einen Teil der staatsbürgerlichen Rechte. Und weitere Schritte blieben fürs erste aus. Auch im aufklärerisch-liberalen Lager herrschte die Meinung vor, die Juden hätten sich die Gleichstellung zu verdienen: Dem Stande der schrittweisen Integration und Assimilation solle die schrittweise Emanzipation folgen. Trotzdem haben sich bereits im Vorfeld der revolutionären Unruhen von 1848, nämlich 1847 im Vereinigten Landtag Preußens, großbürgerlich-liberale Kreise besonders des Westens mit einiger Entschiedenheit für die Judenemanzipation eingesetzt. Die kommenden Ereignisse warfen ihre Schatten voraus. Im folgenden Jahr war die Welt verändert: In Preußen sowohl wie anderwärts (allerdings nicht in Bayern, wo der König lediglich eine Verbesserung in Aussicht stellte) wurde der Gedanke der Gleichheit aller vor dem Gesetz jetzt akzeptiert. Natürlich fand er auch Eingang in die von der Deutschen Nationalversammlung in Frankfurt am 21. Dezember 1848 verkündeten Grundrechte des Deutschen Volkes, die in die Verfassung oder Gesetzgebung fast aller deutschen Bundesstaaten übernommen worden sind. Doch war damit der Prozeß nicht abgeschlossen. Vielmehr sind in der Zeit der Reaktion die Rechte erneut in Frage gestellt und eingeschränkt worden – von der Rechtspraxis ganz zu schweigen. So wurde der Gegensatz zwischen der gesellschaftlichen Stellung und der Rechtslage der deutschen Juden immer größer. Denn gerade in Deutschland hatte eine relativ rasche und breitere Kreise erfassende Assimilation und Verbürgerlichung der Juden (freilich ohne wirkliche Integration!) stattgefunden, so daß nach und nach Besitz und Bildung an die bürgerliche Mittel- und Oberschicht Anschluß gefunden hatte. Die längst auf die verschiedensten europäischen Länder verteilte Familie Rothschild und ihr legendärer Reichtum ist nur das (allzu suggestive) Symbol dieses „Aufstiegs der Juden", der sozialpsychologisch gerade aus dem Widerspruch zwischen der Eröffnung so überwältigender neuer Möglichkeiten einerseits und den verbleibenden Schranken andererseits zu erklären sein dürfte, die zu einem Ausgleich des Vorenthaltenen auf dem zugänglich gemachten Felde von Besitz und Bildung herausfordern mußten. Erst in den 60er Jahren, endgültig mit der Reichsgründung im Jahre 1871, sind die noch bestehenden Rechtsbeschränkungen endlich gefallen. Das betreffende Bundesgesetz des Norddeutschen Bundes vom 3. Juli 1869, das 1871 für alle Staaten des Deutschen Reiches Geltung erhielt, hat den Wortlaut:

Alle noch bestehenden, aus der Verschiedenheit des religiösen Bekenntnisses hergeleiteten Beschränkungen der bürgerlichen und staatsbürgerlichen Rechte werden hierdurch aufgehoben. Insbesondere soll die Befähigung zur Teilnahme an der Gemeinde- und Landesvertretung und zur Bekleidung öffentlicher Ämter vom religiösen Bekenntnis unabhängig sein.[26]

In Österreich und Ungarn kommt der Emanzipationsprozeß um etwa dieselbe Zeit zum Abschluß wie in Deutschland. Auch der Verlauf der Entwicklung ist ähnlich. Die infolge der revolutionären Unruhen in Wien 1849 gewährten Rechte werden 1851 widerrufen – jedoch nur auf Zeit. Wie in Deutschland bringen die 60er Jahre den Umschwung. Mit der Entstehung der Doppelmonarchie im Jahre 1867 findet die emanzipatorische Gesetzgebung ihre Besiegelung; in Österreich sowohl wie in Ungarn, das inzwischen eine beträchtliche jüdische Minorität aufweist. Zwischen 1740 und 1840 ist hier die Zahl der Juden von ca. 12 000 auf 20 000 gestiegen.

In den skandinavischen Ländern Dänemark, Schweden und Norwegen, wo es erst seit dem 17. und 18. Jahrhundert Juden gab und ihre Zahl gering blieb, war die Emanzipation der Juden ein weniger spektakulärer Vorgang. Während sie in Dänemark bereits sehr früh, nämlich 1849, erfolgte, ließ die Aufhebung der letzten Rechtsbeschränkungen in Schweden bis 1873 und in Norwegen gar bis 1891 auf sich warten.

Als überraschend hartnäckig erwies sich die Schweiz, insbesondere gegenüber den einheimischen Juden (die es freilich legal nur im Aargau gab), so daß infolge ausländischen Druckes französische und holländische Juden sich zeitweise besser standen als die alteingesessenen. Erst 1866 wurden die letzten Freizügigkeitsbeschränkungen aufgehoben. Worauf 1874 mit der Verfassungsreform die endgültige Gleichstellung folgte.

In die Emanzipationspolitik der Balkanstaaten schalteten sich die europäischen Großmächte ein. Der Berliner Kongreß, der 1878 zur Regelung der Balkanfragen zusammentrat, behandelte auch das Problem der Gleichberechtigung der religiösen und ethnischen Minoritäten. Bis dahin hatte lediglich Griechenland, und zwar in den Jahren 1870/72, bereits eine emanzipatorische Gesetzgebung ohne äußeren Druck durchgesetzt. Für Bulgarien, Serbien und Rumänien wurde die internationale Anerkennung der Selbständigkeit von der Einführung der Rechtsgleichheit abhängig gemacht. Während Bulgarien und Serbien hiernach auch wirklich verfuhren, hat sich Rumänien der Verpflichtung zu entziehen gewußt. Noch in der Zwischenkriegszeit waren die Juden hier gehalten, um die Einbürgerung eigens nachzusuchen. So blieb selbst in dieser Zeit noch eine Minderheit der rumänischen Juden – 1923 waren es etwa 10 % – dem Fremdenrecht unterworfen.

Hält man sich vor Augen, daß Rußland, das am Zustandekommen der Beschlüsse des Berliner Kongresses beteiligt war, selbst weit von der Lösung der sogenannten Judenfrage entfernt war, so wird Rumäniens Verhalten um einiges verständlicher. Statt der Gleichstellung der Juden betrieb man in Rußland eine ausgesprochene Unterdrückungspolitik, die bis zur staatlichen Begünstigung von Pogromen reichte – doch dies ist ein anderes Kapitel und später zu behandeln. Erst die Oktoberrevolution von 1917 hat in dieser Hinsicht Klarheit geschaffen. Radikaler als hier war der Bruch wohl nirgends, ein unvermittelter Übergang von gezielter Unterdrückung zu konsequenter rechtlicher Gleichstellung. Daß das russische Denken und Fühlen hiermit nicht wirklich Schritt halten konnte, versteht sich von selbst.

Das neu entstandene Polen optierte anders. Es unterschrieb zwar den Versailler Vertrag, in welchem die Übernahme der Gleichheitsklausel und damit die Verwirklichung der Judenemanzipation zur Auflage gemacht wurde, schob deren Anwendung jedoch dadurch hinaus, daß es in die Verfassung die Formel aufnahm, zur Durchführung der Bestimmungen bedürfe es einer entsprechenden (weiteren) Gesetzgebung. So bestanden, während die Juden der früheren deutschen und österreichischen Gebiete formell gleichberechtigt waren, für die ehemals russischen Juden gewisse Rechtsbeschränkungen weiter. Da auch sonst eine judenfeindliche Atmosphäre herrschte, ist es kein Wunder, daß das polnische Judentum sich in dieser Zeit mehr und mehr auf sich selbst besann und seinerseits immer entschlossener als eigene nationale Gruppe auftrat. Zu einer durchgreifenden Emanzipationsgesetzgebung ist es im Vorkriegspolen nicht mehr gekommen – das polnisch-jüdische Verhältnis war viel zu belastet.

Zerstörung und Sammlung

Emanzipation, Zerstörung und Sammlung des europäischen Judentums gehören zusammen, bilden die letztlich *eine* Geschichte der Juden Europas in der neuesten Zeit. Will man diese verstehen und einsichtig machen – soweit sie Verstand und Einsicht zugänglich sind –, so ist von dieser Einheit auszugehen und sind die bezeichneten Züge zunächst als Aspekte und dann erst als Phasen der Entwicklung aufzufassen. So sehr die Phase der rechtlichen Durchsetzung der Emanzipation zur Phase der Zerstörung und Sammlung im Gegensatz steht, und zumindest im Blick auf West- und Mitteleuropa grob gesprochen das 19. Jahrhundert als die Zeit der Emanzipation, das 20. Jahrhundert als die Zeit der Zerstörung und Sammlung zu gelten hat, so sehr ist noch auf dem Höhepunkt der emanzipatorischen Entwicklung das zerstörerische und zugleich die Eigenheit der jüdischen Gruppe in Rückbesinnung und Neubeginn „reformierende“ Moment präsent, geradezu meßbar und zählbar, am Maß des Gewährten, das zugleich das Maß des Verweigerten ist, und an der Zahl derer, die gewährten und verweigerten; wie umgekehrt auch in der Zerstörung und Sammlung, hier ganz selbstverständlich und dort als allzu gewaltsame, von keinem ganz, geschweige denn von allen geteilte Verneinung, noch immer der Anspruch auf Gleichheit, ja Gleichheit selbst gegenwärtig ist. Wer dies bestreitet, spricht weniger gegen den geschichtlichen Determinismus und noch weniger für den jüdisch-christlichen Gott der Freiheit, sondern für die Anarchie der Zusammenhanglosigkeit (zugunsten derer, die sich der Zusammenhänge zu ihrem Vorteil zu bedienen wissen) und gegen den Gott, den eine große philosophische Tradition als Denken des Denkens gedacht hat, und d. h. nicht nur gegen die (ungeliebte) kritische Vernunft, sondern auch gegen die Ordnung des Denkens.

Drei spektakuläre Vorgänge oder Ereignisse der europäischen Geschichte markieren aufs deutlichste die Fragilität der Emanzipation im Zeitalter ihrer Durchsetzung. Sie liegen zeitlich dicht beisammen, im letzten Viertel des 19. Jahrhunderts: Die russischen Pogrome der frühen 80er Jahre, lange bevor dort eine emanzipatorische Gesetzgebung vorhanden war; die sich rasch folgenden Wellen des parteipolitisch aufgezogenen Antisemitismus des Deutschen Kaiserreichs, der nahezu gleichzeitig mit dem Abschluß des Emanzipationsprozesses aufkam und seine aufsehenerregendsten Erfolge um 1890 hatte; und schließlich die Dreyfus-Affäre in Frankreich von Ende 1894 bis zur Jahrhundertwende, also lange nach der Gewährung der Emanzipation in diesem Lande.

In der Dreyfus-Affäre machte zunächst alles den Eindruck eines gängigen Spionagefalles – und für viele, die damit befaßt waren, mag es auch so gewesen sein. Ein Dokument mit geheimen Mitteilungen, angeblich von der Hand des Generalstabsoffiziers Alfred Dreyfus, schien eindeutig genug. Auch Theodor Herzl scheint Dreyfus für schuldig gehalten zu haben; jedenfalls bemerkte er ein knappes Jahr nach der Verurteilung des Kapitäns im Dezember 1894 lediglich: „Warum litt ich, als Kapitän Dreyfus des Landesverrats angeklagt war?“, und empfand er es nach seinem Gespräch mit Wilhelm II. am 19. Oktober 1898 als „etwas ganz Kolossales“, daß dem Gesprächsverlauf zufolge Dreyfus unschuldig war.[27] 1896/97 entpuppte sich der Fall jedoch mehr und mehr als geradezu idealtypisch antisemitischer Vorgang; und alsbald wurde er zum Angelpunkt heftiger Auseinandersetzungen zwischen der französischen Rechten und Linken. Nachdem sich Bernard Lazare bereits in zwei Schriften für die Unschuld Dreyfus' eingesetzt hatte, stieß der neuernannte Leiter der Spionage-Abteilung Oberst Picquart auf Dokumente, die einen anderen Offizier, Major Esterhazy, der sich später auch schuldig bekannte, schwer belasteten. Die nationalistisch-antirepublikanischen Militärs reagierten mit der Abkommandierung Picquarts ins tunesische Hinterland. Als Esterhazy – vor ein geheimes Kriegsgericht gestellt – freigesprochen wurde, trat Émile Zola mit der Schrift *J'Accuse* (Ich klage an) hervor, die ungeheures Aufsehen erregte und den Fall endgültig zum Politikum machte. Durch diesen Angriff auf die Militärs, der als offener Brief an den Präsidenten aufgezogen war und die antirepublikanisch-antisemitischen Hintergründe rücksichtslos bloßlegte, herausgefordert, machten diese die Auseinandersetzung zum offenen Schlagabtausch mit den zweifelhaftesten Mitteln. Zola wurde wegen Verleumdung verurteilt – floh aber nach England; Picquart wurde verhaftet und aus der Armee entfernt. Die klerikal-monarchistische Rechte stellte den Fall konsequent in den Dienst der politischen Mobilisierung der antisemitischen Ressentiments. (Hier war die Verbindung gefunden, die später in Deutschland so ungemein „effektiv“ werden sollte.) Sowohl die Kammerwahlen des Jahres 1898 wie die Präsidentschaftswahlen des Jahres 1899 standen im Zeichen der Dreyfus-Affäre. Tatsächlich wurden bei den Kammerwahlen einige notorische Vorkämpfer der Revision wie Jaurès und Reinach nicht wiedergewählt. Infolge der Wende, die die Ereignisse Ende August 1898 durch neue Enthüllungen des Oberstleutnants Henry, Offizier des Spionagebüros, nahmen, erlitten die Antidreyfusards bei den Präsidentenwahlen im Februar 1899 jedoch eine Niederlage. Obwohl der Prozeß wieder aufgerollt wurde, sprach man auch diesmal Dreyfus nicht frei. Ein übler Nachgeschmack blieb: Er wurde begnadigt und später (wie auch Picquart) militärisch rehabilitiert – rechtlich indessen nie. So aufschlußreich es einerseits sein mag, daß im Frankreich der Jahrhundertwende anders als später in Deutschland die demokratischen Kräfte siegten, so erschreckend mußte doch für den distanzierten Beobachter sein, wie mächtig selbst hier, in einem Lande, wo der Übergang vom traditionellen jüdischen Volksbewußtsein zur nationalen Identifikation mit dem Wirtsvolk bereits so früh und ohne größere Widerstände vor sich gegangen war, das antisemitische Potential noch immer war. Was der beispiellose buchhändlerische Erfolg, den etwa ein Jahrzehnt zuvor Edouard Adolphe Drumont mit seinem antisemitischen Machwerk *La France juive* (Paris 1886) erzielt hatte, bereits überdeutlich erkennen ließ, wurde durch die Dreyfus-Affäre bestätigt.

In Deutschland war die Entscheidung für Liberalität und Toleranz, geschweige denn für Demokratie (die diesen Namen verdient) noch viel weniger eindeutig, wenn auch – gesichert durch den monarchischen Obrigkeitsstaat – das Prinzip der Rechtsgleichheit unangetastet blieb. Und das braucht nicht zu verwundern. Denn die Fronten verliefen seit langem anders. Deckte sich in Frankreich der monarchisch-republikanische Gegensatz in etwa mit dem klerikal-liberalen, so hatten die deutschen Verhältnisse die Entwicklung einer deutsch-christlichen bzw. germanisch-christlichen Weltanschauung begünstigt, die nicht nur von den jüngeren völkischen Nationalisten, die von vornherein als Antiliberale auftraten, aufgegriffen wurde, sondern auch bei den älteren liberalen Nationalen, speziell bei den Achtundvierzigern – man braucht nur an Richard Wagner und Wilhelm Marr zu erinnern – weit verbreitet war; ein altehrwürdiges Erbe, das seit der Zeit der Christlich-deutschen Tischgesellschaft Adam Müllers und Achim von Arnims schon in den Burschenschaften viel Echo gefunden hatte. Es wurde auch in dem seltsamen Mischgebilde des parteipolitischen Nationalliberalismus gehütet, wie sich spätestens 1879/80 mit den antijüdischen Ausfällen des nationalliberalen Geschichtsprofessors Heinrich von Treitschke in den *Preußischen Jahrbüchern* zeigen sollte.

Die Anfänge der judenfeindlichen Entladungen der Kaiserzeit lassen den traditionellen christlich-jüdischen Gegensatz noch gut erkennen. Sie gingen vom deutschen Katholizismus aus und erfolgten mit den Mitteln des überlieferten Antitalmudismus, vom Autor des „Talmudjuden", August Rohling, besonders geschickt und erfolgreich in Szene gesetzt. Politisch stellten sie eine Reaktion auf die katholische Benachteiligung im majoritär protestantischen Staat dar. Daß dieses Erbe zu einer dann mehr und mehr genutzten Möglichkeit parteipolitischer Agitation werden konnte, ist nicht zuletzt auf die seit 1873 (dem Gründerkrach) krisenhafte Wirtschaftsentwicklung zurückzuführen. Ähnlich wie im Katholizismus liegen auch in der protestantischen Bewegung Adolf Stoeckers gegen Ende der 70er Jahre, die direkt in die parteipolitische Organisierung des Antisemitismus einmündete, die religiösen Voraussetzungen der Judenfeindschaft offen zutage. Zugleich wird allenthalben auch rassisch argumentiert. Die vielbeschworene Differenz zwischen traditionell-christlicher und modern-rassistischer Judenfeindschaft ist weniger relevant, als meist angenommen wird. Auch Marr, der durchweg für den frühen rassistischen Antisemitismus einsteht, operierte mit der Religion, indem er die Juden als religionslos hinstellte, und hat mit sogenannten christlichen Antisemiten eifrig zusammengewirkt, wenn er nur Echo fand; und er fand es im christlichen Lager. Hier liegt exakt das Problem: In Deutschland hat in genauer Entsprechung zum Bündnis zwischen Kirche und Obrigkeitsstaat, das in den Jahren um 1848 erneuert wurde, weder der religionskritische Liberalismus (etwa der französischen Linken) noch die aufgeklärte Religiosität (etwa Lessings und Goethes) politisch je eine wirkliche Chance gehabt.

Die am meisten liberal-demokratische Position nahm unter den parteipolitischen Antisemiten August Boeckel ein. Doch er wirkte unter den hessischen Bauern – mit viel Erfolg, deren demokratisches Bewußtsein nur rudimentär entwickelt war, die vornehmlich den Gegensatz zum „Junker" meinten, wenn von Demokratie die Rede war, und den großen, auch monarchischen Führer durchaus akzeptierten – Boeckel wurde zum „Bauernkönig". Waren die ihm „hörigen" Bauern der christlichen Tradition entfremdet?

Die Wahlen des Jahres 1893 brachten den Antisemiten den ersten großen Erfolg: Sie zogen mit 16 Abgeordneten in den Reichstag ein. Auch wenn dieses Ergebnis in der Folge nicht beliebig zu wiederholen war, ja der parteipolitisch organisierte Antisemitismus der eigentlichen Antisemitenparteien wieder außer Mode kam, bedeutete dies doch keineswegs, daß der politische Antisemitismus ausgespielt hatte oder auch nur im Rückgang begriffen war. Sein Erbe übernahmen mächtige parapolitische Organisationen wie der *Bund der Landwirte* (im Dienste der Konservativen Partei), der *Deutschnationale Handlungsgehilfenverband* und der *Alldeutsche Verband;* besonders letzterer spätestens in den letzten Jahren vor dem Ersten Weltkrieg bereits in eindeutig völkischem Sinne. Ideologen wie Paul de Lagarde, Julius Langbehn und besonders Houston Stewart Chamberlain hatten dieser Entwicklung mit ihrer Lehre von der Einheit von Blut und Geist, Rasse und Religion vorgearbeitet. Der Weltkrieg und sein Ausgang – die durch den deutschen Zusammenbruch hervorgerufene Revolution – haben für Gruppen wie diese und schließlich den noch radikaleren Nationalsozialismus endgültig den Boden bereitet.

Die erschreckendsten antijüdischen Ereignisse dieser Zeit waren zweifellos die nach Regierungsantritt Zar Alexanders III. (1881 bis 1896) und dann wieder unter Nikolaus II. (1896–1917) nach der Jahrhundertwende sich häufenden Pogrome und antijüdischen Ausschreitungen im russischen Ansiedlungsrayon, auf den die Juden Rußlands seit dem Gesetz vom 23. Juni 1794, als mit der zweiten polnischen Teilung große Gebiete dichter jüdischer Siedlung an Rußland gefallen waren, von (freilich nicht wenigen) Ausnahmen abgesehen eingeschränkt blieben. Die schwachen Ansätze einer liberalen Judenpolitik unter Alexander II. (1855 bis 1881), dessen Ermordung den Juden zur Last gelegt wurde, waren mit der Inthronisierung des neuen Zaren endgültig Vergangenheit. Zunächst in Elisabethgrad, dann auch in Kiew, Odessa und anderen, kleineren Orten brachen anscheinend spontan Verfolgungen aus – staatlich gelenkt, zumindest geduldet, Teil einer großangelegten staatlichen Unterdrückungspolitik. Den Pogromen der Jahre 1881/82 folgten verschärfte Ausnahmegesetze. Die Ventilfunktion der Ereignisse in einem Lande, das von sozialen Gegensätzen zerrissen war, ist ersichtlich. Sie wurde vom Zaren mehr oder weniger deutlich bestätigt, indem er einerseits die Exzesse als solche verurteilte und andererseits den Juden selbst die Hauptschuld daran zuschrieb. Die Welt erschrak, wenn auch einigermaßen folgenlos. Unter den russischen Juden, von denen nur eine dünne Oberschicht assimiliert war, wuchs der Wille zur Auswanderung. Zu den wenigen Stellen, von denen wirksame Hilfe kam, gehörte die *Alliance Israélite Universelle,* eine zentrale jüdische Hilfsorganisation, die 1860 in Paris gegründet worden war.

Die Sorge derer, die an Emigration dachten und deren Traumziel zumeist Amerika, zuweilen auch Palästina war, war nur allzu begründet. Nach kleineren Zwischenfällen in den Jahren 1897 und 1899 brachen Ostern 1903 erneut schwere Unruhen aus, diesmal in Kischinew, denen zahlreiche Juden zum Opfer fielen. Diesem Pogrom, von erschreckender Brutalität und Grausamkeit, sollten bis 1906 an anderen Orten Jahr für Jahr weitere folgen. Sie spielten sich bereits, es sei an den gescheiterten Aufstand des Jahres 1905 erinnert, vor einem revolutionären Hintergrund ab.

In diesem Rußland, dem Rußland der sozialen Unruhen, nimmt die neuzeitliche Sammlung der Juden erstmals konkrete Gestalt an, wenn auch zunächst nur als Stückwerk, das durch den erfolgreichen Neueinsatz Herzls zur Vorgeschichte geworden ist. Bald nach den Pogromen von 1881/82 tritt Leon Pinsker mit der engagierten Schrift *Autoemanzipation* hervor, in der er eine zielstrebige auf politische Aktion abzielende Analyse der sogenannten Judenfrage mit dem Aufruf zur nationalen Sammlung verbindet: Autoemanzipation, Selbsthilfe, und zwar nicht des machtlosen Einzelnen, sondern der Gruppe. Um dieselbe Zeit schließen sich zunächst in Odessa, wo Pinsker selbst als Arzt tätig ist, dann auch in anderen Städten wie Bialystok, Warschau, Wilna, Brest, Moskau, Charkow, Minsk, Kowno, Libau, Kiew, Poltawa, Petersburg und Riga interessierte Juden zu Aktionseinheiten zusammen. Es ist die Geburtsstunde der *Ḥoveve-Zion-* oder *Ḥibbat-Zion*-Bewegung (der Bewegung der Zionsfreunde oder Zionsliebe), die nicht nur nach Rumänien und Galizien, sondern auch zum Westen, nach Wien, Berlin, Paris und London übergriff. Gegen die vorwiegend philanthropische Orientierung wurden schon bald kritische Stimmen laut, die auf eine stärkere Politisierung drängten. Vom 6. bis zum 12. November 1884 trafen sich in Kattowitz Vertreter der verschiedenen Gesellschaften zur Koordinierung der Aktivitäten. Wenn auch die unmittelbar greifbaren Erfolge der Bewegung begrenzt waren – u. a. geht die Gründung der jüdischen Kolonie Rischon le-Zion in Palästina auf sie zurück –, so hat sie doch nicht wenig dazu beigetragen, auf den letztlich effektiveren Ansatz Theodor Herzls vorzubereiten. Auf dem ersten Zionistenkongreß im Jahre 1897 in Basel fanden sich in solchem Maße Ḥoveve-Zion-Anhänger ein, daß der Korrespondent des *Jewish Chronicle* notierte, man habe den Eindruck haben können, Herzl sei zu ihrem und nicht sie zu seinem Kongreß gekommen.[28] Daß die Verfolgungen des beginnenden 20. Jahrhunderts – nun bereits weitgehend im Rahmen des politischen Zionismus Herzls – die Bewegung nur stärken konnte, versteht sich von selbst.

Daneben war jedoch inzwischen eine andere Bewegung getreten, die den zionistischen Territorialismus ablehnte und die allgemeine soziale und die jüdische Frage als Einheit begriff und in radikalem Bruch mit der Vergangenheit durch die sozialistische Revolution zu lösen suchte: der jüdische „Bund“, die erste und lange Zeit einzige jüdisch-sozialistische Partei. Sie wurde 1897 – im Jahr des ersten Zionistenkongresses – in Wilna gegründet und gewann innerjüdisch wie außerjüdisch, in der allgemeinen sozialistischen Bewegung Rußlands, bedeutenden Einfluß. Es ist im Blick auf die weitere Entwicklung der jüdischen Geschichte hochaufschlußreich, daß diese im Sinne des marxistischen Sozialismus grundsätzlich international orientierte Partei, die 1898 autonomer Bestandteil der russischen sozialistischen Bewegung wurde, im Laufe der Zeit, da die allgemeine (russische) Bewegung immer mehr das Übergewicht gewann, ein ausgeprägtes jüdisches Gruppenbewußtsein entwickelte, so daß sie am Ende zu einer jüdischen Sammelbewegung wurde. Im Westen sollte, nun nicht mit sozialistischem, sondern liberalem Vorzeichen, Ähnliches geschehen. Die Differenzen zum linken Zionismus blieben trotzdem sowohl ideologisch wie naturgemäß erst recht organisatorisch beträchtlich: Die eine Gruppe mußte der anderen notwendig als höchst überflüssiger Konkurrent erscheinen, der ungeachtet ähnlicher Ziele die eigenen Veranstaltungen durchkreuzte.

Im Grunde verlief die mitteleuropäische Entwicklung durchaus analog. War der Unterschied zwischen den russischen Pogromen und dem „zivilisierten“ Antisemitismus des Westens am Ende doch nicht so groß? Schließlich blieb es auch hier nicht bei bloßen Parolen; und nicht nur im Zusammenhang mit der ungarischen Ritualmordaffäre von Tisza Eszlár (etwa gleichzeitig mit den frühen russischen Verfolgungen im Jahre 1882), sondern auch bei ähnlichen Anlässen im Westen wie im Osten des Deutschen Reiches, 1891 in Xanten und 1900/1901 in Konitz, ist es zu handgreiflichen Ausschreitungen gekommen.

Zumeist wird angenommen, daß Theodor Herzl durch die Dreyfus-Affäre zum Handeln bewegt worden sei. Dies scheint nicht zuzutreffen.[29] Doch war es nach der negativen Seite hin ohne Zweifel die ihm allenthalben in Wien, in Berlin und auch in Paris begegnende Feindseligkeit, was zu seinem Damaskus-Erlebnis führte. Nach der positiven Seite hin war freilich noch etwas ganz anderes von Belang, nämlich die offenbar noch lebenskräftigen Fragmente eines jüdischen Solidaritätsgefühls, das letztlich in der religiösen Tradition verankert war, wobei freilich nicht nur an jüdische Glaubensinhalte und Lebensregeln zu denken ist, sondern mehr noch an die gelebte und erlebte religiöse Gemeinsamkeit in Familie und Gemeinde. Was davon noch lebendig war, mußte sich angesichts der allgemeinen Leidenschaft nationaler Identifikation, die gerade auch dort stimulierend wirkte, wo sie nicht feindselig war, fast zwangsläufig zu moderneren Formen gemeinsamen Denkens und Fühlens weiterentwickeln.

Offenbar war im Westen in den 90er Jahren für derartige Bewegungen die Zeit gekommen, besonders in Deutschland, wo um dieselbe Zeit im nichtjüdischen Bereich frühe Formen des völkischen Nationalismus aufkamen, in welchem die Polarität und Einheit ethnisch-germanischer und religiös-christlicher Momente beherrschend wurde. Jedenfalls war Herzl nicht der erste und einzige, der in nationaljüdischem Sinne aktiv wurde. Sieht man einmal von der literarischen Vorwegnahme derartiger Bestrebungen durch Moses Heß in der bereits 1862 erschienenen Schrift *Rom und Jerusalem* ab, die allenfalls mit Paul de Lagardes frühen Aufsätzen zu vergleichen ist und ähnlich wie diese zunächst so gut wie ganz unwirksam blieb, so ist hier besonders an die Bemühungen Max Isidor Bodenheimers (1856–1940) und David Wolffsohns (1856–1914) in Köln zu denken. Sie haben ab 1896 mit Herzl zusammengearbeitet.

Im Februar dieses Jahres war Herzls Broschüre *Der Judenstaat* erschienen und alsbald ins Zentrum der Diskussion gerückt.

Sie sollte zur Keimzelle des Kongreßzionismus werden. Herzls unermüdliche Aktivität drängte auf rasche Fortschritte. So konnte bereits im folgenden Jahre, vom 29. bis 31. August 1897, in Basel der erste zionistische Kongreß stattfinden und eine wirksame Zusammenfassung der vielfach auseinanderstrebenden östlichen und westlichen Initiativen erreicht werden. Nichtsdestoweniger war in Mittel- und Westeuropa fürs erste das Echo gering, die Zahl derer, die sich für die nationaljüdische Idee gewinnen ließen, sehr klein. Doch hat es den Anschein, als sei vielfach die unterschwellige Sympathie größer gewesen als sichtbar wurde, und nicht selten die Distanzierung allein aus Sorge um die Störung des Prozesses der Assimilation und Integration erfolgt. Jedenfalls war eines der Hauptargumente der Nicht- oder Anti-Zionisten, daß die Zionisten im Grunde mit den Antisemiten gemeinsame Sache machten.

Während die zionistischen Organisationen der anderen mittel- und westeuropäischen Länder relativ unbedeutend blieben, hat der deutsche Zionismus, wiewohl auch hier die Mitgliederzahlen gering waren, besonders bis zum Ersten Weltkrieg innerhalb der Zionistischen Weltorganisation eine hervorragende Rolle gespielt. Nach Herzls Tode im Jahre 1904 war zunächst David Wolffsohn (bis 1911) und dann Otto Warburg (bis zur Verlegung der Leitung nach London im Jahre 1920) Präsident der Weltorganisation.

Bereits mehrere Jahre vor der zionistischen Organisation, und zwar bezeichnenderweise in demselben Jahre, da erstmals eine größere Gruppe von parteipolitisch organisierten Antisemiten in den deutschen Reichstag einzog und überdies der *Alldeutsche Verband*, der antisemitische *Deutschnationale Handlungsgehilfenverband* und der nicht minder judenfeindliche *Bund der Landwirte* gegründet wurde, war in Deutschland der *Centralverein deutscher Staatsbürger jüdischen Glaubens* entstanden. Anders als später die *Zionistische Vereinigung für Deutschland* gewann er rasch eine große Anhängerschaft. Seine Zielsetzung war zumindest hinsichtlich der „unbeirrbaren Pflege deutscher Gesinnung" (wie es im ersten Programmpunkte hieß) der zionistischen eher entgegengesetzt. Trotzdem hat er – gewollt oder ungewollt – als jüdische Interessenvertretung gegen gesellschaftliche, rechtliche und politische Diskriminierung der Juden, also als jüdische Sammelbewegung, genau den Prozeß unterstützt, den er aufhalten wollte: die von den Antisemiten und Zionisten (aus freilich ganz anderen Motiven) intendierte „Entmischung" von Juden und Nichtjuden. Anscheinend war gegen Ende des 19. Jahrhunderts die zweifellos einmal gegebene Chance eines deutsch-jüdischen Neben- und Miteinanders ohne Feindseligkeit bereits verspielt. – Weniger als ein halbes Jahrhundert später ging von Deutschland die Zerstörung nicht nur des deutschen, sondern des europäischen Judentums aus. Und es gehört zu den Paradoxen der Geschichte, daß heute innerhalb Europas nur mehr in Rußland, das einmal hinter der west- und mitteleuropäischen Entwicklung so erschreckend weit zurückgeblieben schien, eine jüdische Minorität lebt, die zahlenmäßig, wenn schon nicht der jüdischen Minorität in den USA, so doch der großen jüdischen Gemeinschaft in Israel nahekommt.

Der Zusammenbruch der mitteleuropäischen Monarchien Deutschland und Österreich stellte für die betroffenen Länder, verschärft durch die harten Bedingungen des Versailler Vertrages, eine politische und wirtschaftliche Katastrophe größten Ausmaßes dar und wurde von großen Teilen der Bevölkerung fassungslos als universale Ordnungs- und Identitätskrise erlitten, in der die alten Ordnungsmächte der Kirchen, zum Teil auch säkularisierte heterodoxe Formen christlich(-germanisch)er Religiosität in völkischen Gruppen und (Geheim-)Bünden breiten Zuspruch fanden. In Angst und Verblendung wurden die Juden für die Katastrophe verantwortlich gemacht – die sogenannte Dolchstoßlegende, derzufolge unzuverlässige Elemente der Heimat den ungeschlagenen Truppen in den Rücken gefallen sein sollten, wurde gerade auch auf sie angewandt, ferner galten sie als Kriegsgewinnler und Prototypen rücksichtsloser Anwendung übelster kapitalistischer Praktiken und zugleich als Drahtzieher der von vielen zutiefst gefürchteten revolutionären Bestrebungen. Eine Welle der Feindseligkeit raste durch Ungarn, Österreich und Deutschland. Sie wurde von Vertretern der alten militärischen und wirtschaftlichen Eliten wie dem *Alldeutschen Verband*, der zu diesem Zwecke den *Deutschen Schutz- und Trutzbund* ins Leben rief, geschürt, um die drohende – in Rußland bereits vollzogene – Umwälzung abzuwenden. Hinzu kam, daß im Umkreis der völkischen Gruppen anscheinend spontan extrem militante nationalistisch-antisemitische Organisationen auftauchten wie die Adolf Hitlers. Sie fanden anders als die mehrheitlich protestantischen völkischen Zirkel älteren Zuschnitts auch im Katholizismus Echo. Das Geheimnis ihres Erfolgs war nicht zuletzt ihr ganz undogmatisch gehandhabter, antikapitalistischer wie antikommunistischer, rassischer wie religiöser, immer indes kämpferisch-aggressiver Antisemitismus, mit anderen Worten: der eindeutige (minoritäre) Feind und die ebenso eindeutige Entschlossenheit, ihn zu liquidieren. Als eines der zugkräftigsten Agitationsmittel erwiesen sich dabei die berühmt-berüchtigten *Protokolle* (oder *Geheimnisse*) *der Weisen von Zion,* auch als sie schon längst als Fälschung erwiesen waren. Der Nationalsozialismus hat den Antisemitismus weniger verbreitet (obwohl natürlich auch das geschehen ist) als an ihn angeknüpft; der längst verbreitete Antisemitismus ist zur Grundlage der Breitenwirksamkeit des Nationalsozialismus geworden. So verlor er an Echo, als 1924 – nach der Inflation – der offene Antisemitismus zurückging. Jedenfalls hatte Hitler nach dem verfrühten Putschversuch vom 8./9. November 1923 und seiner Festungshaft im Jahre 1924 in Landsberg, die er zur Abfassung seines Buches *Mein Kampf* nutzte, neu aufzubauen.

Die in Mitteleuropa – von Osteuropa wird noch zu reden sein – von offenem Antisemitismus gekennzeichneten Jahre nach dem Ersten Weltkrieg mußten die Juden der betreffenden Länder nachdenklich machen; ungeachtet dessen, daß etwa in Deutschland nunmehr auch Juden wie Walther Rathenau, 1921 Wiederaufbauminister, 1922 Außenminister, hohe Regierungsämter bekleiden konnten – Rathenau wurde schließlich bereits Mitte 1922 aus judenfeindlichen Gründen ermordet.

Zudem war in Osteuropa die Situation noch ungleich erschreckender. Weder im wiedererstandenen Polen noch im revolutionären Rußland ist mit dem Versailler Vertrag der Krieg zu Ende. Hier wie dort bringen die Wirren Pogrome bis dahin unvorstellbaren Ausmaßes mit sich. Sowohl im ehemals österreichischen Galizien wie später in den zuvor russischen Gebieten, die erst im Kampf mit der Roten Armee zu gewinnen sind, feiern die polnischen Truppen die junge Unabhängigkeit Polens mit Plünderung, Raub und Mord an den Juden. Ihren Höhepunkt finden die Massaker mit den Aktionen des Generals Haller und seiner Soldaten in den Jahren 1920/21.

Schlimmer noch ist es in Rußland, wo der Bürgerkrieg wütet. Vorweg Petljura, an der Spitze der ukrainischen Armee, und sein Adjutant Semessenko lassen der Barbarei bedenkenlos freien Lauf, ja fordern zum Morden auf. In Proskuroff werden am Tag nach dem Blutbad – es ist nur eines von vielen – 1200 Leichen aus den Häusern gezogen und in einem Massengrab verscharrt. Unter Denikin, der Petljura ablöst, wird es nicht besser. Erst 1921, als die Rote Armee endgültig die Oberhand gewinnt und das Gebiet kontrolliert, hören die Massaker auf. Zehntausende von Toten sind die traurige Bilanz.

Zu etwa derselben Zeit, da die Juden Mittel- und Osteuropas diese Erfahrungen des Schreckens machen, die den nationaljüdischen Gedanken der Selbsthilfe tausendfach bestätigen, erringt die Zionistische Organisation in England durch die Initiative besonders Chajim Weizmanns (ab 1920 Präsident der Zionistischen Weltorganisation) und Nachum Sokolows ihren ersten spektakulären, international bedeutsamen diplomatischen Erfolg. Eine seltsame Mischung imperialistischen Interesses am Nahen Osten (im gesamten Kabinett) und religiös-biblischen Fühlens (besonders bei Lloyd George und Arthur Balfour) bestimmt die englische Regierung am 2. November 1917 zu einer vom damaligen Außenminister Balfour unterzeichneten Sympathie-Erklärung für die zionistische Sache, der sogenannten Balfour-Deklaration, die den Wortlaut hat:

Seiner Majestät Regierung betrachten die Schaffung einer nationalen Heimstätte für das jüdische Volk in Palästina mit Wohlwollen und werden nach besten Kräften bemüht sein, die Erreichung dieses Zieles zu erleichtern. Dabei besteht Klarheit darüber, daß nichts geschehen soll, was die bürgerlichen oder religiösen Rechte vorhandener nichtjüdischer Gemeinschaften in Palästina oder die Rechte und den politischen Status, den Juden in irgendeinem andern Lande genießen, präjudizieren könnte.[30]

Obwohl diese in einem Privatbrief an Lord Rothschild abgegebene Stellungnahme nicht nur vage formuliert war, sondern auch keinen offiziellen Rechtscharakter trug, hat sie dennoch die Situation des Zionismus verändert, im Bewußtsein und Verhalten seiner Anhänger wie seiner Feinde: Eine bedeutende europäische Macht hatte sich – wie unbestimmt und wie inoffiziell auch immer – hinter ihn gestellt. Tatsächlich ist im Friedensvertrag von Sèvres am 10. August 1920, in Übernahme der Beschlüsse von San Remo, die Balfour-Deklaration aufgegriffen worden und hat wenig später der Völkerbund Großbritannien mit dem Palästinamandat betraut. Sollte der mit der Balfour-Deklaration beschrittene Weg ans Ziel führen? Jedenfalls mußte diese Entwicklung die Augen besonders der osteuropäischen Juden, die zu Zehn-, ja Hunderttausenden den Verfolgungen der Jahre nach dem Ersten Weltkrieg durch Flucht zu entkommen suchten, verstärkt auf Palästina lenken. Trotzdem sollte fürs erste Amerika, wo allein im Jahre 1920 120 000 Flüchtlinge Aufnahme fanden, das „Gelobte Land" der osteuropäischen Juden bleiben. Um so mehr, als die englische Mandatsmacht in Palästina mit Rücksicht auf die arabische Bevölkerung fast von Anfang an die Einwanderung zu kontrollieren und in Grenzen zu halten suchte. Allerdings traten ab 1924 auch in den Vereinigten Staaten verschärfte Einwanderungsbestimmungen in Kraft.

Schon zu dieser Zeit, ein Jahrzehnt vor der nationalsozialistischen Machtergreifung und beginnenden Judenverfolgung und zwei Jahrzehnte vor der nationalsozialistischen Judenvernichtung, war das, was Herzl die Judennot nannte, und wovon er zu seiner Zeit im Vergleich zu dem, was nun geschah, nur wenig erlebt, mehr geahnt hatte, so groß geworden, daß – zumindest rückschauend – die Entstehung von etwas Neuem, mochte es nun eine wirkliche Wende bedeuten oder auch nicht, fast zwangsläufig war.

Mit dem Beginn der Weltwirtschaftskrise am 25. Oktober 1929, dem „Schwarzen Freitag" der Börse von New York, setzte die Phase der Entwicklung ein, die einerseits zur geplanten Massenvernichtung und damit zum Ende der großen, 1000 Jahre währenden europäischen Periode der jüdischen Geschichte und andererseits zur jüdischen Staatsgründung führen sollte. Und es ist für das Verständnis der jüngsten jüdischen Geschichte von zentraler Bedeutung, daß bis dahin nicht nur die Katastrophe nicht abzusehen war (so wenig sie aus dämonischen Tiefen hervorbrach, sondern entschieden dem Wollen im Grunde selbst in ihrer Irrationalität berechenbarer Menschen entsprang), sondern trotz aller visionären Hellsichtigkeit Theodor Herzls und ungeachtet aller Fortschritte des Zionismus auch der Erfolg der zionistischen Judenstaats-Politik nicht ausgemacht war. Herzls Hellsichtigkeit lag hier eher darin, nicht abstrakt die Möglichkeit der Verwirklichung des Staatsgedankens, sondern zugleich die radikale Bedrohung des Judentums klarer als andere vorausgeahnt zu haben. Am 13. Juni 1895 notierte er in (seinem Konzept) der „Rede an die Rothschilds":

> Wir müssen also schließlich unten ankommen, ganz unten. Wie das aussehen wird, welche Formen man ihm geben wird, das kann ich nicht ahnen. Wird es eine revolutionäre Expropriation von unten, wird es eine reaktionäre Konfiskation von oben sein? Wird man uns verjagen? Wird man uns erschlagen? [31]

Die Reichstagswahlen von 1930 stehen bereits im Zeichen der Wirtschaftskrise. Allgemeine Gärung und persönliche Unsicherheit, durch ein Heer von Arbeitslosen auch für die zum Alptraum gemacht, die noch ihr Auskommen haben, läßt in den Massen den irrationalen Glauben an den starken Mann, Erbe des längst nicht vergessenen monarchischen Obrigkeitsstaats, seit seinem Sturz nicht nur von Rechtsgruppierungen neuartigen Zuschnitts – in Italien heißen sie Faschisten –, sondern auch von den alten Eliten, politisch repräsentiert durch Hugenberg, sorgsam gehegt und gepflegt, zu erschreckendem Durchbruch kommen. Hitler gelingt es, ihn darzustellen – in Person und Lehre. Diese ist häufig von allzu logischen Kritikern als inkonsistent und unsystematisch, als ein Sammelsurium sogenannter „Versatzstücke", zu denen auch der Antisemitismus gehören soll, abqualifiziert worden. In Wahrheit hatte alles System, wenn schon nicht im Sinne traditioneller Logik, sowohl die kaltschnäuzige Brutalität des herrenmenschlichen Auftretens des Führers, angesichts dessen die Attitüde der ihm Zujubelnden zur Selbstentwürdigung werden mußte, wie auch das nicht minder brutale Programm, das Teilhabe an der freien, im Führer idealisierten „Herr"lichkeit jenseits von Zinsknechtschaft und nivellierendem, den Glauben an die eigene Überlegenheit gefährdendem Bolschewismus (wer will schon jedem gleich sein) versprach und im Haß gegen den Juden kulminierte, der für alles einzustehen hatte, für Kapitalismus und Kommunismus, für überkultiviertes Raffinement und schmutzstarrende Verseuchung, für alles Faszinierende (und zuinnerst Ersehnte) und alles dunkel Bedrohliche in seiner unfaßbaren Anonymität – ein lebendiges Symbol, das nur um so mehr bewegte, als es zu töten war.

Der Ausgang der Wahlen beweist, daß weder die materiellen Bedingungen allein, nicht einmal als individuelle Notlage, und noch weniger die versprengten Wahrheiten mehr oder weniger zutreffender Analysen entscheidend waren, sondern die den objektiven und subjektiven Voraussetzungen dienliche Lüge, das Zusammenwirken von unzureichender Versorgung und irregeleiteter Furcht und Hoffnung, deren Gestalt noch durch ganz andere Dinge bestimmt wird als die realen Bedingungen auf der einen und realitätsbezogene Rationalität auf der anderen Seite – nämlich durch den Glauben, der seine eigene Geschichte hat.

Die Zahl der Reichstagsmandate der *Nationalsozialistischen Deutschen Arbeiterpartei* (NSDAP) Hitlers schnellt 1930 von bisher 12 auf 107 hoch, 6 400 000 Wähler haben für sie votiert. Ein „qualitativer Sprung". Dem Wahlerfolg entspricht die erfolgreiche Agitation auf der Straße. Noch nicht an der Macht, inszeniert man schon den Boykott jüdischer Geschäfte, schreckt man vor politisch-programmatisch bestimmten Gewalttaten nicht zurück – gerade sie werden zum Fanal, zum geglaubten Versprechen radikaler Abhilfe. Als 1932 die Arbeitslosenziffer auf 6 000 000 steigt, erhalten die Nationalsozialisten in der Juliwahl 14 000 000, das sind 37,8 % der Stimmen und 230 (von 608) Mandate. Der geringfügige Rückgang im November des Jahres auf 196 (von 584) Mandate, das sind 33,5 % der Stimmen, ist Episode. Schon am 30. Januar 1933 beruft Reichspräsident Hindenburg Adolf Hitler zum Reichskanzler. Damit ist für die Juden Deutschlands, schließlich Europas – wenngleich nicht von allen erkannt, noch weniger akzeptiert – die geschichtliche Wende eingeleitet.

Als das Regime nach erneuten Wahlen mit weiteren Stimmgewinnen am 5. März 1933 und durch die Möglichkeiten, die die Anwendung des Ermächtigungsgesetzes am 24. März gewährt, einigermaßen sicher im Sattel sitzt, folgen, eingeleitet durch den Geschäftsboykott vom 1. April 1933, ohne Verzug die ersten Entrechtungsgesetze. Vorweg das Gesetz „Zur Wiederherstellung des Berufsbeamtentums“, das dazu diente, „volksfremde Schädlinge“, d. h. Juden und Kommunisten ihrer Ämter zu entheben. Es sollte nicht dabei bleiben. Die deutsche Bevölkerung nahm die Entwicklung weitgehend schweigend hin. Ein Großteil hatte die neue Führung selber gewählt, vielleicht nicht zuletzt gerade wegen der radikalen programmatischen Judenfeindlichkeit der Partei. Etliche von denen, die sich anders entschieden hatten, fühlten trotzdem verwandt: die Judenfeindschaft – nicht zuletzt in den Kirchen ein altes und unangetastetes Erbstück – wirkte verbindend. So daß der katholische Erzbischof Bertram von Breslau, anläßlich des Judenboykottes vom 1. April um Intervention gebeten, in einem Schreiben an die Erzbischöfe der anderen Kirchenprovinzen zu bedenken gab, es handele sich „um einen wirtschaftlichen Kampf in einem uns in kirchlicher Hinsicht nicht nahestehenden Interessenkreise“ [32]. Vor allem aber fand in der nationalsozialistischen Presse, u. a. in Julius Streichers *Stürmer,* in einem derartigen Ausmaß krudeste Verhetzung statt, daß nur wenig hängenzubleiben brauchte, um übergenug an Feindschaft und Haß zu verbreiten. Nach zwei Jahren war die Zeit der ersten gesetzlichen Experimente und der begünstigten wilden Aktionen untergeordneter Stellen vorbei. Da innerhalb wie auch außerhalb des Landes, auf internationaler Ebene, der Widerspruch sich in Grenzen hielt, stellte die nationalsozialistische Führung am 15. September 1935 mit den Nürnberger Gesetzen, dem „Reichsbürgergesetz", nach welchem die Juden keine Reichsbürger, sondern nur mehr Staatsangehörige waren, und dem „Gesetz zum Schutze des deutschen Blutes und der deutschen Ehre" ihr antijüdisches Programm auf eine umfassende rechtliche Basis. Sie schlossen naturgemäß eine Reihe diskriminierender Sonderregelungen ein und haben eine ganze Anzahl von Ausführungsbestimmungen zur Folge gehabt, die die Lebensmöglichkeiten der Juden in Deutschland mehr und mehr einschränkten. Die jüdische Gruppe wurde immer konsequenter ausgegrenzt und auf sich selber zurückgeworfen, schließlich auch durch „Arisierung" jüdischer Betriebe mehr und mehr aus der Privatwirtschaft verdrängt. Trotzdem blieb noch immer ein Rest intensiv genutzter Lebens-, besser Überlebensmöglichkeit – jedenfalls bis zur Krise des Jahres 1938. Sie gipfelte in den Pogromen der sogenannten „Reichskristallnacht" vom 9. November. Zahllose Synagogen wurden in Brand gesteckt, Gemeindehäuser zerstört, jüdische Läden demoliert; 90 Juden kamen ums Leben. Die folgende Verhaftungswelle brachte 26000 in Konzentrationslager. Von nun an war das antijüdische Vorgehen auch staatlicherseits offen, konsequent und brutal – die Vorstufe dessen, was dann „Endlösung" hieß.

Die zionistische Organisation, die – durchaus im Sinne ihrer Ziele – von Anfang an mit Entschiedenheit für eine breitangelegte Auswanderung plädiert hatte, erhielt in erschreckender Weise recht – jetzt, da es für viele zu spät war, für alle ersichtlich.

Die Zeit des Übergangs, das Jahrfünft von 1933 bis 1938, wurde zur Wende auch des innerjüdischen Lebens, d. h. nicht nur der erlittenen, sondern auch der aktiv gestalteten jüdischen

Geschichte – so daß der Zionismus nun auch in anderem, in die Zukunft weisenden Sinne recht behielt. Allgemein gesprochen zeigte sich dies in einer gesteigerten innerjüdischen Aktivität als Antwort auf die Ausschaltung der Juden aus dem allgemeinen gesellschaftlichen und kulturellen Leben; speziell im Blick auf die zionistische Organisation in einem bis dahin nicht gekannten Zuwachs an Mitgliedern und Einflußmöglichkeiten. Der Zionismus wurde zur bestimmenden Kraft des deutschen Judentums. Martin Buber, einer der geistigen Führer des Zionismus und besonders durch seine ḥasidischen Arbeiten sowie die zusammen mit Franz Rosenzweig (Religionsphilosoph wie er) in Angriff genommene eigenwillige Bibelübersetzung auch in nichtjüdischen Kreisen viel beachtet, entfaltete eine unermüdliche Lehr- und Vortragstätigkeit und stand damit nicht allein. 1935 gehörte etwa die Hälfte der Sitze in den jüdischen Gemeinderäten und Landesorganisationen den Zionisten. Mit ca. 40 000 Abnehmern stand nun die zionistische *Jüdische Rundschau* ebenbürtig neben der *C.V.-Zeitung*. Schließlich – hier liegt der Angelpunkt – fand nunmehr auch eine nennenswerte Auswanderung nach Palästina statt. Von den 304 500 jüdischen Flüchtlingen, die von April 1933 bis Mai 1939 Deutschland (einschließlich der angegliederten Gebiete) verließen, suchten 63 000 in den Vereinigten Staaten Zuflucht – dies ist noch immer die größte Zahl –, doch darauf folgt mit 55 000 Immigranten bereits unmittelbar Palästina.

Präsident der die deutsche Judenheit in ihrer Gesamtheit repräsentierenden *Reichsvertretung der deutschen Juden*, dann (als es „deutsche Juden“ nicht mehr geben durfte) „der Juden in Deutschland“, 1939 in die *Reichsvereinigung der Juden in Deutschland* umgewandelt, war und blieb indes ein Mann des liberalen Lagers, freilich zugleich des Ausgleichs: Leo Baeck (1873–1956), die letzte repräsentative Gestalt des deutschen Judentums. Er harrte in Deutschland aus und wurde 1943 in das „Vorzugslager“ Theresienstadt deportiert, wo er den Krieg und die nationalsozialistische Herrschaft überlebte.

Der nationalsozialistische Antisemitismus hatte bereits seine

Auswirkungen in verschiedenen anderen Ländern, als diese noch nicht besetzt oder von Deutschland kontrolliert waren; so beispielsweise in Ungarn, Rumänien und Polen, in Grenzen selbst in Frankreich und Italien – die beste Voraussetzung für die Verwirklichung eines radikalantisemitischen Programms europäischen Ausmaßes, wie es von 1939 an, spätestens seit Kriegsbeginn ins Auge gefaßt wurde.

Der Einfall in Polen und dessen rasche Besetzung im September/Oktober 1939 machte den Weg für großangelegte „Maßnahmen" frei, wie Hitler sie bereits am 30. Januar des Jahres, in einer Rede vor dem Reichstag, vorhergesagt hatte: Ein Weltkrieg werde „die Vernichtung der jüdischen Rasse in Europa" bedeuten.[33]

War mit Rücksicht auf Deutschland insbesondere in SS-Kreisen, die sich auch als intellektuelle Elite verstanden, lange Zeit die Aussiedlung, d. h. Vertreibung, als die (ausreichende) endgültige Lösung angesehen worden, so dürfte hinsichtlich Osteuropas und der ungeheuren Zahlen der dort lebenden Juden von vornherein klargewesen sein, daß es dabei nicht bleiben würde. Nach der erneuten – nun nationalsozialistisch-sowjetischen – Teilung Polens gerieten 2 000 000 Juden unter deutsche Kontrolle. Massive antijüdische Ausschreitungen, an denen sich auch Polen beteiligten, gab es von Anfang an. Heydrich, der Chef der *Geheimen Staatspolizei* (Gestapo), scheint die Einrichtung eines jüdischen Reservats in Ostpolen (Lublin) geplant zu haben. Schon im Winter 1939/40 liefen Umsiedlungstransporte aus Österreich und dem Protektorat Böhmen und Mähren nach Polen an. Das Reservat ist nicht eingerichtet worden, doch war damit eine Richtung gewiesen, die dann weiterverfolgt worden ist. (Wenig später wurde der Terminus Umsiedlung zum euphemistischen Synonym für Vernichtung.) Ende 1939 beschlossen, erfolgte von Anfang 1940 an die Segregation und Zusammenfassung der Juden in Ghettos, zunächst in Lodz (Februar 1940), dann in Warschau (November 1940), schließlich (1941) in den verschiedensten Städten Polens. Vorweg war bereits (im Oktober 1939) das Tragen des gelben Judensterns vorgeschrieben worden, was im Reich erst später, im September 1941, zur Verpflichtung gemacht werden sollte. Als Ende 1941 die Juden überdies der Zuständigkeit der allgemeinen Gerichtsbarkeit entzogen und dem *Sicherheitsdienst* (SD) der SS unterstellt wurden, hatten Partei und SS endgültig freie Bahn.

Inzwischen waren – von April bis Juni 1940 – mit Dänemark, Norwegen, Holland, Belgien und Frankreich auch weite Teile des Nordens und Westens Europas in deutsche Hand gefallen, in denen insgesamt gegen eine halbe Million Juden lebten. Damit setzten die Verfolgungen auch dort ein, wobei zum Teil einheimische Stellen, wie die Vichy-Regierung in Frankreich, mitwirkten. Auch in Holland gab es eine wirksame Kollaboration, während auf der anderen Seite die Amsterdamer Arbeiter Ende Februar 1941 mit einem von der kommunistischen Partei organisierten Proteststreik, der mit militärischen Mitteln niedergeschlagen werden mußte, ein einzigartiges Beispiel der Solidarität mit den Juden lieferten. Die Lage war widersprüchlich genug, hier wie auch andernorts.

Mit dem Rußlandfeldzug im Juni 1941 begann die Massenvernichtung. Vom Frühjahr dieses Jahres an stand Hitlers Entschluß zum Massenmord fest. Im Mai hatte Heydrich zu diesem Zwecke vier Einsatzgruppen, wie sie ähnlich schon vorher verwandt worden waren, von insgesamt 3000 Mann zusammengestellt. Der von Heydrich übermittelte Führerbefehl an diese Einheiten lautete dahin, kommunistische Funktionäre und Juden, Zigeuner, Saboteure und Agenten ohne weiteres Verfahren „hinzurichten". Der Befehl wurde auf die blutigste Weise erfüllt. Die Einsatzgruppen – A im nördlichen, B und C im mittleren und D im südlichen Frontabschnitt – drangen mit den regulären Truppen in Rußland ein und hielten – für die vielfach uninformierten russischen Juden anfänglich mehr oder weniger überraschend – grausige Nachlese. Die „Erfolgs"meldungen lauteten: „Arbeitsbereich der Teilkommandos vor allem in kleineren Orten judenfrei gemacht. In der Berichtszeit wurden 3176 Juden, 85 Partisanen, 12 Plünderer, 122 kommunistische Funktionäre erschossen." Oder: „Von den übrigen 30 000 wurden ungefähr 10 000 erschossen" usf. Wer den Einsatzgruppen entging, fiel den Verbänden der *Höheren SS- und Polizeiführer* (HSSPF) anheim, die ähnliche Aufträge hatten. Der HSSPF Jeckeln meldete für einen einzigen Monat (August 1941) über 44 000 Exekutionen, zumeist von Juden.[34] Nach den ersten Kriegsmonaten hatten Einsatzgruppen und HSSPF-Verbände bereits 500 000 Juden umgebracht. Eine zweite Vernichtungswelle folgte Anfang 1942.

Um diese Zeit, am 20. Januar 1942, fand die Wannsee-Konferenz statt, auf der sich Vertreter des Innen- und Justizministeriums, des Auswärtigen Amtes, des Ministeriums für die besetzten Ostgebiete, der Partei und Reichskanzlei endgültig über die organisierte Vernichtung des jüdischen Volkes, die sogenannte Endlösung, einigten. Ihr Programm war die vorläufige Konzentration in Ghettos, natürliche Verminderung durch Arbeitseinsatz und schließlich Ausrottung.

Tatsächlich sollte sich zeigen, daß die durch die Einsatzgruppen des Rußlandfeldzugs bereits mit so erschreckenden Ergebnissen in Gang gesetzte Todesmaschinerie noch weiterer „Vervollkommnung" fähig war. Dies erschien denen, die sie betrieben, um so dringlicher, als nicht nur ein Großteil der polnischen Judenheit noch am Leben war, sondern darüber hinaus von Ende 1941 an unter der Tarnbezeichnung „Auswanderung und Evakuierung" mehr und mehr Juden aus anderen Teilen Europas nach Polen deportiert wurden. Das Ziel der „Endlösung" war nur zu erreichen, wenn die Todesquoten um ein Vielfaches erhöht werden konnten. Es erwies sich als möglich – in den Vernichtungslagern Polens, in denen mit den verschiedensten Mitteln, besonders aber durch Vergasung (in der Hauptvernichtungsphase vor allem mit Zyklon B) und anschließende Verbrennung, die systematische Ausrottung menschlichen Lebens in einem Ausmaße organisiert und praktiziert wurde, wie es die Geschichte der Menschheit bis dahin nicht gesehen hatte. Die wichtigsten dieser Todeslager, die mit gängigen Konzentrationslagern selbst nationalsozialistischen Zuschnitts nicht mehr viel gemein hatten, befanden sich in Chełmno (in Betrieb Dezember

1941 bis Januar 1945), Bełżec (November 1941 bis Juni 1943), Sobibór (März 1942 bis November 1943), Treblinka (Juni 1942 bis November 1943), Lublin-Majdanek (eingerichtet November 1941, Vernichtungslager ab Herbst 1942 bis Juli 1944), schließlich Auschwitz (eingerichtet Mai 1941, Vernichtungslager ab März 1942 bis Januar 1945) und Birkenau (Auschwitz II, November 1941 bis Januar 1945, Vernichtungslager bis Anfang Dezember 1944).

Die Juden waren dem Abtransport in die Vernichtungslager durchweg hilflos ausgeliefert. Trotz strengster Überwachung und Kontrolle gelang im Warschauer Ghetto jedoch der Aufbau einer Widerstandsbewegung, die mit verschiedenen linksgerichteten nichtjüdischen Gruppierungen Kontakt hatte und sich Waffen verschaffen konnte. Am 18. Januar 1943 erfolgte der erste bewaffnete Zusammenstoß mit den Deutschen. Die Zusammenarbeit der jüdischen Stellen, des Judenrats und der jüdischen Polizei, mit der deutschen Seite brach weitgehend zusammen. Natürlich hatte die Gegenwehr so oder so zu keinem Zeitpunkt eine wirkliche Chance. Dennoch ist der Aufstand zu Recht als heldenmütiger Versuch der Selbstverteidigung in die Geschichte eingegangen. Obwohl die Deutschen am 19. April 1943 mit schweren Waffen, Kanonen und Panzerwagen, in das Ghetto eindrangen, hielten die Aufständischen noch fünf Wochen stand. Dann herrschte Ruhe, die Ruhe der Zerstörung und des Todes.

In dieser letzten Phase des nationalsozialistischen Vorgehens gegen die Juden wurde endgültig klar, wie unverrückbar der Antisemitismus mit dem Ziele der Judenvernichtung im Zentrum des nationalsozialistischen Denkens, Wollens und Handelns stand. Man betrieb die Vernichtung, koste es was es wolle, trotz entgegenstehender militärischer und wirtschaftlicher Erwägungen, ungeachtet des Aufwands (etwa an Transportmitteln für die Deportationen) und gegen die Interessen der Rüstungsindustrie des Ostens, in der die jüdischen Zwangsarbeitskräfte dringend benötigt wurden. Auf Anfrage hieß es ausdrücklich: „Wirtschaftliche Belange sollen bei der Regelung des Problems grundsätzlich unberücksichtigt bleiben".[35] Für den Nationalsozialismus gab es das Endziel der weltbeherrschenden Stellung Deutschlands nicht ohne die Beseitigung der Juden, ja bestanden Endsieg und Endziel wesentlich in der Überwindung und Vernichtung des Judentums, war dieses der Feind schlechthin, also nicht nur ein Feind neben anderen, sondern der letztlich entscheidende Feind – und somit jeder Sieg ohne Sieg über das Judentum, und d. h. dessen Ausrottung, nur die Fortsetzung der alten Knechtschaft. In der Hektik des gesteigerten Vernichtungsbetriebes nach dem Winter von 1941/42 und der Schlacht von Stalingrad, als die deutsche Niederlage sich abzuzeichnen begann, stellte sich noch – mit grauenvoller Konsequenz – der pervertierte Wille dar, wenigstens im Wesentlichen nicht zu versagen. So weit ging die Verblendung.

Die Rettung durch Flucht oder Untertauchen war in der letzten Phase schwierig geworden. Da organisierte Hilfe kaum mehr möglich war, bedurfte es dazu privaten Einsatzes. Es hat ihn allenthalben gegeben, aber doch – nicht zuletzt aus Angst, auch aus mangelndem Interesse – nur in Grenzen. Besonders in Deutschland selbst, wo die antijüdischen Vorurteile tief verwurzelt waren und gesellschaftlich einflußreiche Gruppen wie die Kirchen sich von Anfang an eher distanziert verhalten hatten und von diesem Kurs – politisch selbstentmachtet – auch dann nicht abwichen, als die Massenvernichtung ruchbar wurde; bis ganz zuletzt, als kaum noch etwas zu retten war. In anderen Ländern, wie beispielsweise Italien, wo der Judenhaß weniger virulent war, war die private Hilfeleistung verbreiteter und wirksamer. Das aufsehenerregendste Beispiel der Fluchthilfe hat Dänemark gegeben, wo es der antifaschistischen Untergrundbewegung im Oktober 1943 gelang, 7000 Juden nach Schweden einzuschiffen und so vor der drohenden Deportation zu bewahren. Im allgemeinen war die Lage um so auswegloser, als es nicht nur schwerhielt zu entkommen, sondern auch, Aufnahme zu finden. Immerhin scheinen gegen 20 000 Juden zwischen 1940 und 1942 – legal oder illegal – Palästina erreicht zu haben – angesichts der Zahl der Opfer freilich eine verschwindende Minderheit.

Als die Schreckensherrschaft des Nationalsozialismus, den einmal die Hälfte aller Deutschen gewählt hatte, zu Ende ging, war – neben den Abermillionen Toten, die man als Kriegsopfer zu bezeichnen pflegt, Opfer eines geradezu beispielhaft ungerechten und ungerechtfertigten Krieges – weit mehr als die Hälfte des europäischen Judentums, ein Drittel der jüdischen Weltbevölkerung ohne die Chance der Gegenwehr, wie man ein Ungeziefer vertilgt, vernichtet. Die Gesamtzahl wird auf 5 bis 6 Millionen geschätzt.

Die folgende Übersicht gibt von der zum Teil sehr unterschiedlichen Situation in den einzelnen europäischen Ländern ein differenziertes Bild.[36]

Nach Kriegsende konnte in jüdischer Sicht, besonders für die überlebenden Juden Europas (vom *Jischuv,* d. h. den bereits in Palästina lebenden Juden zu schweigen) die Frage nach „der nationalen Heimstätte für das jüdische Volk in Palästina", ein halbes Jahrhundert umstritten, keine Frage mehr sein. Die Schrecken der jüngsten Ereignisse hatten Antwort gegeben – im Grunde auch für die übrige Welt. Und die Entwicklung der nächsten Jahre war hieraus nur die zwingende Konsequenz. Allein in Deutschland hatten sich bis 1946 gegen 200 000 jüdische Flüchtlinge, besonders aus dem Osten, versammelt, die allermeist nichts sehnlicher erwarteten als die Einwanderung nach Palästina, um dort als Juden unter Juden endlich Ruhe zu finden. Die Immigration ist erfolgt, wenn auch in den ersten Jahren zum großen Teil illegal, unter den schwierigsten Bedingungen und in völlig unzureichendem Maße. Bis die Gründung des Staates Israel im Jahre 1948 auch hier eine Wende brachte.

Die europäische Phase der jüdischen Geschichte hat mit der durch das nationalsozialistische Deutschland heraufgeführten Katastrophe ihr Ende gefunden. Heute liegen die Zentren des jüdischen Lebens in den Vereinigten Staaten und Israel. Während Anfang des 20. Jahrhunderts gegen 9 000 000 Juden und damit 80 % der jüdischen Weltbevölkerung in Europa lebten und demgegenüber nur etwas mehr als 1 000 000, weniger als 10 %, in den Vereinigten Staaten sowie gegen 50 000 in Palästina, gab es Anfang der 70er Jahre in Europa nur noch gegen 4 000 000 Juden, weit unter 30 %, und dafür 6 000 000, also über 40 %, in den Vereinigten Staaten und mehr als 2 500 000, immerhin gegen 20 %, in Israel.

Von den jüdischen Minoritäten Europas – in England (410 000 Juden), Frankreich (550 000) und Rußland – läßt sich nur die russische mit (wahrscheinlich) über 2 500 000 Juden zahlenmäßig den großen jüdischen Gemeinschaften in den Vereinigten Staaten und Israel vergleichen. Doch ist es dem russischen Judentum nur in Grenzen und unter vielfältigen Schwierigkeiten möglich, ein eigenständiges jüdisches Leben zu entfalten.

Die Zahl der Juden in den übrigen europäischen Ländern ist durchweg gering. In Deutschland leben heute nur um 30 000. Der Wiederaufbau dieser kleinen Gemeinde vollzog sich verständlicherweise schleppend. Nur sehr wenige Juden kehrten bald nach dem Kriege zurück. Erst nach einem gewissen zeitlichen Abstand erhöhte sich die Zahl. Es war in vieler Hinsicht ein Neubeginn. Ein Neubeginn gerade auch für die Deutschen, genauer die nichtjüdischen Deutschen (denn die Ermordeten und Vertriebenen hatten sich zur Mehrzahl nicht minder als Deutsche verstanden wie ihre nichtjüdischen Nachbarn), in deren Mitte die neuen Gemeinschaften entstanden. Es sind von verschiedenen Seiten große Anstrengungen gemacht worden, die Hypothek der Vergangenheit abzutragen, die alten Vorurteile zu überwinden und das Zusammenleben zwischen Juden und Nichtjuden gutnachbarlich zu gestalten. Vor allem ist von der Bundesrepublik in großem Maßstabe materielle Wiedergutmachung geleistet worden, und zwar keineswegs nur den (wenigen) nach Deutschland zurückgekehrten Juden, sondern weltweit, individuell und kollektiv, besonders an den jungen jüdischen Staat. Die ideell-moralischen Anstrengungen sind weit hinter den materiellen zurückgeblieben. Ja gelegentlich scheint es fast so, als habe die Judenvernichtung bei vielen – angesichts der Unfaßbarkeit der Größe des Unrechts – die alten Vorurteile sogar noch vertieft. Allerdings hat die latente Abneigung oder Feindseligkeit sich infolge des Schocks lange Zeit nur vereinzelt oder weniger heftig geäußert. Da die großen Parteien, die Gewerkschaften und Kirchen durchgehend ohne Zweideutigkeiten (wenn auch vielfach zurückhaltend) gegen den Antisemitismus – wie gegen jeden Fremdenhaß – aufgetreten sind, dürfte jedoch aufs Ganze gesehen auch das latente antijüdische Potential zurückgegangen sein. In diesem Zusammenhang ist an die Gesellschaften für christlich-jüdische Zusammenarbeit in den allermeisten größeren deutschen Städten zu erinnern, die sich mit großem Einsatz und einigem Erfolg um Verständnis und Verständigung bemühen. Vielleicht kann hierzu auch die wissenschaftliche Beschäftigung mit dem Judentum und der jüdischen Geschichte, die Wissenschaft vom Judentum oder Judaistik, beitragen, die früher im wesentlichen von privaten jüdischen Institutionen getragen wurde, heute aber in Berlin, Frankfurt und Köln einen festen Platz im Fächerkanon der Universität einnimmt.

Neue Zentren

Die Judenheiten der neuen Zentren gehen auf verschiedene Emigrationswellen, von denen zum Teil schon die Rede war, vor allem aus Europa zurück. Dies gilt sowohl für Amerika wie für Palästina, ab 1948 Israel. Doch ist die Situation im Nahen Osten insofern komplexer, als hier neben der europäischen Einwanderung die Immigration aus arabischen Ländern eine bedeutende Rolle gespielt hat. Grundsätzlich geht die amerikanische Entwicklung der palästinensisch-israelischen voraus – anders in Argentinien, dessen jüdische Gemeinschaft sich annähernd parallel mit derjenigen Palästinas in (zahlenmäßig) nennenswerter Weise entwickelt hat und heute mit ca. 450 000 Personen von der Größenordnung der französischen und englischen ist.

Allerdings war auch das Judentum der Vereinigten Staaten lange Zeit unbedeutend und wenig zahlreich. Nach der Einwanderung der ersten „portugiesischen“ Juden aus den Niederlanden im Jahre 1654 blieb für mehr als 150 Jahre Zugang und Zuwachs gering. Noch 1820 lag die Gesamtzahl der Juden in den USA bei schätzungsweise 4000 bis 5000. Indes zeichnete sich frühzeitig, spätestens von der Zeit der Unabhängigkeitserklärung (im Jahre 1776) an ab, daß der Status der Juden in der Neuen Welt von dem in der alten einigermaßen verschieden sein würde. Die niedrige Zahl mag diese Weichenstellung erleichtert haben. Eines der entscheidenden Momente, das zum Grundmuster amerikanischen Lebens gehört, war hierbei, daß religiöse und ethnische Differenzierung und Vielfalt von Anfang an etwas eher Selbstverständliches waren, obgleich Sache und Begriff der dominierenden Gruppe auch hier nicht fehlten.

Die vierzig Jahre nach 1780 waren durch relative Ruhe und Stabilität gekennzeichnet. In den jüdischen Gemeinschaften der größeren Städte – und nur hier gab es eine nennenswerte Zahl von Juden –, wie in New York und Charleston, Philadelphia, Baltimore und (späterhin) New Orleans, gaben die Kaufleute den Ton an. Ein energischer Bildungswille artikulierte sich, wie ihn besonders Rebecca Gratz (1781–1869) aus Philadelphia, nicht nur von ungewöhnlicher Schönheit, sondern auch hochgebildet und angesehen, zugleich von erstaunlicher Tatkraft, verkörperte, deren Initiative u. a. die ersten jüdischen Sonntagsschulen Amerikas zu verdanken sind.

In den 30er Jahren, wobei 1836 als ein Stichjahr gelten darf, setzte die erste größere Einwanderungswelle ein – der Beginn der Entwicklung, durch die sich das amerikanische Judentum nach Zahl und Charakter grundlegend verändern sollte. Die Neueinwanderer stammten zumeist aus West- und Mitteleuropa, aus England, Frankreich und Deutschland; das aschkenasische Element überwog. Durch die politischen und wirtschaftlichen Schwierigkeiten bedingt und dem schleppenden Fortgang der Emanzipation zufolge, wandten sich um die Jahrhundertmitte vor allem viele Deutsche, darunter zahlreiche deutsche Juden (nicht zuletzt aus Bayern) Amerika zu. Die jüdische Einwanderung erreichte zu dieser Zeit einen ersten Höhepunkt. Zwischen 1840 und 1860 verzehnfachte sich das amerikanische Judentum von ca. 15 000 auf 150 000 – ein schockierendes Wachstum. Die amerikanische Gesamtbevölkerung wuchs zwar mit; doch längst nicht in demselben Maße. Sie vervierfachte sich in dem halben Jahrhundert zwischen 1820 und 1870. Die die jüdische Gemeinschaft betreffenden Schätzungen für dieses Jahr schwanken zwischen 200 000 und 600 000, wobei die erste Ziffer wahrscheinlich zu niedrig, die zweite sicher zu hoch ist. Bei der enormen Expansion der Städte bedurfte es einer ständig wachsenden Zahl von Händlern. So konnte ein großer Teil der jüdischen Immigranten in Handel und Versorgung seinen Unterhalt finden. Dagegen gab es in der Industrie bis dahin nur wenig Juden.

Die zweite nennenswerte Einwanderungswelle brachte die Zeit nach 1870. Einen Einschnitt bilden hier die Jahre 1881/82, in denen die ersten größeren russischen Pogrome stattfanden. Nun geriet das osteuropäische Judentum auf breitester Basis in Bewegung. Der Größenordnung nach übertraf die neue Welle (der ungeheuren Zahl der osteuropäischen Juden zufolge) die frühere um ein Vielfaches. Ging es zuvor um Hunderttausend, so jetzt um Millionen. Die Schere eines beängstigenden Bevölkerungswachstums und abnehmender Beschäftigungsmöglichkeiten, die ein Auskommen gewährten (Verarmung der Bauern und Proletarisierung der Handwerker durch aufkommende Manufakturen), öffnete sich immer weiter; eine Situation, die durch die beginnenden Verfolgungen bis zur Unerträglichkeit verschärft wurde, so daß nur allzu verständlicherweise Ungezählte einen Ausweg in der Auswanderung suchten. Als das „Gelobte Land" erschien den meisten Amerika, nur dem sehr viel kleineren, fast verschwindenden Teil das „Gelobte Land" der religiösen Überlieferung: Palästina. Ein stetig wachsender Auswanderungsstrom ergoß sich, großenteils über Hamburg, nach Nordamerika. Waren zuvor die Juden eine (wenn auch beträchtliche) Minderheit der nichtjüdischen, vor allem deutschen Einwanderer gewesen, so ging es bei dieser Einwanderungswelle in die Vereinigten Staaten ganz wesentlich um Juden, und zwar osteuropäischer Herkunft. Dies sollte für die Integration nicht ohne Bedeutung bleiben. Zwischen 1870 und 1914 erreichten 2 000 000 jüdische Einwanderer Amerika, von denen 60 % aus

Rußland und 20 % aus Österreich/Ungarn stammten. 1917 war die Gesamtzahl der Juden in den USA auf 4 000 000 gestiegen.

Nun – in einer Zeit forcierter Industrialisierung – suchten und fanden viele ihre Auskommen in der Industrie. Angesichts der enormen Zahlen gab es kaum einen anderen Weg. Charakteristischerweise ist diese Entwicklung später, nach dem Ersten Weltkrieg, wieder rückläufig gewesen. Einstweilen boten sich hier indessen die besten Chancen. Dabei bildete einen deutlichen Schwerpunkt die Bekleidungsindustrie, und zwar auf allen Ebenen. Angesichts der vielfach handwerklichen Herkunft der Immigranten ist dies nicht überraschend. (Der osteuropäische jüdische Schneider ist zur Klischeevorstellung geworden.) Der massenhafte Einstieg jüdischer Neueinwanderer in die Bekleidungsindustrie spiegelte sich in der Rede von den *Columbus tailors* (Columbus- oder Einwanderungs-Schneidern). Man arbeitete zumeist (als Zulieferer) zu Hause, was es ermöglichte, den traditionellen jüdischen Familienzusammenhalt weiterzupflegen, die Sabbatfeier ungestört zu begehen usf. Dies hat die Entscheidung für den Berufszweig, der der Mehrzahl nur ein bescheidenes, häufig armseliges Auskommen gewährte, sicher erleichtert. Natürlich gab es auch Juden in anderen Beschäftigungszweigen; indes nur vereinzelt in der Schwerindustrie, im Bergbau und in der Landwirtschaft.

Die anfänglich sefardisch geprägte, dann majoritär mitteleuropäisch / westjüdisch-aschkenasisch orientierte Einheit des amerikanischen Judentums ist mit der großen osteuropäischen Einwanderungswelle endgültig zerbrochen. Während die deutschen Juden der Jahrhundertmitte – mit dem großen deutschen Einwanderungsstrom kommend – mehr oder weniger bewußt oder unbewußt als Deutsche jüdischer Religion angesehen wurden, waren die osteuropäischen Juden der jüngeren Einwanderungswelle zunächst und vor allem Juden, russische Juden, die so oder so gesehen um vieles fremder erschienen als die, die vor ihnen gekommen waren; und die große Zahl hat diesen Effekt noch verstärkt. In der Literatur über das amerikanische Judentum ist im Blick auf die beiden Gruppen schlicht von „zwei

Gemeinden" die Rede. Hinzu kam – und dies war wohl nicht das geringste Moment –, daß die inzwischen „alteingesessenen" und zum (renommierteren) Teil sozial arrivierten „Deutschen" die neuankommenden „Russen" nur schwer als ihresgleichen zu akzeptieren vermochten. Die psychische Schranke war allzu hoch. Sie erlitten die massenhafte Ankunft der „Neuen" als Schock, zutiefst vielleicht als einen Schock „des Wiedererkennens", wie Oscar Handlin schreibt: „Erschreckt sah der deutsche Jude sich selbst oder seinen Vater – der Ausstattungsstücke der Respektabilität entkleidet – den Landungssteg herunterschlurfen. Das war es, dem er entronnen war, wovon er sich amerikanisiert hatte ...".[37]

Obwohl große Anstrengungen zum Ausgleich der Gegensätze gemacht wurden, gelang dies doch nur zum Teil. Schließlich war die Abweisung beiderseitig: Es fiel nicht nur den Alteingesessenen schwer, sich mit den Neuankömmlingen zu identifizieren, sondern auch den Neuankömmlingen, die Alteingesessenen im vollen Sinne als Juden zu respektieren; brachten sie doch ein ganz anderes Verhältnis zum Judentum und seiner Überlieferung, ein sehr viel ausgeprägteres Zusammengehörigkeisgefühl und eine entschieden stärkere Traditionsgebundenheit mit. Letztlich hat die verschiedene Herkunft der Einwanderer zur Scheidung des amerikanischen Judentums in Orthodoxe und Nichtorthodoxe geführt.

1875 gründete Isaac M. Wise, einer der engagiertesten und aktivsten Organisatoren der Alteingesessenen, die mehrheitlich aus Ländern stammten, in denen die Juden stärker integriert waren und wo mehr oder weniger wirkungsvoll ein reformerischer Geist lebendig war, in Cincinnati das *Hebrew Union College*. Es hat sich zur leitenden Hochschule des amerikanischen Reformjudentums entwickelt. 1886, ein Jahr nach der Pittsburgher Konferenz, auf der die Reformer mit einer allzu weitreichenden Erklärung hervorgetreten waren, grenzte sich eine Gruppe von Juden, die sich orthodox verstanden, unter Sabato Morais von der sefardischen Synagoge in Philadelphia gegen die Reformer ab. Dies waren indes trotz des orthodoxen Selbstverständnisses der Gruppe nicht die Anfänge der Eigenständigkeit der (heutigen) Orthodoxie, sondern des konservativen Judentums der Vereinigten Staaten. 1887 gründete dieser Kreis das *Jewish Theological Seminary*, das zur führenden Hochschule des konservativen Judentums werden sollte.

Im Gegensatz hierzu geht die heutige jüdische Orthodoxie Amerikas im wesentlichen auf die osteuropäische Einwanderung zurück und ist demgemäß jünger. In der *Yeshiva University* besitzt sie eine allgemeine, auch nichtjüdische Fächer umfassende Hochschule von hohem wissenschaftlichen Rang, deren Vorgeschichte in die Zeit der Eröffnung der ersten Jeschiva auf amerikanischen Boden, des *Rabbi Isaac Elchanan Theological Seminary*, gegründet im Jahre 1896, zurückreicht.

Neben diesen drei größeren Gruppen: den Reformern, Konservativen und Orthodoxen, haben nach Erscheinen des Buches von Mordecai M. Kaplan *Judaism as a Civilization* im Jahre 1934 insbesondere noch die „Rekonstruktionisten", weniger als eigenständige Gruppierung, denn als geistige Bewegung, deren Gedankengut in den verschiedensten Lagern Echo fand, eine gewisse Rolle gespielt. Das Verständnis des Judentums als „Kultur" (wie es programmatisch im Titel der genannten Schrift ausgesprochen ist) wendet sich gegen die sektorale Reduktion des Judentums, etwa auf Religion. Es geht hier um das Überleben der Juden als Juden, nicht um die Rettung dieser oder jener Überzeugung, dieser oder jener Überlieferung.

Das amerikanische Judentum hat sich im großen und ganzen ruhig entfalten können, obwohl gelegentlich, meist in etwa parallel zur europäischen Entwicklung, judenfeindliche Strömungen auftraten, so ab 1890 (mit ähnlichen Stereotypen wie in Europa, von der Identifikation des Juden mit Geld und Reichtum bis zum Vorwurf der Weltverschwörung auf rassischer Basis), dann wieder nach 1910, ab 1915 u. a. durch die Geheimorganisation des Ku-Klux-Klan mit ihrer allgemein fremdenfeindlichen, gegen Juden, Katholiken und Neger gerichteten Agitation, und schließlich mit besonderer Heftigkeit im Zusammenhang mit der Wirtschaftskrise von 1929, um 1933 auch im nazistischen

Sinne. Die Einwanderungsbeschränkungen der Zeit nach dem Ersten Weltkrieg, besonders ab 1925, waren von einschneidender Bedeutung mehr für die ausgesperrten Hilfesuchenden als für die jüdische Szene in Amerika selbst. Es blieb überdies nicht dabei; von den naziverfolgten Flüchtlingen fanden Hunderttausende in Amerika Zuflucht. Heute ist die jüdische Gemeinschaft Amerikas mit ca. 6 000 000 Personen, von denen etwa 40 % allein in New York leben, die größte der Welt, von ungewöhnlicher Lebendigkeit und Vielfalt, reich an Organisationen und Vereinen, mit einer Fülle von wissenschaftlichen und nichtwissenschaftlichen Organen, nicht nur in englischer, auch in jiddischer und hebräischer Sprache. Daß die Vielfalt bis zur Gegensätzlichkeit reicht, ist schon angesichts der Zahl nicht verwunderlich. In einer Hinsicht herrscht jedoch eine sehr weitgehende Übereinstimmung: im Verhältnis zu Israel. Das amerikanische Judentum ist ganz vorherrschend israelfreundlich. Nicht nur ohne die Vereinigten Staaten, ihre politischen Interessen und finanziellen Aufwendungen, auch ohne das Judentum der Vereinigten Staaten ist Israel schwer zu denken. „Die amerikanischen Juden", schreibt ein jüdischer Historiker des Landes, „stellen die größte, freieste und fruchtbarste jüdische Gemeinschaft in der Geschichte des jüdischen Volkes dar. Stehen sie auch, was die schöpferische Seite angeht, noch zurück, so sind doch auch hier zur Zeit ihre Leistungen bereits mehr als bemerkenswert. Man kann mit einiger Sicherheit voraussagen, daß das amerikanisch-jüdische Kapitel der Geschichte des Judentums eines seiner ruhmreichsten werden wird." [38]

Dies ist zweifellos ein pointiertes Urteil, wie es jedoch zur Korrektur der europäischen und gerade auch deutschen Sicht sicher dienlich, vielleicht sogar notwendig ist. Denn hier ruht der Blick der eigenen Vergangenheit und der größeren Nähe des Nahen Ostens zufolge doch allzu selbstverständlich mit Vorzug – und oft fast ausschließlich – auf Israel. Nichtsdestoweniger ist Israel im Vergleich zu den USA keineswegs ein sekundäres Zentrum des jüdischen Lebens der Gegenwart, sondern in vieler Hinsicht von durchaus eigenständiger Bedeutung. Die grundlegend anders geartete Situation dieses Landes schließt eine Einstufung nach der Zahl der Juden oder auch nach der Spielbreite der Möglichkeiten, als Jude in jüdischem Kontext zu leben, aus. Die Andersartigkeit hat ihr Zentrum im Faktum des jüdischen Staates, worin zugleich die ganze Einzigartigkeit (und Unvergleichlichkeit) wie auch die ganze Problematik der israelischen Situation beschlossen liegt. Von der durch den Zionismus getragenen Vorgeschichte der Staatsgründung ist im Kapitel „Zerstörung und Sammlung" bereits die Rede gewesen; 1929 kam die *Jewish Agency*, unter dem Präsidium Nahum Goldmanns, als allgemeine, auch Nichtzionisten umfassende Vertretung der Juden hinzu.

Obwohl die dritte *Alijja* (Einwanderungswelle) von 1919 bis 1923 bereits 35 000 und die vierte Alijja von 1924 bis 1931 sogar 82 000 jüdische Einwanderer brachte, erfolgte der eigentliche Durchbruch der jüdischen Palästinabesiedlung doch erst um die Zeit der beginnenden nationalsozialistischen Herrschaft. Als mit der fünften Alijja von 1932 bis 1939 265 000 Immigranten nach Palästina kamen, die Gesamtzahl der Juden nunmehr 445 000 betrug und angesichts der nationalsozialistischen Herrschaft in Deutschland die Dringlichkeit einer jüdischen Heimstätte immer augenfälliger wurde, rückte die Errichtung eines jüdischen Gemeinwesens in wirklich greifbare Nähe. Nun waren die personellen und auch die finanziellen Ressourcen gegeben, die ein derartig weittragendes Unternehmen in den Bereich des Möglichen rückten. Der inzwischen erstarkte arabische Nationalismus reagierte auf die sich abzeichnende Entwicklung verständlicherweise scharf genug. Nach ersten größeren blutigen Unruhen im August 1929 zunächst in Jerusalem, dann auch in anderen Städten, kam es im April 1936 von Tel Aviv ausgehend auf breiter Basis zum offenen arabischen Aufruhr, der sich nicht zuletzt gegen die britische Mandatsmacht richtete. Den Feindseligkeiten, die bis Ende 1938 anhielten, fielen 2287 Araber, 450 Juden und 140 Engländer zum Opfer. Damit war die Unversöhnlichkeit der Gegensätze, die trotz der in vieler Hinsicht veränderten Lage noch heute nicht überwunden, ja weiterhin die entscheidende Crux aller Friedensbemühungen sind, unübersehbar deutlich geworden. Nach der UNO-Empfehlung vom 29. November 1947, die die Teilung Palästinas zur Gründung eines arabischen und eines jüdischen Staates vorsah und von arabischer Seite verworfen wurde, sowie der britischen Abzugserklärung vom Dezember desselben Jahres weiteten sich die arabisch-jüdischen Feindseligkeiten zum Bürgerkrieg aus. In der Nacht nach dem Tage der Staatsgründung, dem 14. Mai 1948, überschritten die regulären Armeen der arabischen Nachbarstaaten die Grenzen des neuen Gemeinwesens. Die israelischen Streitkräfte konnten sich jedoch behaupten. 1949, am Ende dieser militärischen Auseinandersetzungen, die als Unabhängigkeitskrieg in die jüdische Geschichtsschreibung eingegangen sind, kontrollierte der neue Staat ein Territorium mit gegenüber dem Teilungsplan der UNO vielfach vorgeschobenen Grenzen. Doch hat dieser Krieg seine Hypothek: mindestens 500 000 palästinensische Flüchtlinge (nach Schätzungen der UNO von 1948); nach arabischen Schätzungen liegt ihre Zahl noch sehr viel höher. Der ungewöhnlich hohen Geburtenrate zufolge wuchs sie zudem rasch an. Da die Flüchtlinge – in der Hoffnung auf Heimkehr – selber durchweg integrationsunwillig waren und auch die arabischen Staaten, in die sie flohen, wenig Interesse zeigten, auf ihre Integration hinzuwirken, wurden sie zum bleibenden Problem. Militante Organisationen – wie seit 1964 die heute von Yassir Arafat kontrollierte PLO – halten den Willen zur Heimkehr wach; ihrem Selbstverständnis nach Freiheitsbewegungen, in israelischer Sicht Sammelbecken des Terrorismus. Auch mit den arabischen Staaten wird kein Ausgleich gefunden. So kommt es zu weiteren Kriegen: 1956 zum Sinai-Feldzug, 1967 zum Sechstagekrieg. In beiden Fällen gewinnt Israel rasch die Oberhand – eine Niederlage hätte die Zerstörung des Staates und wahrscheinlich Schlimmeres bedeutet. Ans Siegen gewöhnt, wird Israel 1973 in den Jom-Kippur-Krieg verwickelt (so genannt, weil die Feindseligkeiten am jüdischen Versöhnungstage eröffnet werden); er nimmt einen sehr viel weniger eindeutigen Verlauf und macht schlagartig deutlich, daß es eine Alternative zum Frieden nicht gibt. Der Zwang zur Wahrung des militärischen Übergewichts ist für den trotz allen Bevölkerungszuwachses und bedeutender Aufbauleistungen letztlich doch kleinen Staat eine fast zerstörerische Belastung.

Der Bevölkerungszuwachs insbesondere durch Einwanderung war in der Anfangsphase ganz ungeheuren Ausmaßes. Die 1948 mit der Staatsgründung geöffneten Grenzen überschritten bis Ende 1951 685 000 jüdische Immigranten, so daß sich der Jischuv (die jüdische Einwohnerschaft des Landes) von 650 000 auf 1 350 000 mehr als verdoppelte. Ein weiterer größerer Schub besonders von Juden aus den arabischen Ländern folgte nach dem Sinai-Feldzug. Heute ist die 3-Millionen-Grenze überschritten. Indessen halten sich Auswanderung und Einwanderung nunmehr in etwa die Waage.

Die rapide Bevölkerungszunahme, die vor allem die drei größten Städte des Landes: Tel Aviv (heute ca. 340 000 Juden), Jerusalem (gegen 270 000 Juden) und Haifa (über 210 000 Juden) enorm hat anwachsen lassen, machte insbesondere wirtschaftliche Aufbauleistungen notwendig, die ohne Beispiel sind. In erster Linie das Werk der Bevölkerung des Landes, für die (um das so oft mißbrauchte, auch irreführende Wort zu benutzen) „Pioniergeist" nicht ein unbestimmtes Ideal, sondern eine durch den Zwang der Lage geforderte nackte Notwendigkeit war, ist sie finanziell nicht zuletzt dadurch ermöglicht worden, daß große Summen ausländischen Kapitals, sowohl an privaten Investitionen wie aus öffentlichen Mitteln, jährlichen Zuwendungen der Vereinigten Staaten und deutschen Reparationszahlungen, ins Land flossen. Auf dem landwirtschaftlichen Sektor haben insbesondere die genossenschaftlichen Siedlungen der *Kibbuzim* (und *Kevuzot*) weltweit Beachtung gefunden. Zu Zentren und Ausgangspunkten einer sozialistischen Umgestaltung der (Gesamt-)Gesellschaft sind sie indes nicht geworden. Israel ist eine parlamentarisch-demokratische Republik, in der lange Zeit die sozialdemokratische Arbeiterpartei *Mapai* ein relatives Übergewicht hatte. Als stärkste gesellschaftliche Kraft darf die Gewerkschaft *(Histadrut)* gelten, die zugleich als Interessenvertreter der Arbeiterschaft wie als landwirtschaftlicher und industrieller Unternehmer großen Stils auftritt.

Komplex und nicht unproblematisch ist das Verhältnis von Staat und Religion, da Israel als *jüdischer* Staat keine Trennung von „Synagoge und Staat" kennt. Die institutionell entscheidende religiöse Gruppierung ist die Orthodoxie. Das Personenstandswesen wird vom orthodoxen Rabbinat kontrolliert. Überhaupt üben die religiösen Parteien als (meist unvermeidliche) Koalitionspartner einen ihren Anteil an Wählerstimmen (um 15 %) weit übertreffenden Einfluß aus.

Das israelische Judentum ist zum großen Teil europäischer Herkunft. Das europäische Judentum aber hat seit den Zeiten der beginnenden Emanzipation einen ungewöhnlich hohen Beitrag zum kulturellen Leben der europäischen Länder geleistet. So verwundert es nicht, daß Kunst und Wissenschaft in Israel von Anfang an eine hohen Ansprüchen genügende Pflege erfahren haben. Das *Israel Philharmonic Orchestra* in Tel Aviv gehört zu den ersten der Welt. Und die bereits 1925 eröffnete „Hebräische Universität" in Jerusalem (heute gibt es etwa gleichrangige Hochschulen in Tel Aviv und Haifa) gilt weltweit als wissenschaftliche Lehr- und Forschungsstätte höchsten Standards. Insbesondere hat Jerusalem mit seiner 3 000 000 Bände zählenden Bibliothek heute als das Zentrum der jüdischen bzw. judaistischen – das Judentum, seine Geschichte und Literatur betreffenden – Wissenschaften zu gelten. Es wird weitgehend von äußeren Bedingungen, d. h. davon abhängen, ob es gelingt, einen umfassenden Frieden zu gewinnen, wie weit der jüdische Staat das Gesetz, unter dem er angetreten: Zufluchtsstätte *und* geistiges Zentrum für die Juden in aller Welt zu werden, erfüllen kann.

ANMERKUNGEN

[1] Raphael Straus: Die Juden in Wirtschaft und Gesellschaft, Frankfurt/M. 1964, S. 19.

[2] Cecil Roth: The European Age in Jewish History. In: Louis Finkelstein (Hg.): The Jews: Their History, New York [4]1970, S. 235–258, s. S. 227.

[3] Johann Maier: Das Judentum, München [2]1973, S. 353.

[4] Cecil Roth: Der Anteil der Juden an der politischen Geschichte des Abendlandes, [Hannover] 1965, S. 8.

[5] Georg Caro: Sozial- und Wirtschaftsgeschichte der Juden im Mittelalter und in der Neuzeit I, Frankfurt/M. [2]1924, S. 73.

[6] F. Cantera Burgos: Christian Spain. In: The World History of the Jewish People, Second Series: Medieval Period II: The Dark Ages, Hg.: Cecil Roth u. I. H. Levine, Tel Aviv 1966, S. 357–381 u. 450–452, s. S. 358.

[7] F. Cantera Burgos: Christian Spain, S. 371.

[8] F. Cantero Burgos: Christian Spain, S. 376.

[9] José M. Millás Vallicrosa: Estudios sobre historia de la ciencia española, Barcelona 1949, S. 349.

[10] Raphael Straus: Die Juden in Wirtschaft und Gesellschaft, S. 63.

[11] Jacques Le Goff: Kultur des europäischen Mittelalters, Zürich 1970, S. 77.

[12] Cecil Roth: A History of the Jews in England, Oxford [3]1964, S. 96.

[13] Cecil Roth: A History of the Jews in England, S. 52.

[14] Adolf Kober: Geschichte der Juden in Europa bis zum Beginn der Emanzipation. In: Franz Böhm u. Walter Dirks (Hg.): Judentum: Schicksal, Wesen und Gegenwart I, Wiesbaden 1965, S. 121–254, s. S. 140.

[15] Vgl. Joshua Trachtenberg: The Devil and the Jews. The Medieval Conception of the Jew and its Relation to the Modern Antisemitism, Cleveland/New York/Philadelphia 1961.

[16] Ismar Elbogen/Eleonore Sterling: Die Geschichte der Juden in Deutschland, Frankfurt/M. 1966, S. 45.

[17] Cecil Roth: Geschichte der Juden, Köln/Berlin 1959, S. 276.

[18] Moritz Stern: Urkundliche Beiträge über die Stellung der Päpste zu den Juden, Kiel 1893, S. 31 f.

[19] Martin Luthers Werke, Kritische Gesamtausgabe, 53. Bd., Weimar 1919, S. 527.

[20] Raphael Straus: Die Juden in Wirtschaft und Gesellschaft, S. 84.

[21] Haim Hillel Ben-Sasson (Hg.): A History of the Jewish People, London 1976, S. 629.

[22] Werner Sombart: Die Juden und das Wirtschaftsleben, Leipzig 1911.

[23] Friedrich Engels: Der deutsche Bauernkrieg, Leipzig 1975, S. 90.

[24] Moses Mendelssohn's gesammelte Schriften III, Leipzig 1843, S. 195.

[25] Heinrich Heines Sämtliche Werke III, Hg.: Ernst Elster, Leipzig und Wien (o. J.), S. 275.

[26] Vgl. Wanda Kampmann: Deutsche und Juden, Heidelberg 1963, S. 216.

[27] Vision und Politik. Die Tagebücher Theodor Herzls. Auswahl und Nachwort von Gisela Brude-Firnau, Frankfurt/M. 1976, S. 66 u. 153.

[28] Vgl. David Vital: The Origins of Zionism, Oxford 1975, S. 359.

[29] Gisela Brude-Firnau: Nachwort. In: Vision und Politik, S. 288 ff.

[30] Joseph Badi: Religion und Staat in Israel, Gütersloh 1961, S. 96.

[31] Vision und Politik, S. 42.

[32] Vgl. Hermann Greive: Theologie und Ideologie. Katholizismus und Judentum in Deutschland und Österreich 1918–1935, Heidelberg 1969, S. 200.

[33] Vgl. Ismar Elbogen/Eleonore Sterling: Die Geschichte der Juden in Deutschland, S. 316.

[34] Robert Max Wassilii Kempner: SS im Kreuzverhör, München 1965, S. 28 u. 22; Raul Hilberg: The Destruction of the European Jews, Chicago 1967, S. 196.

[35] Vgl. Helmut Krausnick: Judenverfolgung. In: Hans Buchheim / Martin Broszat / Hans-Adolf Jacobsen / Helmut Krausnick: Anatomie des SS-Staates II, Olten/Freiburg i. Br. 1965, S. 281–448, s. S. 377.

[36] Übersicht nach Haim Hillel Ben-Sasson: A History of the Jewish People, S. 1031.

[37] Oscar Handlin: Adventure in Freedom, Port Washington/London 1954, S. 144.

[38] Bernard Martin: A History of Judaism II, New York 1974, S. 436.

LITERATUR

Die Liste enthält nur eine kleine Auswahl einführender Titel, die den Einstieg in die komplexe Materie erleichtern sollen. Über die genannten Arbeiten, denen meist detailliertere Bibliographien beigegeben sind, ist die weiterführende Literatur leicht zu erschließen.

Enzyklopädien/Lexika

Encyclopaedia Judaica, hg. v. Jakob Klatzkin und Ismar Elbogen (10 Bände, bis „Lyra"), Berlin 1928–34.

Encyclopaedia Judaica, hg. v. Cecil Roth und Geoffrey Wigoder (16 Bände), Jerusalem 1971/72.

Jüdisches Lexikon, hg. v. Georg Herlitz und Bruno Kirchner (5 Bände), Berlin 1927–30.

Lexikon des Judentums, hg. v. John F. Oppenheimer, Gütersloh 1967.

Allgemeine Darstellungen

Baron, Salo W.: A Social and Religious History of the Jews (16 Bände, noch unvollständig) New York/London 1952–76.

Ben-Sasson, Haim Hillel (Hg.): A History of the Jewish People, London 1976.

Finkelstein, Louis (Hg.): The Jews,
I: Their History,
II: Their Religion and Culture,
III: Their Role in Civilization,
New York ^{4}1970/71.

Grayzel, Solomon: A History of the Jews, Philadelphia ^{7}1966 (erstmals 1947).

Gross, Nachum (Hg.): Economic History of the Jews, Jerusalem 1975.

A History of Judaism,
I: Daniel Jeremy Silver: From Abraham to Maimonides,

II: Bernard Martin: Europe and the New World, New York 1974.
Kober, Adolf: Geschichte der Juden in Europa bis zum Beginn der Emanzipation. In: Franz Böhm und Walter Dirks (Hg.): Judentum: Schicksal, Wesen und Gegenwart, Bd. I, Wiesbaden 1965, S. 121–254.
Levine, I. H., s. The World History of the Jewish People.
Maier, Johann: Geschichte der jüdischen Religion, Berlin/New York 1972.
–: Das Judentum. Von der biblischen Zeit bis zur Moderne, München [2]1977.
Margolies, Max L., und Alexander Marx: A History of the Jewish People, Philadelphia 1945.
Martin, Bernard, s. A History of Judaism.
Marx, Alexander, s. Margolies, Max L., und Alexander Marx.
Neher-Bernheim, Renée: Histoire juive de la renaissance à nos jours (3 Teile in 4 Bänden), Paris 1971–74.
Roth, Cecil: Der Anteil der Juden an der politischen Geschichte des Abendlandes, [Hannover] 1965.
–: Geschichte der Juden. Von den Anfängen bis zum neuen Staate Israel, Köln/Berlin [2]1964.
–: s. auch The World History of the Jewish People.
Silver, Jeremy, s. A History of Judaism.
The World History of the Jewish People. Second Series: Medieval Period, II: The Dark Ages. Jews in Christian Europe 711–1096, hg. v. Cecil Roth und I. H. Levine, Tel Aviv 1966.

Die Juden in einzelnen Ländern

Spanien:
Ashtor, Eliyahu: The Jews of Moslem Spain, Philadelphia 1973.
Baer, Yitzhak (Fritz): A History of the Jews in Christian Spain (2 Bände), Philadelphia 1971.

Italien:
Milano, Attilio: Storia degli Ebrei in Italia, Turin 1963.
Roth, Cecil: The History of the Jews of Italy, Philadelphia 1964.

Frankreich:
Blumenkranz, Bernhard (Hg.): Histoire de Juifs en France, Paris 1972.

Deutschland:

Adler, H. G.: Die Juden in Deutschland. Von der Aufklärung bis zum Nationalsozialismus, München 1960.

Elbogen, Ismar, und Eleonore Sterling: Geschichte der Juden in Deutschland, Frankfurt/M. 1966.

England:

Roth, Cecil: A History of the Jews in England, Oxford ³1964.

Polen:

Baron, Salo W.: History of the Jews in Poland (3 Bände), Philadelphia 1916–20.

Rußland:

Baron, Salo W.: The Russian Jews under the Tzar and the Soviets, New York 1964.

Amerika:

Glaser, Nathan: American Judaism, Chicago/London ²1974.

Israel:

Sontheimer, Kurt (Hg.): Israel. Politik, Gesellschaft, Wirtschaft, München 1968.

Landau, Jacob M. (Hg.): Israel, Nürnberg ²1970.

Besondere Themen

Laqueur, Walter: Der Weg zum Staat Israel. Geschichte des Zionismus, Wien 1975.

Poliakov, Léon: The History of Anti-Semitism (3 Bände), London 1974/75.

Reitlinger, Gerald: Die Endlösung. Ausrottung der Juden Europas 1939–1945, München 1964.

Straus, Raphael: Die Juden in Wirtschaft und Gesellschaft, Frankfurt/M. 1964.

PERSONENREGISTER

Aaron von Lincoln 74 f. 79
Aaron von York 79
Abd al-Mu'min 29
Abd al-Raḥman I. 22
Abd al-Raḥman II. 22
Abd al-Raḥman III. 22. 24
Abraham bar Ḥijja 26. 35
Abraham ben David 86
Abraham ibn Daud 40
Abraham ibn Esra 28 f. 74
Abraham Farissol 58
Abraham Seneor 47
Abravanel, Isaak 47
Abravanel, Jehuda (ben Isaak) 59
Acosta, Uriel 138 f.
Adolf von Nassau 102
Aethelred II. 71
Agobard von Lyon 63 f. 67
Alarich II. 15 f.
Albrecht I. von Österreich 102
Albrecht II. von Österreich 105
Alexander III., Papst 51. 83. 87
Alexander II., Zar 167
Alexander III., Zar 167
Alexander Jagiełło 121
Alexei Michailowitsch, Zar 127
Alfons I. von Aragon 35
Alfons VI. von Kastilien 27. 33 f. 36
Alfons VII. von Kastilien 32. 38. 40
Alfons VIII. von Kastilien 38
Alfons X. von Kastilien 38–42
Alfons III. von León 31
Alfons V. von León 32
Alfons von Poitiers 88
Amalarich 16
Ambrosius von Mailand 8. 49
Amram ibn Schalib 27
Amulo 63 f. 67
Anaklet II., Papst 51
Arafat, Yassir 196
„Armleder“ 103. 105. 114
Arnim, Achim von 165
Arnold von Vohburg 68
Asarja dei Rossi 58. 139
Ascher ben Jechiel 42. 101
Ascher Meschullam (Anselmo) del Banco 57
Ascher, Saul 145
Athanagild 16
Augustus, Kaiser 5
Avendauth s. Abraham ibn Daud
Averroes (Ibn Ruschd) 30. 53
Avicenna/avicennisch 30. 40

Baal Schem Tov s. Israel ben Elieser
Bachur s. Elija Levita
Badi, Joseph 200
Badis 25
Baeck, Leo 180
Baḥja ben Ascher 41

Baḥja ibn Paquda 26
Balfour, Arthur 174
Bar Kochba 6
Baron, Salo W. 1
Belisar 49
Benedikt 76
Benedikt XIII., Papst 45. 55
Benjamin von Tudela 40
Ben-Sasson, Haim Hillel 200
Bernhard von Clairvaux 83
Berr, Berr Isaak 155
Bertram, Erzbischof 178
Bescht s. Israel ben Elieser
Blanka von Kastilien 88 f.
Bodenheimer, Max Isidor 170
Bodo, Diakon 61
Boeckel, August 166
Böhm, Franz 199
Bolesław V., der Fromme 118 f.
Bomberg, Daniel 59
Bonaparte, Jérôme 156
Bonaparte, Napoleon 155 f.
Broszat, Martin 200
Brude-Firnau, Gisela 200
Buber, Martin 180
Buchheim, Hans 200

Caesar, Julius 4
Cantera Burgos, F. 199
Capistrano, Giovanni da (Johann) 55. 107. 121
Caracalla, Kaiser 6
Caro, Georg 199
Chamberlain, Houston Stewart 166
Chaucer, Geoffrey 80
Childebert I. 16
Chlodwig 15
Chmelnycky, Bogdan 127
Christus 60
Cid 33
Cidello 33
Clemens IV., Papst 53
Clemens VII., Papst 48. 58
Clemens VIII., Papst 59
Clermont-Tonnerre, Graf von 155
Constantin, Kaiser 6. 49

Dagobert I. 61
Dante 56
Denikin 174
Descartes 134
Dirks, Walter 199
Dohm, Christian Wilhelm von 147 f. 152. 155
Dominicus Gundissalinus 40
Donna Blanka 89
Dreyfus, Alfred 163 f.
Drumont, Edouard Adolphe 164
Dunasch ben Labrat 24
Dürer, Albrecht 47

Eck, Johann 113
Eckart, Meister 136
Edmund 80
Eduard der Bekenner 71
Eduard I. von England 80 f.
Egidio da Viterbo 58
Egika 19
Elbogen, Ismar 200
Eleasar ben Jehuda 84. 101
Elija Delmedigo 57
Elija Levita 58. 110
Elija von York 76
Elster, Ernst 200
Emden, Jakob 133
Emicho von Leiningen 69
Engels, Friedrich 200

Erwig 19
Esterhazy, Major 163
Eugen III., Papst 83
Eugen IV., Papst 55
Eybeschütz, Jonathan 133

Fagius, Paulus 58
Farabi, Al- 30. 40
Ferdinand II. von Aragon 46
Ferdinand III. von Kastilien 38 f.
Ferrer, Vicente 45
Ficino, Marsilio 58
Frank, Jakob Leibowicz 133
Frey, Jean-Baptiste 3
Friedländer, David 141 f. 145 f.
Friedrich Barbarossa 74
Friedrich II., Kaiser 52. 79. 99. 101
Friedrich II. von Österreich 118
Fromm (Kesselflicker) 109
Fulbert von Chartres 64

Gazali, Al- 40
Geiger, Abraham 147
Geronimo de Santa Fé 45
Gerschom ben Jehuda 65. 68
Gerschom ben Mose Soncino 59
Gersonides 41
Giorgi(o), Francesco 111
Gislebertus Crispinus 72
Goethe 150. 166
Goldmann, Nahum 195
Gonzaga 55. 58
Gordon, Jehuda Leb 143
Gottfried von Ensmingen 102
Graetz, Heinrich 144
Gratz, Rebecca 189
Grégoire, Graf Henri (Abbé) 155
Gregor I., der Große, Papst 9. 16. 18. 49. 112
Gregor VII., Papst 33 f.
Gregor IX., Papst 88 f.
Greive, Hermann 200

Ḥabbus 25
Hadrian, Kaiser 6
Hai Gaon 12
Haller, General 174
Handlin, Oscar 192. 201
Hartmann von Deggendorf 103
Ḥasdaj Crescas 44
Ḥasdaj ibn Schaprut 24
Heine, Heinrich 89. 150. 200
Heinrich IV., Kaiser 69. 99
Heinrich I. von England 72
Heinrich II. von England 74 f.
Heinrich III. von England 78 ff.
Heinrich III. von Kastilien 43
Henry, Oberstleutnant 164
Heraklius, Kaiser 10
Herz, Henriette 150
Herzl, Theodor 163. 168–171. 175 f. 200
Heß, Moses 170
Heydrich, Reinhard 182
Hilberg, Raul 200
Hillel von Verona 53
Hindenburg, Reichspräsident 178
Hirsch, Samson Raphael 147
Hitler, Adolf 173. 177 f. 181 f.
Homberg, Naphtali Herz 145
Honorius, Kaiser 7
Honorius IV., Papst 82
Hubert de Burgh 78 f.
Hugenberg, Alfred 176
Hugo Capet 64
Hugo von Lincoln 80

Immanuel (ben Salomo) aus Rom 56
Innozenz III., Papst 51. 63. 78. 87. 97. 103
Innozenz IV., Papst 89. 101
Isaak Alfasi 25
Isaak aus Spanien 122
Isabella von Kastilien 46
Isidor von Sevilla 18
Israel ben Elieser 135
Isserles, Mose (ben Israel) 126
Ivo von Chartres 64

Jacobsen, Hans Adolf 200
Jacobson, Israel 146
Jacobson-Schule 146
Jagiełło 119
Jakob I. von Aragon 39
Jakob ben Abba Mari Anatoli 52
Jakob ben Ascher 42. 101
Jakob ben Meir 66. 74. 83
Jakob ben Mose Moellin 110
Jakob von Orleans 74. 76
Jaurès, Jean 164
Jechiel Anaw 51
Jeckeln, Friedrich 183
Jefferson, Thomas 154
Jehuda ben Barsillaj al-Bargeloni 35
Jehuda ben Mose Romano 56
Jehuda hä-Ḥasid 84. 100
Jehuda Halevi 26. 28 f. 33. 40
Jehuda ibn Esra 32
Jehuda ibn Ḥayyuǧ 25
Jehuda ibn Tibbon 30
Jesaja ben Elija di Trani 53
Jesus 73
Jezdegerd II. 11
Johann von Gorze 24
Johann I. von England 77 f.
Johann II. von England 94
Johann III. von Portugal 48
Johann der Rothaarige 88
Johannes Duns Scotus 56
Johannes Hispanus 40
Jomtov von Joigny 74. 76
Jona ibn Ǧanaḥ 25
Josef Albo 45
Josef ben Samuel ha-Nagid 27
Josef ha-Kohen 58
Josef ha-Meqanne 86
Josef (ben Simon) Kara 66
Josef Karo 42. 126
Josef Kimchi 30
Josel(mann) von Rosheim 112
Joseph II. von Österreich 147. 152
Joseph Ferrizuel 33
Josephus Flavius 5. 50
Josua Lorki s. Geronimo da Santa Fé
Josua Salomo Soncino 59
Julius II., Papst 58
Julius III., Papst 59

Kampmann, Wanda 200
Kaplan, Mordecai M. 193
Karl IV., Kaiser 105 f.
Karl V., Kaiser 48. 112
Karl der Große 13. 62. 64. 66
Karl der Kahle 63
Karl I. von Anjou 53
Karl II. von Anjou 54
Karl V. von Frankreich 93 f.
Karl VI. von Frankreich 94 f.
Kasimir Jagiellończyk 120
Kasimir III. von Polen 118 f.

Kempner, Robert Max Wassilii 200
Kindila 18
Kober, Adolf 199
Konrad III., Kaiser 83
Konradin 53
Krausnick, Helmut 200
Krochmal, Nachman 145

Lagarde, Paul de 166. 170
Langbehn, Julius 166
Lazare, Bernard 163
Le Goff, Jacques 199
Leibniz, Gottfried Wilhelm 134
Leo X., Papst 58
Leone Ebreo 59
Leowigild 16
Lessing, Gotthold Ephraim 140. 152. 166
Levi ben Gerschom 41
Levine, I. H. 199
Levita s. Elija Levita
Lewko 119
Lilienthal, Max 145
Lipmann Mühlhausen, Jomtov 111
Lloyd George 174
Ludwig IV., der Bayer, Kaiser 104. 106
Ludwig der Fromme 61. 63
Ludwig VII. von Frankreich 83
Ludwig IX. von Frankreich 88 f.
Ludwig X. von Frankreich 92
Luria, Isaak ben Salomo 132
Luria, Salomo (ben Jechiel) 126
Luther, Martin 112 ff. 200
Luzzatto, Samuel David 144
Maharil, s. Jakob ben Mose Moellin
Maier, Johann 199
Maimon, Salomon 140
Maimonides, Moses 26. 29. 41. 53. 86. 88. 139
Manasse ben Israel 141
Manfred von Sizilien 53
Manṣur, Al- 25
Mapu, Abraham 143
Marr, Wilhelm 165
Martin V., Papst 55. 107
Martin, Bernard 201
Martínez, Ferrant 43 f.
Maximilian I., Kaiser 111
Medici 58
Meir ben Baruch aus Rothenburg 101
Meir ben Samuel 66
Menaḥem ben Benjamin Recanati 56
Menaḥem ben Chelbo 66
Menaḥem ben Salomo 53
Menaḥem ben Saruk 24
Mendele Mocher Sefarim 143
Mendelssohn, Moses 140 f. 143. 145 f. 148. 152. 155. 200
Michael Scotus 53
Millás Vallicrosa, José M. 199
Mirabeau, Graf Honoré 155
Mises, Jehuda Leb 147
Modena, Leone 139
Molcho, Salomo 48. 132
Morais, Sabato 192
Mose ben Ḥanoch 24
Mose ben Isaak (di) Rieti 56
Mose ben Jakob aus Coucy 86. 89
Mose ben Maimon s. Maimonides

Mose ben Naḥman s. Nachmanides
Mose de León 41
Mose ha-Sefardi s. Petrus Alfonsi
Mose ibn Esra 25
Müller, Adam 165
Münster, Sebastian 58
Muʿtamid ibn Abbad, Al- 27

Nachmanides 41 f.
Napoleon s. Bonaparte
Natan aus Gaza 133
Natan ben Jechiel 50 f.
Nikolaus II., Zar 167
Nikolaus Donin 88
Nikolaus von Lyra 86

Obadja Bertinoro 57
Obadja Sforno 58
Oleśnicki, Zbigniew 121
Oppenheimer, Joseph Süß 138
Oppenheimer, Samuel 138
Otto I., Kaiser 24

Pablo Christiani 42
Paul III., Papst 58
Paul IV., Papst 59
Perctarit 18
Peter der Eremit 69
Peter von Blois 81
Peter von Cluny 83
Petljura 174
Petrus Alfonsi 35. 72
Pfefferkorn, Johann Joseph 111
Philipp II. August von Frankreich 84 f. 87. 103
Philipp III. von Frankreich 90
Philipp IV. von Frankreich 90 f.
Philipp V. von Frankreich 93
Philo 8
Piccolomini, Enea Silvio s. Pius II., Papst
Pico della Mirandola 48. 57 f.
Picquart 163 f.
Pierloni 51
Pinsker, Leo 149. 168
Pipin 62
Pisa, da 57
Pius II., Papst 56. 121
Pius V., Papst 59
Plato von Tivoli 28
Polak, Jakob 125 f.
Primo s. Samuel

Rabanus Maurus 68
Rabbenu Tam s. Jakob ben Meir
Rabbi Joseph 72
Radulf von Clairvaux 83
Raimund Berengar IV. von Barcelona 35
Raimund Martini 42
Raimund von Toulouse 87
Rapoport, Salomo Jehuda 144
Raschbam s. Samuel ben Meir
Raschi s. Salomo ben Isaak
Rathenau, Walther 173
Reinach, Joseph 164
Rekkared 10. 16
Rekkeswind 18
Reubeni, David 48. 132
Reuchlin, Johannes 58. 111 f.
Richard Löwenherz 76 f.
Richard von Cornwall 79
Rindfleisch 102 f. 105. 114
Robert II., der Fromme, von Frankreich 64
Rodrigo Díaz de Vivar 33

Rohling, August 165
Roqeaḥ 84
Rosenberg, Alfred 136
Rosenzweig, Franz 180
Rossi, Asarja dei s. Asarja dei Rossi
Roth, Cecil 199 f.
Rothschild 159. 175
Rubi Gotsce 72
Rudolf von Habsburg 101. 103
Rüdiger von Speyer 68

Sabbataj Donnolo 50
Sabbataj Zwi 128. 132 ff.
Sabio, el s. Alfons X.
Salmann von St. Goar 110
Salomo Aschkenasi 123
Salomo ben Abraham Adret 41
Salomo ben Isaak 66. 68. 82. 85 f.
Salomo Calahorra 123
Salomo ibn Gabirol 25 f.
Salomo ibn Verga 58
Samuel bar Meschullam 122
Samuel ben Kalonymus hä-Ḥasid 100
Samuel ben Meir 66. 83
Samuel ha-Nagid 25. 27
Samuel Primo 133
Sancho Garcia von Navarra 32
Schapur I. 11
Schefatja ben Amittaj von Oria 50
Semessenko 174
Seraḥja ben Isaak Halevi 45
Severus Alexander, Kaiser 6
Sigismund, Kaiser 108
Sigismund I. von Polen 122 f.
Sigismund II. August von Polen 122 f.
Sigismund III. von Polen 124
Simon von Trient 56. 109
Simon Unverdorben s. Simon von Trient
Sisibut 18
Sixtus V., Papst 59
Smolenskin, Peretz 149
Sokolow, Nachum 174
Sombart, Werner 116. 200
Spinoza, Baruch/Benedict 134. 138 f.
Stahl, Friedrich Julius 158
Steinschneider, Moritz 144
Stephan II., Papst 62
Stephan Langton 79
Sterling, Eleonore 200
Stern, Moritz 200
Stoecker, Adolf 165
Straus, Raphael 199 f.
Streicher, Julius 178
Süß, Jud s. Oppenheimer, Joseph Süß
Süßkind von Trimberg 100
Swintila 18

Tariq ibn Ziyad 20
Teller, Wilhelm Abraham 141. 145
Theodosius I., Kaiser 6
Theodosius II., Kaiser 10
Thomas von Aquin 53. 56
Titus, Kaiser 98
Tobia ben Mose Kohen 139
Toland, John 151 f.
Torquemada 46. 95
Trachtenberg, Joshua 199
Treitschke, Heinrich von 165
Troki, Isaak 126

Urban II., Papst 69
Urban IV., Papst 53

Varnhagen, Rahel 150
Vespasian 5
Viktor Emanuel II. von Sardinien 157
Vital, David 200
Voltaire 126

Wagner, Richard 165
Walther von der Vogelweide 97
Warburg, Otto 171
Weizmann, Chajim 174
Wenzel IV. von Böhmen 106
Wertheimer, Samson 138
Wilhelm II., Kaiser 163
Wilhelm I., der Eroberer, von England 70 f.
Wilhelm II. von England 71
Wilhelm von Ockham 56
William Longchamp 76
William Marshal 78
William von Norwich 73. 83
Wise, Isaac M. 192
Witold 119
Władysław Łokietek 118
Wolffsohn, David 170 f.

Yusuf ibn Taschufin 28

Zederbaum, Alexander 149
Zimberli, Johann 103
Zola, Émile 163
Zunz, Leopold 144
Zwi, Sabbataj s. Sabbataj Zwi

SACHREGISTER

Aachen 62
Aargau 160
abbassidisch 24
Abdera 15
Abgaben 19. 21. 52. 74. 83. 99. 106. 119. 124
Abschließung/Absonderung 5. 7. 40. 65. 97. 118
Absolutismus/absolutistisch 114. 137. 147
Abstammungsdenken 46
Abwanderung 78. 124
Achtundvierziger 165
Ackerbau 11
Adel/Adeliger/adelig 22. 32. 36. 37. 39. 42 ff. 46. 87. 102 f. 107. 120. 122. 127
Adelantados 38
Adelsdemokratie 122
Adra 15
Afrika/afrikanisch 3. 13 f. 40
Agde 62
Agent(en) 37. 61. 74. 78. 182
agrarisch 10. 23. 49. 61
Agrarprodukte 114
Ägypten 3 f. 29
Ahl al-dimma 21
Ahl al-kitab 21
Akademie 24. 50. 144
Alarcos 38
albanisch 133
Albigenser(kriege) 86 f.
Alexandrien/alexandrinisch 4 f. 8
Alfonsinische Tafeln 40
Alijja 195
Aljama 38
Alldeutscher Verband 166. 171. 173
Allgäu 58
Alliance Israélite Universelle 167
Almeria 30
Almohaden/almohadisch 29 f. 36. 38
Almoraviden/almoravidisch 28. 29. 32 f.
Almoxarife 32
Altchristen 45
Älteste(nschaft) 38. 60
Altisrael 2
Altona 116. 133
Amerika/amerikanisch 145. 147. 152 ff. 167. 175. 188–194
Amsterdam 116. 133 f. 138 f. 144. 182
Amt (staatliches, öffentliches) 7 f. 15. 17. 36. 38. 87. 96. 154. 159. 173. 178
Ancona 59
Andalusien 30
Angleterre 70
Anjou 53 f. 88. 94
Anleihe 102
anomistisch 135

Ansiedlungsrayon 167
antichristlich 86
antifaschistisch 185
antijüdisch 34. 55 f. 75. 79. 82 f. 89. 104. 165. 167. 179. 181. 185. 188
antinomistisch 134
Antisemiten 171 f.
Antisemitenparteien 166
Antisemitismus/antisemitisch 162–166. 169. 173. 177. 180 f. 184. 188. 199
Antitalmudismus 165
Antitrinitarier 123
Anti-Zionisten 171
Antwerpen 116
Apokalypse 47
Apologetik 111
Apostat 88. 111
Apulien 14. 50
Aqeda 84
Aquitanien 93
Arabi Mor 38
Arabien/Araber/arabisch 12. 20. 28. 38. 40 f. 48. 53. 61. 175. 188. 195 ff.
Aragon 35 f. 39. 42–45. 54. 57. 86
Aragon-Katalonien 30
Arbeiterpartei 197
Arbeiterschaft 198
Arbeitseinsatz 183
Arbeitslose 176. 178
Archae 77
Archäologie 60
Archive 77
Arenda 124
Argentinien 188
Arianismus/arianisch 9. 16
Arisierung 179
Aristokratie 39. 42 f.
Aristotelismus/aristotelisch 30. 40. 45. 57
Arles 60
Armee 113. 155. 163. 174. 196
Armenwesen 24
Armut/(ver)arm(t) 8. 10. 24. 67. 93. 148
Arsakiden 11
Arzneimittel 23
Arzt 24 f. 50. 61. 67. 72 f. 107. 139. 168
Aschkenas/aschkenasisch 50. 66. 117. 126. 189. 191
Asien 40
Askese/asketisch 84. 135
Assimilation/assimilatorisch/assimiliert 128. 131. 137 f. 142 f. 148 f. 158 f. 167. 171
Assize of Arms 76
Astrolog(i)e 28 f. 50. 53
Astronom(ie)/astronomisch 28. 35. 53
Asturien-León 31
Atheismus 134
atlantisch 116. 139
Aufklärung/Aufklärer/aufklärerisch/aufgeklärt 3. 29. 41. 45. 58. 113. 122. 128. 130. 135–150. 152. 155. 158
Aufruhr 76. 93. 195
Aufstand/aufständisch 76. 81. 94. 113. 127. 134. 168. 184
Aufstieg (der Juden) 23. 159
Augsburg 98. 104 f. 107. 113
Ausbeutung 77. 114. 128
Auschwitz 184
Auserwähltheit 1

Ausnahmegesetze 167
Auspressung/auspresserisch 72. 75. 77. 80. 88. 90
Ausrottung 183. 185
Aussatz/Aussätzige 93. 104
Ausschließung 140
Ausschreitungen 54. 83. 92. 95. 104. 167. 170. 181
Außenhandel 24. 52
Außenseiter 33. 37
Auswanderer/Auswanderung 18. 29. 47. 74. 95. 167. 179 f. 190. 197
Ausweisung 82. 88. 91 ff.
Auto(s) da Fé 46
Autonomie 5. 68. 115. 118
Averroes/Averroismus/averroistisch 29. 45. 52. 57
Avignon 54. 59. 95. 133. 155

Babylonien/babylonisch 3. 10–14. 24
Babylonisches Exil 2
Bacharach 97
Bäcker 107
Badajoz 28
Badehaus 97
Balearen 39
Balfour-Deklaration 174 f.
Balkan(staaten) 127. 160
Baltimore 189
Banditen 113
Bank(wesen) 23. 107
Bankier 90. 122 f. 137
Bann 17. 133
Barbarenstürme 61
Barcelona 28. 32. 34 f. 42 f.
Bari 50
Baron(e) 74 f. 78. 81. 90
Baron's War, The 81
Basel 105. 168. 171
Bauer/bäuerlich 13. 43. 87. 102 f. 114. 124. 127. 149. 166. 190
Bauernkönig 166
Bauernkrieg(e) 113. 200
Bayern 102. 107. 158. 189
Bayonne 116
Befehlshaber 115
Befreiungsbewegung 157
Bekehrung 45
Bekehrungspredigten 82
Bekenntnis 159
Bekleidung 23. 35
Bekleidungsindustrie 191
Belgien 156 f. 182
Bełżec 184
Benediktiner 35. 94
Berber 25. 29
Bergbau 191
Berlin 108 f. 138. 140 f. 144 f. 147. 158. 168. 170. 188
Berliner Kongreß 151. 160 f.
Berliner Salons 150
Bern 104
Berry 94
Beruf/beruflich 23. 54. 65. 71. 85. 120. 142. 148. 191
Beschneidung 6. 146
Besitz/besitzen(d) 8. 10. 31. 41. 45. 54. 78. 93. 120. 133. 159
Bettelorden 52. 108
Bevölkerungswachstum, -zuwachs 70. 190. 197
Béziers 87
Białystok 168
Bibel/biblisch 2. 41. 66. 142 f.
Bibelkommentar(e)/Bibelkommentator(en) 29. 41. 47. 66

Bibeltext 58
Bibelübersetzung 180
bibliographisch 144
Bildung/gebildet 41. 45. 121. 128. 142–146. 159. 189
Birkenau 184
(Erz-)Bischof/bischöflich 17. 43. 46. 49. 52. 62 ff. 67. 69. 74. 79. 86. 88. 99 f. 109. 178
Bischofsheim 97
Blois 81. 83
Blut 73. 179
Blut und Geist 166
Blutbad 27
Blutbeschuldigung/Blutlüge 39. 101
Blutmystik 136
Böhmen 69. 107. 110. 127. 133. 141. 181
Bolschewismus 177
Bonn 66. 146
Boppard 97
Bordeaux 116
Börse 176
Bourges 93
Boykott 178
Branntwein 135
Brauchtum 140
Bray sur Seine 85
Brazław 125
Breslau 97. 108. 118. 121. 144. 178
Breslauer (jüdisch-theologisches) Seminar 144
Brest 168
Brest-Litowsk 119
Bretagne 74. 88
Bristol 73
britisch 196
Brody 138
Brunnenvergiftung 93. 104
Buchdruck(erkunst) 59. 109
Budapest 144
Bulgarien 160
Bulle 55. 108
Bullensteuer 106
Bund 169
Bund der Landwirte 166. 171
Bünde 172
Bundesakte 157
Bundesgesetz 159
Bundesrepublik 187
Bundesstaaten 157 f.
Bungay 73
Burg 35
Bürger/bürgerlich 7. 103. 112. 120. 123 f. 149. 152. 154. 159. 175
Bürgerkrieg 46. 78. 196
Bürgerrecht 6. 112
Bürgertum 37. 43. 52. 107. 118. 122. 124
Burgund 10. 91. 94
Burschenschaften 165
Bury St. Edmunds 73. 76
Büßerbrüder 82
Byzanz/byzantinisch 8. 10. 13 f. 16. 24. 49. 117

Cahorsiner (Bankiers) 80 f. 100
Calatayud 16
Callinicum 49
Cambridge 73
Canterbury 74. 79–81
Carentan 83
Castel-Sarrazin 93
Centralverein deutscher Staatsbürger jüdischen Glaubens 171

Champagne 84
Chaqan 24
Charkow 168
Charleston 189
Chartres 64
Chasaren/chasarisch 24. 117
Châtillon-les-Dombes 95
Chełmno 183
Chinon 93
Christen(tum)/christlich 2. 6–11. 13. 15–22. 24–36. 38 f. 41 f. 44 f. 47. 49 ff. 54. 56. 58 f. 61. 67 f. 73. 81. 84–88. 95. 97. 100 f. 104. 106. 108. 111. 118 f. 122 ff. 126. 132 f. 135. 141. 149. 154. 158. 166. 170
Christianisierung 64
Christlich-deutsche Tischgesellschaft 165
christlich-germanisch 172
christlich-jüdisch 32. 34 f. 51 f. 63. 89. 152. 165. 188
christlich-kabbalistisch 48
Chronik/Chronist 31. 78. 81
Cincinnati 192
Clairvaux 83
Clermont 69
Cluny/Cluniazenser 34. 83
Codex Theodosianus 6
Colmar 104
Columbus tailors 191
Comtat Venaissin 95
Converso(s)/Converso-Problem 35. 44 f. 47
Córdoba 16. 22. 24 f. 30. 38. 40
Cornwall 79
Coucy 86. 89
cultural pair 2
Custodes Judaeorum 77
C.V.-Zeitung 180

Damaskus-Erlebnis 170
Dänen/Dänemark 71. 160. 182. 185
Danzig 121
Darlehensinstitute 56
Dauphiné 89. 92 f. 95
Deggendorf 103
Demokratie/demokratisch 164. 166
Denunziation 88. 135
Deportationen 184 f.
Dessau 140
Determinismus 162
deutsch/Deutschland 14. 47. 58. 60–71. 74. 77. 83 f. 92 f. 96–118. 121 ff. 127. 142 ff. 146 f. 150 f. 153. 156–159. 161. 164 ff. 170–173. 178–182. 184–192. 194 f. 197. 200
deutsch-christlich 165
Deutsche Nationalversammlung 158
Deutsch(völkisch)er Schutz- und Trutzbund 173
Deutsches (Kaiser)reich 159. 162. 170
Deutschnationaler Handlungsgehilfenverband 166. 171
Deutz 113
Dezisor 126
Diaspora 3 ff. 10
Dichter 25 f. 143
Dichtung 50. 87
Diplomat(ie)/diplomatisch 24. 174
Diskriminierung 51. 80. 89. 172
Diskussion 72. 125

Disputation 45. 86. 89
Dominikaner 42. 52. 82. 87. 94 f. 107. 111 f.
Dönmeh 133
Doppelmonarchie 160
Dortmund 105
Dreisprachigkeit 111
Dreißigjähriger Krieg 114. 127
Dresden 104
Dreyfus-Affäre 163 f. 170
Dulcigno 133
Duldung 29
Dunkelmännerbriefe 111
Dunstable 76

Eid 98. 154
Eigenständigkeit 94
Einbürgerung 152. 160
Einsatzgruppen 182 f.
Einwanderer/Einwanderung 22. 175. 186. 188–192. 195. 197
Einwanderungsbeschränkungen 194
Ekstase 136
Elbing 121
Elegie 101
Elementarschule 145
Elephantine 3
Elisabethgrad 167
Elite/elitär 148. 150. 173. 176. 181
Elsaß/elsässisch 94. 96 f. 101. 103. 108. 112
Elsaß-Lothringen 155
Elvira 7. 15. 62
Ely 76
Emanzipation/emanzipatorisch 130. 142. 147. 149–163. 189. 198 f.
Emigration 47. 101. 167. 188
Emirat 22
Emotionalität/emotional 41. 84. 128 ff. 135. 146
Endlösung 179. 183
Endsieg 185
Endzeit 48
England/Engländer/englisch 14. 42. 70–89. 91 f. 96 f. 99. 105. 117. 137. 150–154. 163. 174 f. 187 ff. 194 f. 199
Ensisheim im Elsaß 101
Ensmingen 102
Enteignung 19
Entmischung 172
Entrechtungsgesetze 178
Entschädigungen 106
Epaon 62
Erez Israel 2
Erfurt 97. 105
Erklärung der Menschen- und Bürgerrechte 155
Ermächtigungsgesetz 178
Erster Tempel 2
Erster Weltkrieg 130. 151. 166. 171. 173. 175. 191. 194
Erziehung 142. 145
Erwerbszweige 67
eschatologisch 47
Este 55. 58
Ethik 139
Ethnarch 6. 11
ethnos/ethnisch 6. 20. 27. 160. 170. 189
evangelische Kirche 165
Exaktoren 123
Exchequer of the Jews 77
Exegese/Exeget 29. 66. 86
Exekutionen 183

Exil 47
Exilarch 11
Eyrieu 94

Familie 170. 191
Fanatismus 29
Färber(ei) 23. 49. 52
Faschisten 176
Federal Constitutional Convention 154
Feind 185
Feodosia 121
Fernhandel 9. 61
Ferner Osten 11
Ferrara 55. 58
festländisch/Festland 71. 73. 78. 82 f.
Feudalismus/Feudalherren/Feudalisierung/feudal 35. 67. 88. 102
Financier 43. 74. 79. 94
Finanz(ierung)/finanziell 71. 74 f. 77. 79. 83. 85. 99 f. 105. 122. 194 f. 197
Finanzagent 33
Finanzberater 25. 33
Finanzmann, -leute 71 f.
Finanzpolitik/finanzpolitisch 37. 85. 106
Finanzverwalter 51
Fiskus judaicus 5
Fiscus/fiskalisch 71. 84 f. 90. 92
Flagellanten 105
Fleck (gelber) 39. 51
Fleischer 107
Florentiner Bankiers 81
Florenz 58
Flucht 18. 33. 36. 175. 185
Fluchthilfe 185
Flüchtlinge 47. 54. 57. 61. 117. 127. 180. 186. 194. 196
Folter 109
Form s. Materie und Form
Formalismus 134
Fortschritt 136
Fostat 30
Franche-Comté 92 f.
Franken(land)/fränkisch 102 f.
Frankenreich/Franken/fränkisch 10. 15 f. 31. 66. 83
Frankfurt (am Main) 105. 113 f. 143. 147. 150. 188
Frankismus/Frankisten 128. 133
Frankreich/französisch 14. 33. 35. 42. 60–66, 68. 70 f. 83–97. 99 ff. 103 f. 106. 116 f. 153–157. 160. 163 f. 181 f. 187 ff.
Franziskaner 55 f. 94. 107
Französische Revolution s. Revolution
Freiburg 104
Freiheit 137 f. 140. 149 f. 162
Freischule 143
Freizügigkeit 160
Fremdenfeindlichkeit/fremdenfeindlich 117. 193
Fremdenhaß 188
Fremdenrecht 160
Fremdgruppe 27. 44
Frieden 74. 196 ff.
Frömmigkeit/fromm 41. 65. 84. 88. 135. 141
Frühjudentum/frühjüdisch 2. 6
Fuero 32
Führer 166. 177
Führerbefehl 182
Fulda 97. 99
Fürth 113

Galizien 141. 145. 168. 174
Gallien 4. 49. 60 f.
Gaon(en)/Geonim/Gaonat 11 f. 24
Garnison 20
Gascogne 88
Gaststätte 97
Gaza 133
Gebetbuch 146
Gebetstexte 146
Gefangene 21. 70
Gefangenschaft 93
Gegenreformation/gegenreformatorisch 59. 124 ff.
Geheime Staatspolizei (Gestapo) 181
Geißelhiebe 19
Geistlich(er)/Geistlichkeit 43. 52. 61 f. 69. 87. 91. 93. 112. 120. 127
Geld(bedarf, -geschäft, -umlauf, -wesen) 23. 54. 57. 71 f. 74. 80 f. 85. 87. 90. 93 f. 100. 109. 118. 193
Geldgeber 127
Geld(ver)leihe(r) 35. 54. 61. 67. 80 f. 92. 96. 107. 112. 114. 118. 120. 148
Gelehrsamkeit 42. 82. 121. 125
Gelehrte(r)/gelehrt 24. 35. 41. 72. 74. 86. 101. 112. 126
Gelobtes Land 175. 190
Gemara 3
Gemeinde 22. 24. 30 f. 36 ff. 41 f. 44. 47. 49. 54. 60. 64 f. 69 f. 72 f. 76 ff. 80. 83 f. 90 f. 93. 97. 101 ff. 105. 110. 113. 116. 118. 121. 123. 126 f. 134 f. 144. 146–149. 153. 170. 179 f. 186. 192
Gemeindevertretung 159
Gemeindeverwaltung 96
Generalsteuereinnehmer 123
genossenschaftlich 197
Genozid 44
Genua 121
Geograph(ie)/geographisch 40. 58. 130
Gericht/gerichtlich 6. 109
Gerichtsbarkeit 96. 182
Germanien/germanisch 4. 60. 70. 170. 172
germanisch-christlich 165
Gerona 43. 87
Gesang 135
Gesellschaften für christlich-jüdische Zusammenarbeit 188
Geserot tatnu 69
Gesetz(e)/gesetzlich/gesetzestreu 10. 31. 44 f. 71. 96. 101. 122. 128. 140. 146. 150. 158. 178 f.
Gesetzbuch 15
Gesetzgebung 6–9. 17 f. 39. 49. 51. 63. 79. 89. 118 ff. 158. 160 ff.
Getränke(herstellung) 119
Gewalttätigkeiten 73
Gewerbe 13. 23. 35. 120
Gewerkschaft(en) 188. 198
Gewissensfreiheit 154
Gewürz(e) 23. 67
Ghetto 22. 58. 60. 106. 137. 181. 183 f.
Gilde(n) 81. 94. 114. 137
Glaube 95. 103. 177
Glaubensfanatismus 46
Gläubiger 51. 78. 100
Gleichberechtigung 152. 155. 157. 160

Gleichheit 137 f. 140. 149. 152. 154. 158. 162. 164
Gleichstellung 150. 152. 154 f. 158. 160 f.
Gloucester 73
Glückstadt 116
Gold 67. 100
Goldschmied(e) 8. 35. 92
Goten 16. 19. 27. 31. 49
Gott/göttlich 26.120.128.135.162
Gottesdienst/gottesdienstlich 73. 146
Gottlosigkeit 165
Götzendiener 21
gouvernemental 145. 147
Grabinschrift 15
Grabsteine 50
Grammatik 111
Granada 25. 27. 30. 32. 46
Griechen(land)/griechisch 4 f. 8. 41. 48. 50. 111. 150. 160
Grodno 119 f.
Großbritannien 175
Großbürger/großbürgerlich 44. 139. 158
Großer Sanhedrin 156
Großgrundbesitz 46
Großhändler 123
Großpolen 126
Großrabbiner 47
Gründerkrach 165
Grundbesitz(er)/grundbesitzend 18. 80. 103. 114
Grundherr/grundherrlich 13. 80. 103. 124
Grundrechte des Deutschen Volkes 158
Grundrente 102
Gruppenschranken 137
Güldenpfennig 106
Güterkonfiskation 19
Guyenne 93

Hafenstädte 61. 116. 139
Hagenau 99. 112
Haifa 197 f.
halachisch 82
Halle 66. 97
Hamburg 116. 133 f. 138 f. 146. 190
Hameln 66
Handel/Händler 8. 10 f. 13. 18. 23. 25. 31. 34 f. 42. 44. 49. 54. 61 f. 66 ff. 70. 80 f. 85. 87. 90. 92. 102. 114. 116. 118. 120 f. 123. 137. 148. 190
Handelsbeschränkung 121. 123
Handelsobjekt 99
Handelsstraße 117
Handelswege 110
Handwerk(er)/handwerklich 8. 11. 13. 31. 34. 43 f. 49. 54. 81. 85. 87. 90. 92. 97. 100. 102. 120 f. 123 f. 148. 190 f.
Hardenbergsches Edikt 158
Häretiker 87
Harmonia Mundi 111
Ḥasidismus/Ḥasid(im)/ḥasidisch 84. 128. 135 f. 145. 147. 180
Haskala 122. 128. 130. 136. 142. 145
Hauptrabbiner 56
Hausierhandel 114
Hebräisch/hebräisch 24 ff. 33. 35. 50. 53. 56. 58 f. 69 f. 102. 111. 142 f. 194
Hebräische Universität 198
Hebrew Union College 192

Heerführer 25
Hegemonialmacht 27
Heide(n)/heidnisch 61 f. 111. 119
Heiliger Stuhl 54
Heiliges Land 29
Heiligung des Namens 84. 105
heilsgeschichtlich 1
Heimindustrie 114
Heimstätte, nationale (jüdische) 174. 186. 195
hessisch 166
Hetzpredigten 107 f.
Ḥibbat-Zion 168
hierarchisch 127. 129. 135
Hildesheim 66
Hilfeleistung 185
Hinrichtung(en) 92. 109
Hirten 93
Histadrut 198
Historiker 58. 144
Historiograph 40
Hochadel 122. 124
Hochmeister 97
Hochschule(n) 11 f. 25. 72. 144. 192 f.
Hof/Höfling(e) 25. 30. 33. 37 f. 44. 61 f. 66. 72. 138
Hofbankier 119
Hofjuden 138
Höherer SS- und Polizeiführer (HSSPF) 183
Holland/holländisch 127. 150. 156 f. 160. 182
homiletisch 53
Hörigkeit 98
Hornvieh 123
Hostienfrevel, -schändung 91. 97. 101 ff. 109. 119
Ḥoveve-Zion 149. 168
Humanismus/Humanist 58. 110 f. 130
Hungerkatastrophe 102
Hungersnot 93
Hussitenpredigt 107
Hussitensteuer 106

Iberische Halbinsel 36. 60. 95 f. 116
Identifikation 40. 45. 164. 170
Identität 2. 20. 137. 149. 172
Ideologie/ideologisch 3. 41. 43. 169. 200
Ijje ha-Jam 70
Immigration/Immigranten 180. 186. 188. 190 f. 195. 197
imperialistisch 174
Imperium, römisches 4
Import 31
Individuum/individualistisch 134 f. 137. 155
Industrie(alisierung)/industriell 151. 190 f. 198
Industrieproduktion 137
Infames Dekret 156
Inflation 173
Ingleterre 70
Inquisition 42. 46. 87. 91. 116. 132
Integration /Integrierung/integriert 64. 142. 146. 152. 154. 158 f. 171. 190. 192. 196
Intellektualismus/intellektualistisch/intellektuell 25 f. 56. 66. 68. 86. 136. 140. 153. 181
Intoleranz 48
Invasion 30. 36. 70
Irland/Irländer 77. 150

Islam/islamisch 12 f. 19–31. 33 f. 36. 38 ff. 49 f. 52. 64 f. 67. 93. 133
Islamisierung 29
Isny 58
Isolierung 65
Ispamia 15
Israel/israelisch 144. 186 ff. 194–198. 200
Israel Philharmonic Orchestra 198
Italien/italienisch 4. 9. 14. 24. 48–61. 65 f. 92. 96. 110. 121. 127. 139. 141. 150. 156 f. 176. 181. 185

Jerusalem 4 ff. 98. 133. 170. 195. 197 f.
Jeschiva 24. 66. 144. 193
Jeßnitz 139
Jesuiten 124. 127
Jewish Agency 195
Jewish Chronicle 168
Jewish Theological Seminary 193
Jiddisch 110. 117. 142 f. 149. 194
Jischuv 186. 197
Jom-Kippur-Krieg 196
Juda 3
Judaisantes/Judaisieren 46. 123
Judaistik/judaistisch 58. 188. 198
Judenabzeichen 79. 89
Judenbischof 96
Judeneid 98
Judenfeindschaft/judenfeindlich/ Judenfeindlichkeit 42. 55. 61. 63 f. 83. 92. 94. 97. 112. 123. 161. 165. 173. 178. 193
Judenfrage 168
Judengesetzgebung s. Gesetzgebung
Judenhaß 36. 44. 46. 69. 72. 89. 97. 185
Judenhut 51
Judenlandtag 115
Judenmeister 96
Judennot 175
Judenrat 184
Judenregal 99
Judenreichstag 126
Judenschlacht 105
Judenschläger 103
Judenstern 181
Judenverfolgung(en) 27 f. 43 f. 69. 94. 101. 104. 110. 175. 200
Judenvernichtung 175. 184. 187. 200
Judenviertel 106. 119. 121
jüdisch-christlich 112. 156. 162
Jüdische Rundschau 180
Junker 166
Jupiter Capitolinus 5
Jurisdiktion/jurisdiktionell 38. 123
Justitiarii ad custodiam Judaeorum assignati 77
Juwelen 31

Kabbala/kabbalistisch 41. 48. 56. 84. 132. 134
Kaffa 121
Kahal 127. 134
Kairo 30. 133
Kaiser/kaiserlich 6. 24. 62. 67. 97–100. 103. 105. 107 f. 112 f.
Kaiserzeit 165
Kalif(at) 24
Kalisch 118
Kammerknechte/Kammerknechtschaft 98 f.

Kanonade von Valmy 156
Kapetinger 64
Kapital 80. 197
Kapitalbedarf 57
Kapitalismus/kapitalistisch 172. 177
Karäer/karäisch 34
Kardinal 58
Karolinger/karolingisch 13. 62
Karthago 4
Kassel 144
Kastilien/kastilisch 27 f. 32 f. 36. 38 f. 41. 44–47. 88
Katalonien 35. 44
Kathedrale 35
Katholisierung 120
Katholizismus/katholisch 10. 16 f. 19. 112 f. 127. 129. 149. 154. 165. 173. 178. 193. 200
Kattowitzer Konferenz 149. 168
Kaufmann/Kaufleute 13. 35. 54. 70. 122. 124. 137 ff. 189
Kaufmannsschutz, -recht 62
Kazimierz 121
Ketzer 55
Kibbuz(im)/Kibbuzbewegung 148. 197
Kiew 117. 125. 167 f.
Kirche/kirchlich 6–10. 15–19. 34. 36 f. 39. 42 f. 46. 49. 51 f. 54. 62 ff. 72. 78–81. 83. 85. 87. 89 ff. 97. 103. 106. 119. 124. 129. 166. 172. 178. 185. 188
Kirche des Hl. Grabes 64
Kirchenbann s. Bann
Kirchenspaltung 59
Kirchenstaat 55. 59. 62. 157
Kischinew 167
Kleider(ver)ordnung 97. 106
Kleidung 31. 39. 51
Kleinadel 97. 122
Kleinasien 4
Kleinkönige 26
Kleinpolen 126
Kleinreiche, -staaten 25. 27
Klerikalismus/klerikal 97. 111. 120. 123. 164
Kleriker/Klerus 8. 102. 118. 122
Klima 1
Kloster/klösterlich 32. 74. 81. 100
Knechtschaft 98
Koexistenz 34
Kodex 39. 86
Kodifikation 126
Kodifikator 126
Kollaboration 182
Kollektivhaftbarmachung 73
Köln/Kölner 60. 66. 69. 84. 96. 104 f. 107. 111. 113. 170. 188
Kolonialhandel 114
Kolonie(n)/kolonial 152 ff.
Kolonisation/Kolonisierung 31. 122. 124 f.
Kommentar/Kommentator 66. 126. 143
kommerziell 151
Kommune 94
Kommunismus/kommunistisch 177. 182
Konfiszierung/konfiszieren 78. 82 ff. 93. 95
Kongreßzionismus 171
König(e)/königlich 16 ff. 27. 31 ff. 36 f. 40. 42 ff. 46. 60. 62 ff. 67. 71 f. 74–77. 79 f. 84 ff. 89–94. 98 f. 102 f. 118 f. 122 f. 156 ff.

Königsberg 142
Königstädte 124
Königswinter 83
Konitz 170
Konkubinen 17
konservativ 20. 158
konservatives Judentum 193
Konsistorialverfassung 156
Konstantinopel 121. 133
Konstanz 105
kontinental 74
Kontinuität 1. 20
Kontributionen 75
Konversion(en) 9. 45. 52. 60. 133 f.
Konzentration 90
Konzentrationslager 179. 183
Konzil 17. 19. 64
Konzilssteuer 106
Kopfsteuer 21. 81. 106
Kosaken 127
Kowno 168
Krakau 111. 119. 121. 123–126. 139
Kreditbedarf, -mangel 54. 92
Kreditgeschäft 55. 57. 71. 73. 107. 123
Krems 97
Kreuzfahrer 69. 83. 104
Kreuzzug 28. 48. 51. 66. 69. 75. 79. 82 ff. 87 f. 93. 96. 105. 117. 121
Krewo 119
Krieg(e)/kriegerisch 5 f. 8. 43. 79. 94. 127. 156. 174. 180 f. 183. 186 f. 196
Kriegerkaste 21
Kriegsdienst 7
Kriegsgewinnler 172
Krim 121
Krise(n) 102. 110. 151. 179
Kritik/kritisch 86. 135 f. 141. 145. 147. 162
Krone/Kronmacht 37. 39. 43. 46. 54. 57. 71. 73–75. 77–80. 86–90. 95. 122
Krönungssteuer 106
Ku Klux Klan 193
Kultur/kulturell 1 f. 13. 20. 26. 30. 39. 41. 50. 52. 56. 58. 65. 68. 85 f. 100. 117. 121. 128. 180. 193. 198 f.
Kulturgeschichte/kulturgeschichtlich VII 60. 110. 128
Kultus 4
Kunst 198
Kurfürst 109
Kyrenaika 4
Kyros 3

Laien 97. 111
Land/Ländereien/ländlich 1. 13. 23. 26. 31. 35. 65. 87. 90. 92. 94. 97. 102. 113 f. 124. 150
Land der Väter 146
Land der Verfolgung 42
Landbesitz 7. 32. 35. 67
Landbevölkerung 114. 127
Landeigentum/Landeigentümer 8. 17. 32. 35. 80
Ländersynode 126
Landesherr(en) 100. 113
Landessynode 126
Landesverfassung 120
Landesverrat 163
Landesvertretung 159
Landesverweisung 18
Landflucht 146

Landfrieden 83. 98
Landsberg 173
Landvogt 87
Landwirt(schaft)/landwirtschaftlich 7. 10. 13. 43 f. 49. 65. 67. 81. 120. 124. 148. 191. 197 f.
Langobarden 18
Languedoc 87. 92 f. 95
Latein/lateinisch 8. 13. 24. 26. 28 ff. 40. 50. 53. 56. 111. 119
Laterankonzil(ien) 78 f. 82. 87
Latinisierung 40
Lauda 97
Lebensstandard 148
Leczyca 118
Leder 23. 103
Lehen/lehnsherrlich 71. 90 f.
Lehrerseminar 144
Lehrhaus 42
Leibarzt 56. 122 f.
Leinen 23
Leipzig 146
Lemberg 121. 123. 127. 138. 144
León 31 f.
Lérida 36
Lex Romana Visigothorum 15
Lex Visigothorum 18
Lexikograph 50
Libau 168
Liberalismus/Liberalität/Liberalisierung/liberal 120. 128. 140. 146 f. 158. 164–167. 169. 180
liberal-demokratisch 165
Libro de los Fueros de Castilla 32
Lincoln 73 ff. 79 ff.
Litauen/litauisch 116. 119 ff. 126 f. 142
Literatur/literarisch 3. 21. 97. 111. 138. 143
Literaturgeschichte/literaturgeschichtlich VII. 150
Liturgie/liturgisch 50. 53. 87. 142
Livorno 133
Łodź 181
Loire 64
Lombardei 10. 52. 59
Lombarden 90. 100
London 72 ff. 76. 78. 81 f. 168
Lösegeld 21. 93. 101
lothringisch 68
Lübeck 104
Lublin-Majdanek 184
Lubliner Union 122. 125
Lucca 14. 50
Lucena 22. 25. 27
Lüge 177
Lumpenhandel 59
Lunel 30
Lustspiel 152
Lwow 126
Lynn 76
Lyon 63. 65. 67

Machbi 48
Machtergreifung 175
Mâconnais 65
Magdeburg 66
Magistrat 121. 123 f.
Magna Charta 78
Magnaten 122. 124
Mahlgemeinschaft 62
Mähren 107. 181
Mailand 49
Mailänder Edikt 6
Maillotins 94

maimonidisch 45
Mainz 65 f. 68 f. 72. 83. 97 f. 104 f. 107. 110
Majorität/majoritär 27. 86. 152
Makedonien 4
Málaga 25. 30
Manhig 115
Männergesellschaft 149
Mantua 48. 55. 58
Manufakturen 190
Mapai 197
Mark Brandenburg 108
Marokko 133
Marrane(n) 46. 48. 59. 132. 139
Markt 23. 137
Martyrium 19. 84. 105
Märtyrer 48
marxistisch 169
Maskil(im) 143. 148
Massaker 32. 70. 81. 87. 117. 127. 174
Massenmord 182
Massenübertritt 76
Massenvernichtung 176. 182. 185
Materialisten 21
Materie und Form 26
Mathematik 29. 35
Mauten 118
Mäzen 24
Ha-Me'assef 142
Meaux 64
Mecklenburg 97
Medikamente 67
mediterran 49. 65
Medizin/medizinisch 50. 73
Mehrheit 34. 36. 125
Meinungsfreiheit 119
Ha-Meliz 149
Memorbuch 105
Merkantilismus 137
merowingisch 61
Merseburg 66
Mesopotanien 4. 14. 23
Messe 114
Messias/Messianismus/messian(olog)isch 3. 35. 47. 128. 132 f.
Metalle 23
Metz 60. 68 f.
Migration(en) 70. 110. 116
Militär/militärisch 7. 27 f. 30. 38. 61. 65. 70. 75. 163 f. 173. 182. 184. 196 f.
Militärdienst 4
Militärkolonisten 3
Minderheit 22. 28
Minnesänger 100
Minorität/minoritär 22. 34. 39. 79. 86. 88. 110. 114. 160. 172 f. 187
Minoriten 98
Minsk 168
Mischehe 156
Mischna 2. 57
Mission/Missionierung/missionarisch 4. 45. 63. 113
Mitnaggedim 135
Mitteldeutschland 66
Mitteleuropa/mitteleuropäisch 23. 28. 70. 130 f. 138. 144. 147 ff. 162. 169. 171–174. 189. 191
Mittelitalien 49
Mittelmeer(raum) 13 f. 68
Mittelschicht 38. 94. 107. 159
Mittelstand 23
Mittlerer Osten 13
„Mob“ 92. 100

Modernisierung 151
Monarchie/monarchisch 17. 90. 122. 164. 166. 172. 176
monarchistisch 164
Mönch 86
Monopol(stellung) 23. 52
Mons Judaeorum 35
Monti di Pietá 56 f.
Montpellier 42. 87
Mord/(er)morden 27. 73. 76. 99. 102. 173 f.
Moskau 168
mozarabisch 34
Mühlen 31. 119
Mülheim 113
München 97
Münze/Vermünzung 23. 118
Münzschlägerei 119
Münzverschlechterung 81
Muqqadamin 38
Murcia 30. 38
Muslim(e) 21. 31. 36. 51
Mystik/mystisch 25. 41. 84. 101. 122. 128. 132. 136

Naher Osten 13. 174. 188. 194
Narbonne 16. 30. 34
Nasi 6
Nassau 102
Nation/national 5. 128. 155. 161. 164 f. 168. 170
Nationalismus/Nationalist/nationalistisch 163. 165. 170. 173. 195
Nationaljudentum/nationaljüdisch 143. 148 f. 170 f. 174
Nationalliberalismus/nationalliberal 165
Nationalsozialismus/nationalsozialistisch 136. 151. 167. 173. 175. 178–181. 183–186. 193. 195
Nationalsozialistische Deutsche Arbeiterpartei (NSDAP) 177
Nationalversammlung 155
Natur/natürlich 2. 140
Naturalisation/Naturalisierung 152 f.
Navarra 32. 38
Navas de Tolosa 30. 38
nazistisch s. Nationalsozialismus
Neapel 49. 52 f. 57
Neger 193
„Neu-Ägypten“ 106
Neuchristen 45 f. 95
Neue Welt 189
Neues Testament 111
neuhebräisch 143
Neuplatonismus/neuplatonisch 26. 40. 59
Neuß 69. 97
Neustadt an der Aisch 110
New Orleans 189
New York 176. 189
Niederbayern 108
Niederlande 114. 116. 188
Nomismus/nomistisch 134
Nordafrika/nordafrikanisch 19. 28 f. 47
Nordamerika 153. 190
Norddeutscher Bund 159
Norddeutschland 116
Nordfrankreich 60. 65. 71. 78
Norditalien 47. 54
Nordspanien 24. 60
Nord-Süd-Wanderung 65
Nordwesteuropa 23

Norikum 4
Normandie 78. 85
Normannen 70
Northampton 73
Norwegen 160. 182
Norwich 73. 76
Notabeln 35
Notabelnversammlung 155
Nürnberg 104 f. 108. 113
Nürnberger Gesetze 179

Oberbayern 108
Oberhaus 154
Oberrabbiner 123. 144
Oberrichter 47
Oberschicht 8. 13. 17 f. 24. 41. 44 f. 67. 71. 77. 103 f. 118. 122. 137. 139. 141. 159. 167
Oberwesel 97
Obrigkeit/obrigkeitlich 39. 97. 135
Obrigkeitsstaat 164. 166. 176
Odessa 149. 167 f.
Ofen 118
Offenbarung/offenbart 21. 140. 146
Öffentliche Meinung 157
ökonomisch 28. 30
Oktoberrevolution 151. 161
Okzident 41
Orgel(spiel) 146
Oria 50
Orthodoxie/orthodox 145. 147. 192 f. 198
Osmanisches Reich 47. 110
Österreich/österreichisch 102 f. 107. 118. 141. 148. 150. 152. 159 ff. 172. 174. 181. 200
Österreich-Ungarn 191
Osteuropa/osteuropäisch 119. 130. 134 ff. 142–145. 147 ff. 151. 173 ff. 181. 189 ff. 193
Ostexpansion 117
Ostgebiete 183
Ostjuden/ostjüdisch 130 f.
Ostwanderung 117. 127
Ostern/Ostertag 73. 167
Otranto 50
Oviedo 31
Oxford 73

Pacht(verhältnisse) 118. 124
Pächter 61. 81. 122. 127
Padua 57. 144
Palästina/palästinensisch 2–6. 10 f. 13. 50. 101. 167 f. 174 f. 180. 185 f. 188. 190. 195 f.
Palästinabesiedlung 148. 195
Palästinamandat 175
Palencia 16
Pannonien 4
Pantheismus 134
Papst/päpstlich 9. 18. 33 f. 45. 51 ff. 55. 57. 59. 62. 69. 78 f. 87 f. 91. 95. 97. 101. 103. 107 f. 112 f. 200
Papsttum 52. 63. 157
Paramente 31
Parfum 23
Paris/Pariser 42. 52. 55. 64. 84. 87. 89. 91. 97. 101. 167 f. 170
Parlament 157
parlamentarisch-demokratisch 197
Parnaß 115
Partei(en) 188. 198
parteipolitisch 162. 165 f. 171

Pastorellen(züge) 92. 114
pastoureaux 92
Patriarch/Patriarchat 6. 10 f.
Patriziat 43. 92. 102. 104. 107
Persien/persisch 3. 14. 21
Pest 43. 104
Petersburg 145. 168
Petrikow 123
Pfandleihe(r) 55 f. 107
Pforzheim 97
Philadelphia 189. 192
Philanthropin 143
philanthropisch 168
Philister 2
Philosoph(ie)/philosophisch 26. 29 f. 35. 40 f. 44 f. 53. 57. 86. 88. 134. 139. 142. 162
Philosophiegeschichte/philosophiegeschichtlich VII. 134
Pietismus 135
Pilpul(istik) 125 f. 134
Pipe Roll 72
Pittsburgher Konferenz 192
PLO 196
Plozk 118
Plünderung(en)/plündern 81. 103. 105. 113. 119. 174
Pluralismus 29
Podolien 125. 127
Poesie 25
Pogrom 28. 44. 121. 161 f. 167 ff. 174. 179. 190
Poitiers 60. 88
Poitou 88
Polemik/polemisch 35. 81. 86. 135
Polen/polnisch 110. 114. 116–130. 133. 141. 150 f. 161. 167. 174. 181. 183
Polis 5
politikgeschichtlich VII
Polizei 184
Poltawa 168
Polygamie 68
Portugal/portugiesisch 47 f. 116. 132
„Portugiesen"/„portugiesisch" 95. 133. 155. 188
Posen 121. 123
Posquières 86
Prag 68 f. 107. 111. 117. 144
Praxis/praktisch 142. 145 f.
Prediger 108
Predigt(en) 8. 69. 146
Presbyter Judaeorum 77
Preußen/preußisch 158
Preußische Jahrbücher 165
Priester 31. 86
Privatsache 140
Privatschulen 145
Privatstädte 124
Privileg(ien)/Privilegierung/privilegiert 7. 22. 36. 42. 52. 62 f. 76. 85. 94. 99. 103. 112. 118. 120. 149 f.
Produktivierung/produktiv 148
profan 1. 25. 74
Proletarisierung 190
Proselyten/Proselytismus 6 f.
Proskuroff 174
Protestanten/protestantisch 149. 152. 165. 173
Protokolle (Geheimnisse) der Weisen von Zion 173
Provence 52. 65. 92 f. 95. 101
Provinzia 65
Prozeß 164
Psalmenkommentar 53

Pumbedita 11 f.
Pyrenäen 16. 30. 87

Qezeh ha-Aräz 70
Qiddusch ha-Schem 84
Qol mevasser 149

Rab de la Corte 38
Rabbi Isaac Elchanan Theological Seminary 193
Rabbinat 198
Rabbiner 38. 60. 86. 96. 133. 144
Rabbinerseminar 144
rabbinisch 12. 34. 41. 58. 86. 134 f.
Rahdaniten 61
Ramerupt 65
Rasse/rassi(sti)sch 1. 165. 173. 181. 193
Rasse und Religion 166
Rat/Räte 103
Rat der Dreißig 38
Rationalismus/rationalistisch 26. 86. 122. 139 f.
Ratsherrschaft 104
Rauchwaren 123
Reaktion/reaktionär 150. 157. 159. 176
Recht(e)/rechtlich 2–9. 11. 15. 18 f. 27. 31 f. 34. 36. 49. 53. 62. 90. 98. 112. 115. 119. 120 f. 137. 150–159. 162. 164. 172. 175. 179
Rechtsbeschränkungen 159 ff.
Reconquista 31 f. 36. 39. 46
Reform/reformerisch/reformierend 145 ff. 162. 192
Reformation/reformiert/reformatorisch 112 f. 123
Reformbewegung 146
Reformjudentum 192
Reformmönche 34
Regeneration 49
Regensburg 48. 66. 68. 84. 100. 104. 108 ff.
Reims 65
Reich 32. 97. 112. 182
Reichsbürger 179
Reichsgründung 159. 165
Reichskanzler 178
Reichskristallnacht 179
Reichspräsident 178
Reichsstädte 113
Reichstag 48. 122. 166. 171. 181
Reichsvereinigung der Juden in Deutschland 180
Reichsvertretung der deutschen Juden 180
Reichtum/reich 10. 84. 100. 114. 159. 193
Reinheit des Blutes 46
Rekonstruktionisten 193
religio catholica 139
religio licita 5. 7
Religion/religiös 3. 6 f. 9 f. 12. 17. 19–21. 24–29. 33. 41. 45 f. 48. 50 ff. 54. 58. 66. 68. 73. 80. 84. 86–89. 91. 93. 95–98. 102. 107. 109 f. 112. 119 f. 127 ff. 131. 135 f. 139–142. 145 ff. 149. 152. 159 f. 165. 170. 173. 175. 189 ff. 193. 198. 200
Religionsdisputation 42
Religionsfreiheit 39. 154
Religionsgesetz/religionsgesetzlich 11. 24. 30. 42. 50. 82. 88. 125. 134 f. 140. 145. 156

Religionsgeschichte/religionsgeschichtlich VII. 10
Religionsgespräch 45. 55. 89
Religionskritik/religionskritisch 136. 141. 147. 166
Religionsphilosophie/religionsphilosophisch 12. 28 f. 35. 47. 53
Religionsverfolgungen 33
Renaissance 58 f. 113. 130. 139. 143
Renaissancejudentum 55
Reparationszahlungen 197
Republik/republikanisch 164. 197
Resch Galuta 11
Reservat 181
Residenzstädte 138
Residuen 129
Responsen(literatur) 12. 101
Restriktionen/restriktiv 7. 45. 78. 87
Revolution/revolutionär 91. 130. 140. 151. 153 f. 156–159. 166. 168 f. 172. 174. 176
reyes de taifas 26
Rhein(gebiet, -land, -tal, -ufer)/rheinisch 14. 28. 60. 62. 66. 68 f. 71 f. 156
Rheingau 103
Richter/richterlich 38. 77. 91
Riga 145. 168
Rigorismus 134
Rischon le-Zion 168
Ritter/Ritterheer/ritterlich 32 f. 69. 76
Ritualgesetz 4
Ritualmord(beschuldigung) 39. 53. 56. 73. 80. 83. 89. 91. 97. 99. 101. 109. 169
Ritus/rituell 50 f. 53. 56. 73. 99
Rochelle, La 88
Rom/Römer/römisch/romtreu 2. 4 ff. 8. 10. 12. 15. 19. 34. 48. 53–56. 58 f. 82. 98. 112 f. 170
Roman 143
Romanen/romanisch 16
Rosheim 112
Rote Armee 174
Rothenburg 101
Rotrußland 127
Röttingen 102
Rouen 64. 69. 72
Rumänien 151. 160 f. 168. 181
russisch-orthodox 127
Rußland/Russen/russisch 14. 128. 130. 141. 145. 147–151. 160 ff. 167 ff. 172 ff. 182. 187. 189. 191 f.
Rußlandfeldzug 183
Rüstungsindustrie 184

Sabbat 191
Sabbatianismus/sabbatianisch 132 ff. 136
Saboteure 182
sächsisch 70
Safed 125. 132
sakral 112
säkular 112. 149
Saloniki 116. 132
Salons s. Berliner Salons
Salzsiederei 119
Samaritaner 7
Sammelbewegung 128. 169. 172
Sammlung 161–188
San Remo 175

Sanhedrin 6 (s. auch Großer Sanhedrin)
St. Albans 74
St. Emmeran 68
Sanktionen 140
Saragossa 25. 36
Sardinien 57
Sassaniden/sassanidisch 11. 23
Savoyen 92 f. 101
Scaccarium Judaeorum 77
Ha-Schaḥar 149
Schatzamt der Juden 77
Schatzkammer 74. 80. 119 f.
Schatzkammerrolle 72
Schatzmeister 32 f. 38
Schedelsche Weltchronik 109
Sche'elot uTeschuvot 12
Scheiterhaufen 48. 85
Scherung (des Haupthaares) 19
Schicht(ung) 10. 20. 27. 36. 41. 74. 92. 103 f.
Schiffsbau 61
Schlesien 107. 110
Schlettstadt 104
Schmuck 35
Schneider 35. 191
Scholastik/Scholastizismus 26. 30. 56. 111
Schottland 74
Schreiber 38
Schrifterklärung 68
Schtadlan 112
Schuldbriefe 77
Schulden/verschuldet 103. 127
Schuldenerlaß 106
Schuldforderungen 103
Schuldner 51. 100
Schuldzins 83
Schule/Schulbildung/schulisch 142 f. 145 f. 148
Schulḥan Aruch 42. 126
Schulhäupter 11
Schuster 35
Schutzbrief 72. 149
Schutzbulle 108
Schwaben 103 f.
Schwabenspiegel 98
Schwarzer Freitag 176
Schwarzer Tod 61. 93. 101. 104. 110. 117
Schwarzes Meer 121
Schweden 160
Schweiz 93. 104. 156 f. 160
Schwerindustrie 191
Sechstagekrieg 196
Secretarii 38
Seesen 143. 146
Sefär Josippon 50
Sefarad/sefardisch 15. 50. 122. 191 f.
Segregationspolitik 97
Seide/Seidenerzeugung 23. 92
Seine 64
Sejm 122 f. 126
Sekte 27. 29
Selbstaufgabe 40
Selbstaufopferung 103
Selbstverständnis 149
Selbstverwaltung 6. 24. 39. 126
Separatgemeinden 147
Serbien 160
Seuche(n) 43. 61. 93. 102. 104. 108
Sevilla 25. 27. 30. 33. 38. 43. 46
Sèvres 175
Sicherheitsdienst (SD) 182
Siedlungsschwerpunkte 116

Las Siete Partidas 39
Silber 67
Silberschmied(e) 8. 35
Sinai-Feldzug 196 f.
Sittengesetz, natürliches 139
Sizilien 4. 49. 53. 57
skandinavisch 160
Sklave(n)/versklaven 7 f. 15 ff. 21. 43. 60. 67. 98
Smolensk 127
Smyrna 128. 132
Sobibór 184
Sohar 41. 56. 132
Soncino 59
Sonderrecht 150
sowjetisch 181
sozialdemokratisch 197
soziale Frage 148. 169
Sozialgefüge 21
sozialgeschichtlich VII
Sozialismus/sozialistisch 169. 197
Sozialstruktur 136
Sozinianer 123
Spanien/spanisch 4. 9 f. 14–49. 53. 55. 57 f. 61 f. 65. 67. 86. 89. 92 f. 95 f. 101. 105. 110. 116 f. 122
Spannungen 27. 70. 127
Spätjudentum 2
Speyer 66. 69. 97. 100. 104 f. 112
Spionage 163 f.
Spiritualität 84
Sprache/sprachlich 142 f.
Sprachwissenschaft 24 f. 58
SS 181 f. 200
Staat Israel 186
Staat, jüdischer 128. 195. 198
Staatsbürger/staatsbürgerlich 21. 158 f.
Staatsgründung 195 ff.
Staatsmann 24
Stadt/städtisch 8 f. 11–14. 20. 22 f. 30. 32. 34 ff. 43 f. 46. 49. 52. 62 f. 65 f. 94. 97. 99 f. 102–107. 113 f. 118. 120 f. 123 f. 146. 149 f. 181. 189 f. 195. 197
Stadtflucht 61
Stadtrecht 32
Stalingrad 185
Stand/Stände/ständisch 43. 106. 109. 111. 137. 150
Statut von Kalisch 118
Statutum de Judeismo 81
Staufer(reich) 53. 99
Steiermark 103
Steuer(n)/Besteuerung/besteuern 5 f. 37. 71. 74 f. 79. 85. 91. 94. 99 f. 106. 108. 119
Steuerbevollmächtigter 27
Steuereinnehmer 23. 25
Steuerfreiheit 119
Steuerpächter 43. 87. 119
Strafaktionen 76 f.
Strafgeld(zahlung) 73. 77. 121
Straßburg 104. 107
Der Stürmer 178
Stuttgart 104. 138
Südeuropa 40
Südfrankreich/südfranzösisch 16. 30. 58. 61. 65. 67. 69. 96. 104
Süditalien 49. 53. 57
Südostpolen 134
südrussisch 24. 117
Südspanien 29
Sura 11 f.
Sweben 16

Synagoge/synagogal 4. 7. 31. 43. 49. 54. 82. 113. 118 f. 179. 192. 198
Synagogenbau 39
Synagogenbrand 49
Synagogenvorsteher 60
Synhedrium s. Sanhedrin
Synode 7. 15. 62. 118. 123
Syrer/syrisch 9 ff. 13
Szlachta 120

Talmud/talmudisch 3. 11 f. 24 f. 34 f. 42. 50. 52 f. 66. 72. 88 f. 111. 126. 143. 146. 165
Talmudhochschule 144
Talmudverbrennung 55. 59. 101
Tanz 135
Tarnopol 138
Taufe/taufen 18 f. 35. 43. 47. 54. 61. 63 f. 76. 105. 119
Teilung Polens 181
Teilungsplan 196
Tel Aviv 195. 197 f.
Tempel 3. 5. 146
Tempelsteuer 4
Templer 90. 92
Territorialismus 169
Teufel/teuflisch 98. 113
Textilgewerbe/Textilien 13. 23. 92
Theismus 134
Theologie/theologisch 1. 9. 133. 200
Theoretiker/theoretisch 140. 142. 146. 152
Theresienstadt 180
Thetford 73
Thorn 121
Thrakien 4
Thron 42. 75. 80. 94
Thüringen 105. 111
Tisza Eszlár 169
Tod/Tote/töten 18. 43 f. 47. 54. 64. 76. 82. 103. 105. 107. 127. 177. 183 f.
Todeslager 183
Toledo 16–19. 27 f. 33 f. 36. 40 f. 46. 89
Toleranz 28. 46. 113. 137. 152 f. 164
Toleranzedikte 152
Tolosanisches Reich 15 f.
Tora 42. 96. 135
Tortosa 36. 45. 55
Tosafot/Tosafisten 66. 82. 86
toskanisch 57
Toulouse 75. 87
Tours 93
Tower 76
Tradition/traditionalistisch/traditionell 1 f. 26. 30. 41. 45. 52. 57. 66. 86. 100. 117. 121 f. 128. 131. 134 ff. 138. 140 f. 143. 147 ff. 158. 162. 164 ff. 170. 191 f.
Trani 53 f.
Treblinka 184
Tribut/tributpflichtig 27. 33. 72
Trient 56. 109
Trier 69. 105
trilinguitas 111
Troki 126
Troyes 65 f. 84. 91
Tuch 123
Tudela 36. 40
Türkei/Türken/türkisch 48. 116. 121. 132 f.
Türkenhilfe 106

Überbleibsel 129
Überlieferung/überliefert 12. 41. 50. 68. 86. 95. 110. 136. 140. 147. 190. 192 f.
Übersetzung/Übersetzertätigkeit 41. 53
Übertritte 29. 66
Udine 123
Ukraine/ukrainisch 122. 127. 174
Ulm 105
Umayyaden/umayyadisch 22. 24 f.
Umgangssprache 71
Umschichtung 21. 23
Umsiedlung 181
Unabhängigkeitserklärung 154. 189
Unabhängigkeitskrieg 196
Ungarn/ungarisch 133. 147. 159 f. 172. 181
Unifizierung 28
Universität 188
UNO 196
Unruhen 8. 70. 75 ff. 93 ff. 102. 105. 108. 114. 127. 158 f. 167 f. 195
Unterdrückung 124. 167
Unterhalt 23. 190
Unterhaus 154
Unternehmer 198
Unterprivilegierung/unterprivilegiert 149. 157
Unterschicht 13. 38. 92. 104. 153
Untertauchen 185
USA 189 f. 194

Valencia 33. 39
Valmy 156
Valréas 89
Vannes 62
Vauvert 86
Venedig 58 f. 121. 133. 139
Venosa 50
Verarmung 78
Verbannung 19
Verblendung 185
Verbrennung/verbrennen 42. 52 f. 109. 183
Verbürgerlichung 159
Verdun 64
Vereinigte Staaten 144. 175. 180. 186 ff. 190. 193 f. 197
Vereinigter Landtag 158
Verfassungsreform 160
Verfolgung(en) 11. 36. 47 f. 64. 69. 76. 87 f. 95. 100 f. 104 f. 114. 116 f. 131. 167. 169. 175. 182. 190
Vergasung 183
Verleumdungen 73
Vernichtung 181. 183. 185
Vernichtungslager 183 f.
Vernunft/vernünftig 136. 140. 162
Verona 53
Versailler Vertrag 161. 172. 174
Verschuldung/verschuldet 73. 75. 97
Versöhnungstag 196
Versorgung 190
Vertreibung/vertreiben 33. 46 f. 57. 59. 69 ff. 76. 78. 81. 84. 88. 91 f. 95. 97. 100. 106–110. 113 f. 116 f. 121. 127. 181
Verwaltungszentralismus 74
Vichy-Regierung 182
Vierländersynode 126

Villa Judaica 35
Virginische Deklaration 154
Viterbo 58
Vohburg 68
Volk 26. 174
Völkerbund 175
völkisch 165. 170. 172 f.
Volks(aber)glaube 147
Vorderer Orient 2. 14
Vorgänger 115
Vorsteher 38. 144
Vorurteil(e)/Vorurteilsbildung 7 ff. 13. 36. 43. 88. 152. 185. 187

Wachs 123
Waffen/bewaffnet 76. 105. 184
Wandel/Wandlung(en) 70. 80. 114. 132
Wanderlegende 20
Wandsbek 133
Wannsee-Konferenz 183
Warschau 121. 168. 181
Warschauer Ghetto 184
Weber(ei) 49. 52
Weichsel 121
Weideland 120
Wein/Weinbau(er)/Weinberge 31 f. 61. 65. 67
Weißenburg 97
Weißrußland 127
Welt/weltlich 26. 43. 52. 61–65. 67. 69. 79. 87. 93. 112. 118. 127
Welthandel 114
Weltkrieg 181
Weltverschwörung 193
Weltwirtschaftskrise 176
Wesir 25
Westeuropa/westeuropäisch 70. 119. 130 f. 138. 144. 147 ff. 162. 171 f. 189
Westfalen 156
Westfälischer Friede 127
Westgoten/westgotisch 9 f. 15–19. 22. 31. 61
westindisch 150
Westjuden 130
westjüdisch-aschkenasisch 191
Westminster 72. 74 ff.
weströmisch 62
Westwanderung 70
West-Ost-Wanderung 65
Widerstandsbewegung 184
Wiedergutmachung 187
Wiederzulassung 85
Wien 97. 107. 138. 149. 159. 168. 170
Wiener Kongreß 157
Wilna 168 f.
Winchester 73
Wirtschaft/wirtschaftlich 7–13. 20. 22. 24. 26. 32. 43 f. 46 f. 49. 55. 57. 60. 66. 68. 70. 74 f. 78 f. 94. 102. 107. 109 f. 113 f. 116. 118 f. 121. 126. 128. 131. 136. 153. 172 f. 176. 179. 184. 189. 193. 197. 199 f.
Wirtshäuser 119
Wissenschaft(ler)/wissenschaftlich 25. 28. 34. 41. 57. 128. 138. 144. 193 f. 198
Wissenschaft des Judentums 58. 100. 147
Wissenschaft vom Judentum 188
Wolfshagen 97
Wolhynien 125 ff.
Wolkenburg 83

Worcester 81
Worms 66. 68 f. 84. 97. 99. 101. 104 f. 110. 113
Wohlfahrtsbeauftragter 38
Wucher(er)/wucherisch 79 ff. 100
Würzburg 83. 102

Xanten 69. 170

Yeshiva University 193
York 74. 76. 79

Zaddiq 135
Zahlungsforderungen/Zahlungsverpflichtungen 79 f.
Zallaqa 28. 34. 36
Zarefat 65
Zensur 87
Zentralgewalt(en)/Zentralmacht 34. 62 f. 72. 77. 79. 112 f. 122
Zerstörung 161–188
Zigeuner 182
Zins 51. 54. 78. 81. 85. 96. 103
Zinsfuß 92
Zinsknechtschaft 177
Zinsverbot 107
Zionismus/Zionisten/zionistisch 169. 171 f. 174 f. 179 f. 200
Zionistenkongreß 168 f.
Zionistische Vereinigung für Deutschland 171
Zionistische Weltorganisation 171. 174
Zionsfreunde 168
Zisterzienser 74
Zoll 24. 118
Zolleinnehmer 25. 123
Zunft/zünftig 43. 81. 94. 102. 104. 107. 114. 137
Zürich 104
Zusammengehörigkeitsgefühl 192
Zuwanderung(en) 14. 60 f. 66. 72. 74. 90
Zwangsarbeit 184
Zwangsbekehrungen/-konversionen 18. 51. 61
Zwangstaufe(n)/Zwangsgetaufte 49. 69. 108. 132
Zweiter Tempel 2
Zyklon B 183